O BRASIL NA FITA

RICARDO MOLINA

O BRASIL NA FITA

1ª edição

EDITORA RECORD
RIO DE JANEIRO • SÃO PAULO
2016

CIP-BRASIL. CATALOGAÇÃO NA PUBLICAÇÃO
SINDICATO NACIONAL DOS EDITORES DE LIVROS, RJ

M734b
Molina, Ricardo
O Brasil na fita / Ricardo Molina. – 1ª ed. – Rio de Janeiro: Record, 2016.
il.

ISBN 978-85-01-10704-6

1. Brasil – História – Política. 2. Molina, Ricardo – Memórias. 3. Perícia criminal e ciências forenses. I. Título.

15-28830
CDD: 981
CDU: 94(81)

Copyright © by Ricardo Molina
Copyright © by Ricardo Lima
A pesquisa e a redação deste livro foram realizadas em parceria com o jornalista Ricardo Lima.

Todos os esforços foram feitos para localizar os fotógrafos das imagens reproduzidas neste livro. A editora compromete-se a dar os devidos créditos, em uma próxima edição, caso os autores as reconheçam e possam provar sua autoria. Nossa intenção é divulgar o material iconográfico que marcou uma época, sem qualquer intuito de violar direitos de terceiros.

Todos os direitos reservados. Proibida a reprodução, armazenamento ou transmissão de partes deste livro, através de quaisquer meios, sem prévia autorização por escrito.

Texto revisado segundo o novo Acordo Ortográfico da Língua Portuguesa.

Direitos exclusivos desta edição reservados pela
EDITORA RECORD LTDA.
Rua Argentina, 171 – Rio de Janeiro, RJ – 20921-380 – Tel.: (21) 2585-2000.

Impresso no Brasil

ISBN 978-85-01-10704-6

Seja um leitor preferencial Record.
Cadastre-se e receba informações sobre nossos lançamentos e nossas promoções.

Atendimento e venda direta ao leitor:
mdireto@record.com.br ou (21) 2585-2002.

EDITORA AFILIADA

Para Camila

"O óbvio é a verdade mais difícil de se enxergar."

Clarice Lispector

Sumário

Apresentação	13
1. O caso Magri	**17**
O "imexível"	17
Batismo de fogo	22
Explicando os fatos	24
2. Polícia na fita	**29**
A chacina de Vigário Geral	29
Conversa de PM e traficante	37
A bala impossível: caso Osvaldo	49
Outra bala polêmica e a solução pela computação gráfica	57
Favela Naval: caso Rambo	57
O massacre de Eldorado dos Carajás	63
A coleção de tênis do Belo	68
Universidade Estácio de Sá e o chumbo que veio do morro	74
PCC versus PM: o dérbi da barbárie	84
Caso Eloá-Lindemberg: vítima da incompetência	88
Pó em Itu	93
3. PC Farias — Lado A	**99**
Suzana e o sussurro	99
O grande nó	107
O passeio da fita	108
A exumação	111

4. Ossadas de Perus na Medicina Legal — 117

O trabalho dos outros: eu fora disso — 117
Eu com isso — 123

5. PC Farias — Lado B — 127

Cai o laudo oficial — 127
Mais esquisitices — 130
Repercussões — 133
Novas investigações — 135
PC: um caso nada encerrado — 138
O julgamento — 140

6. Tem político na fita — 141

Compra de votos para a reeleição — 141
Prefeitos e vereadores também vão às compras — 149
Batata quente em Bauru — 149
Renan Filho — 150
O pau come em Paulínia — 152
Aluízio de Castro: negócios na Alerj — 157
Sucessão à bala em Alagoas: caso Ceci Cunha — 159

7. 2001: um ACM no espaço — 165

A fita destruída — 165
A segunda ida ao Senado — 169

8. Mais políticos na fita — 177

Hay que endurecerse, pero sin perder la propina — 177
Pizza uruguaia: José Luis Ovalle — 177
El condor pasa: Bolívia — 179
A farsa com o Frota: um assessor bom de circo — 182
As travessuras de Garotinho — 186
Um amigo invisível — 186
As notas do Garoto — 188
Seu nome é Havanir — 192

O diabo no palanque	194
Os grilos de Roriz e a imprensa censurada	196
Justiça para os poderosos	204
O dinheiro jorra: a turma do Cachoeira	207
Cachoeira e Waldomiro Diniz	207
Cachoeira rola a cabeça de André Luiz	211
Incansável: Cachoeira chega a Calazans	214
Cachoeira manda mensagem ao Divino	216
Do escândalo na ANP ao Petrolão	217
Obras de Maluf	226
Com a caneta na mão	226
Sem a caneta na mão	229
Corrupção sem controle	232
Mensalão	232
CPI dos Correios	235
Celso Daniel	236
Farra do boi	240
A agenda do Arruda	242
Polarização política: PT × PSDB	245
O peso de uma bolinha de papel	245
Intrigas e aloprados	249
Queda e renúncia de Nascimento e Costa Neto	251

9. Perito para quem precisa de perícia   255

A última viagem dos Mamonas Assassinas	255
Boleiros, cartolagem e árbitros	259
Caso Pimenta	259
Escândalo Ivens Mendes	261
Pai diretor, filho promotor	264
Máfia do apito: cartão vermelho para o juiz	265
O gol anulado de Obina	268
Foguete corintiano	270
Ingresso superfaturado: denúncias para inglês ver	274
Réveillon explosivo	280
A namorada do rei	285
Palavra de piloto: uma carta de Ayrton	288
Juíza Márcia Cunha: idoneidade se prova com perícia	290

Elizeth Cardoso: a "Divina" sem crédito 297
Rojão sem rumo 302

10. Estamos todos vigiados 309

Fraude na Funcef 309
Tanure e Dantas: conversas inoportunas para Boechat 313
Operação Hurricane: furacão na vida de Carreira Alvim 314
Navalha cega no pescoço do ministro 322
Grampo no Supremo 326
Operação Satiagraha: um tiro na água 328
Sarney: no Amapá, nem o voto é secreto 333

11. Gil Rugai: *in dubio pro reo*? 337

De perto ele é normal 337
Os pilares da acusação 342
   1) O motivo 342
   2) A testemunha 347
   3) A arma 353
   4) A porta e o pé 355
A linha do tempo 361

12. A formação de um perito 367

A música 368
A eletrônica 369
A imagem 370
O engenho 371
Alemanha 373
A universidade 375

13. No segundo tempo da prorrogação: Lula grampeado 381

Índice onomástico 391

Apresentação

Este livro traz cerca de setenta casos que relatam parte da recente história política do país e que também dizem respeito a fatos envolvendo personalidades da vida pública brasileira. Os assuntos tratados tiveram ampla divulgação nos meios de comunicação, e aqui descrevo a minha participação como perito nessas histórias. Para alguns leitores, vou relembrar episódios conhecidos e revelar detalhes desconhecidos. Para outros, o público mais jovem, que não tinham nascido quando o ministro Magri tentou fazer uma pequena poupança, serão passagens totalmente novas. E inacreditáveis: a propina para um ministro era de 30 mil dólares. Um *micropixuleco*, nos termos de hoje.

Minha opinião nunca determinou qualquer decisão técnica. Um perito deve se comportar da mesma forma que um médico, que não se submete a ideologias no exercício da profissão — um bandido e um santo são iguais na mesa cirúrgica. Seria falso, no entanto, esconder o que penso sobre assuntos e temas que afetam o cotidiano de qualquer brasileiro. Se nos laudos não devo, aqui tenho o direito, como cidadão, de expressar minha opinião.

O primeiro laudo pericial que emiti para um caso de repercussão nacional foi o que envolveu o ministro do Trabalho Rogério Magri, em 1992. No começo da carreira, fiquei com a imagem muito associada à fonética forense, a análise de gravações de áudio. Durante dez anos, até o final da década de 1990, praticamente não havia peritos capacitados nessa área. O Laboratório de Fonética Forense da Unicamp foi inundado por pedidos de laudo depois da repercussão desse primeiro caso politicamente relevante.

Desde o início, o nosso laboratório já trabalhava com imagens de vídeo, como no caso de Eldorado dos Carajás. Também havíamos feito a reconstituição de cena do crime no caso da Favela Naval. E já emitíamos laudos de grafotécnica (análise de assinaturas). Este livro mostra o amplo leque de perícias que um laboratório pode realizar. Sempre trabalhei em equipe e conto com profissionais extremamente competentes em diversas especialidades. A perícia do nosso tempo exige uma abordagem multidisciplinar. Quem não admite a necessidade de interação com outros profissionais será atropelado.

Particularmente na criminalística, o perito age como um regente coordenando informações de várias áreas, interpretando-as de modo a elaborar um retrato coerente e realista. Um determinado caso pode combinar balística, medicina legal, computação gráfica, processamento de áudio, análises químicas, psicologia, linguística etc. Ninguém sozinho detém tanto conhecimento. Mas o perito deve ser capaz de articular essas informações e transformá-las em um documento útil para a Justiça.

É mandatório ter objetividade e idoneidade. Sem credibilidade, a aposentadoria é precoce. Atuar em caso de grande repercussão torna o risco muito maior, porque qualquer deslize é amplificado pela máquina da mídia. Temos exemplos de peritos que viviam sob os holofotes, mas que saíram completamente de cena depois de uma grande escorregada.

E ser um bom profissional não é ser infalível. Trabalha-se com aquilo que se tem. Eventualmente, porém, as informações mais importantes podem não ter sido reveladas. Nem sempre temos acesso à totalidade dos dados. O importante é, na análise de cada caso, esgotar as possibilidades técnicas que os dados fornecem. Neste livro, alguns casos apresentam versões bem mais completas do que as veiculadas pela mídia. Esperamos desfazer alguns mal-entendidos provocados pela distorção dos fatos ou pela excessiva concisão do que foi divulgado.

A exposição na mídia, muitas vezes, confunde mais do que esclarece. Sou frequentemente associado a episódios nos quais nunca trabalhei como perito. Exemplos mais gritantes são os do casal Nardoni e o do goleiro Bruno. Só participei desses casos como comentarista em alguns programas de TV, mas a minha imagem ficou, equivocadamente, associada à de perito de defesa. Isso é uma situação difícil de entender. Contudo, basta digitar meu nome na internet para me surpreender com notícias assim: "Defesa de Bruno contrata perito Ricardo Molina." Fui procurado para trabalhar neles, mas nunca aceitei. Nunca os periciei.

Depois de onze capítulos que apresentam alguns dos casos de que realmente tomei parte, o décimo segundo traz um relato pessoal que costura os eventos da vida e o modo como me influenciaram e moldaram profissionalmente. Hoje vejo claramente que, para ser perito, é necessário muito mais que o domínio de um conhecimento específico. Para além da esfera da formação profissional, a multidisciplinaridade foi para mim um princípio vital. Estudei Engenharia, Música, Linguística, estou vinculado a uma faculdade de Medicina e sei o quanto essa diversidade é importante na minha formação, na minha maneira de olhar as situações, de fazer e responder as perguntas.

Muitos jovens me questionam: como estudar para ser um perito? Estudar muito é parte da resposta. Mas o que estudar? Mais importante que qualquer especialização é preservar e cultivar algumas habilidades: a capacidade de observar detalhes, integrar diversas fontes de informação, articular ideias com coerência, possuir um raciocínio lógico e objetivo, e saber redigir convincentemente suas conclusões. Afinal, o mundo do Direito é um mundo baseado no papel, na escrita, no discurso.

Este livro abrange um período em que o país sofreu grandes mudanças políticas, econômicas e sociais. Escândalos inimagináveis foram uma constante. Falcatruas e atrocidades pipocaram no dia a dia nacional. Tive provas materiais para periciar relacionadas a muitas dessas histórias que narravam a podridão dos bastidores do mundo político e policial deste país.

Recolhi, em textos curtos e diretos, casos avulsos da vida pública, como o gol anulado de Obina ou o último voo dos integrantes da banda Mamonas Assassinas. Também me alongo por várias páginas para explicar processos difíceis e controvertidos, como os de PC Farias e Gil Rugai. Vou dos eventos sem alarde, como o não pagamento de direitos autorais para Elizeth Cardoso, aos extravagantes, com criminosos de arma ou caneta em punho.

1

O caso Magri

O "imexível"

Em março de 1992, estava às voltas com minha tese de doutorado sobre identificação de voz. Já tinha atendido alguns casos envolvendo perícias de menor importância. Mas meu interesse maior era defender a tese. Todo mundo sabe a trabalheira que dá. É nesse contexto que surge uma gravação com o então ministro do Trabalho Antônio Rogério Magri, na qual propõe a um assessor a cobrança de propina em alguns negócios do ministério.

A Polícia Federal ficou sabendo, não sei como, do trabalho acadêmico que eu desenvolvia e, com a batata quente nas mãos (em nenhuma das polícias havia alguém para realizar perícias de identificação de voz), resolveu pedir à Unicamp a elaboração de um laudo. O superintendente da PF, delegado Romeu Tuma, encaminhou ofício em que solicitava "os préstimos tecnológicos da universidade". Oficialmente, para não criar desconforto, admitiu-se que se tratava de uma "colaboração" com a PF.

A Polícia Federal já fizera uma perícia na fita, mas não tinha condições de confirmar que a voz era de Magri. Além disso, tampouco podia garantir que a gravação não fosse montada. Para piorar, a transcrição feita pela PF era deficiente e deixava imensas lacunas. Enfim, o laudo da polícia pouco servia e seria facilmente derrubado pela defesa de Magri (que era o que acontecia, aliás, com todos os laudos envolvendo gravações, até então). Pode ser dito, sem falsa modéstia, que, do ponto de vista científico, o laudo Magri foi um divisor de águas na perícia de gravações de áudio. Ali se iniciava no Brasil, de fato, a fonética forense.

Naquela época, gravações raramente eram usadas como prova. O principal motivo era a falta de especialistas que pudessem garantir tecnicamente sua autenticidade. Mesmo a Polícia Federal, mais equipada que a Civil, não tinha condições de realizar laudos periciais em fonética forense. O perito do Instituto Nacional de Criminalística (INC) Aristeu Alves de Lima, tentava se justificar, dizendo que era obrigação do governo comprar um equipamento semelhante ao da Unicamp para o INC. Essa era uma desculpa esfarrapada, entretanto. O que faltava ao INC não era só equipamento, mas principalmente know-how (na verdade, falta até hoje, mas aí é outra história).

Sem a ação rápida do reitor Carlos Vogt, é quase certo que a Unicamp não teria aceitado o caso Magri. Vogt, um cara brilhante, mantinha uma postura aberta, sem preconceitos. Ao mesmo tempo que valorizava a pesquisa de qualidade, via como indispensável aplicá-la na forma de prestação de serviços à comunidade. Os que não conhecem de perto o ambiente acadêmico talvez não entendam que um cientista possa oferecer resistência ao uso prático de seus conhecimentos, os quais, afinal, pertencem a todos que pagam impostos. Mas a verdade é que a universidade, de modo geral, está ainda apinhada (hoje, felizmente, um pouco menos que antes) de professores encastelados em suas celas, felizes com a segurança das conferências fechadas, dos grupinhos que trocam linguagem hermética. A maioria prefere não se arriscar extramuros. Aqueles que o fazem, como eu, são quase sempre tachados de "mercenários", "marqueteiros" e outras bobagens. Pura dor de cotovelo.

Reuni-me com Vogt e Eustáquio Gomes, assessor de imprensa da universidade. Decidiu-se que deveríamos atender ao pedido da Polícia Federal. Era um desafio muito grande, especialmente considerando a importância do caso e a pouca experiência que eu tinha na época. Chamei o engenheiro eletricista Edson Nagle, que trabalhara comigo auxiliando a professora Eleonora Albano, minha orientadora, na montagem do laboratório de fonética do Instituto dos Estudos da Linguagem (IEL-Unicamp).

A gravação questionada fora feita por um assessor de Magri, Volnei Ávila, que usou um gravador microcassete emprestado pela deputada federal Cidinha Campos (PDT-RJ). Como o aparelho estava escondido no bolso interno do paletó de Volnei, a gravação, com mais de 50 minutos, além da longa duração, oferecia algumas dificuldades relacionadas à qualidade do áudio, que, naquela época, pareciam ainda maiores. Hoje, depois de ter me defrontado com materiais bem mais complexos, escuto a gravação de Magri e a avalio como de qualidade razoável.

Hoje, faríamos o laudo em dois ou três dias, mas naquela época foi uma maratona. Durante as duas semanas em que trabalhamos na gravação, éramos convocados a dar uma entrevista coletiva por dia. Repórteres permaneciam nas escadas de acesso ao prédio do laboratório onde trabalhávamos até altas horas. Todos receavam perder o furo para o concorrente, embora houvesse um compromisso de só divulgar resultados em coletiva. Tive de aprender a lidar com a imprensa na marra.

Na gravação, Magri tenta convencer Volnei a, junto com ele, montar esquemas de corrupção. Ele sabia que, para tal, precisaria da ajuda do auxiliar, diretor de arrecadação do INSS, funcionário de carreira e profundo conhecedor dos meandros do ministério. Magri narra ainda um episódio no qual teria ganhado 30 mil dólares de uma empreiteira (supostamente a Odebrecht):

> Outro dia eu ganhei um dinheiro... Mas ganhei o dinheiro mais simples, porque eu não fiz pra ganhar dinheiro... O cara chegou pra mim, me pediu um negócio do Fundo de Garantia, eu achei a coisa mais correta do mundo... Peguei, levantei, há uns quatro meses atrás numa reunião do cólera... Eu combinei com o cara de levar a proposta dele... Passou, tranquilo... O cara depois veio aqui e me deu 30 mil dólares, me deu aqui... A empresa é que está fazendo as obras, caiu do céu! E uma coisinha dessas, eu, porra... Alguém pode me recriminar? Tem dinheiro pra caralho, porra, a nossa área tem dinheiro pra caralho!

Na lógica do ex-ministro, não haveria nada de errado nesse tipo de "colaboração". Magri parece querer inverter tudo, ao ponto de transformar o esquema em algo "ético":

> Nós não vamos roubar, porque não é do nosso princípio roubar, mas nós vamos fazer a coisa direito, fazer direito e ganhar dinheiro, que essas oportunidades nós não vamos ter mais na vida não!

Magri argumentava que, se todo mundo fazia, eles também podiam fazer. Por que deixar passar a oportunidade?

> Eu estou vendo um monte de coisas aqui dentro, Volnei, aqui dentro! Eu vou dizer pra você, não vou citar nomes, tô vendo coisa aqui dentro, nos meus olhos, rios de dinheiro, o caralho, e eu fodido, ganhando 890 paus por mês e tomando um tarugo no rabo deste tamanho, como estamos tomando... Pô, Volnei, saímos daqui amanhã com o pé no cu!

O CASO MAGRI

Fingindo concordar, o auxiliar dava corda para Magri se enforcar. Em um dos momentos da gravação, o ex-ministro, no supremo paradoxo, tenta tranquilizar Volnei, afirmando que não estava gravando a conversa:

> Então me orienta, [Volnei], especificamente o que nós temos que fazer juntos... É só eu e você, porra, não tem gravador, não tem porra nenhuma...

O linguajar usado chama atenção. A promiscuidade das falas impressionou, pois, afinal, tratava-se de um ministro de Estado. Tudo bem, já havia um folclore em torno dele. Em pouco tempo de ministério, Rogério Magri estivera algumas vezes no noticiário, com grande originalidade, como quando criou o neologismo "imexível" ou refletiu sobre sua cadela Orca, concluindo que também era um "ser humano". Mas nunca neste país se tinha visto alguém, especialmente de alto escalão, falar de forma tão desenvolta e explícita sobre esquemas de corrupção. Hoje estamos mais acostumados.

Durante todo o trabalho, fomos obrigados a conviver com dois peritos da PF que se aboletaram no laboratório com o pretexto de "acompanhar" a perícia. Nada mais faziam do que ler os jornais do dia. Não tinham a menor ideia das análises que realizávamos ali. Mas prestavam atenção em tudo que conversávamos.

Um dia descobrimos que, bem ao fundo da gravação, quase inaudível, havia um som de relógio carrilhão tocando de 15 em 15 minutos. Esse dado era importante, pois não servia apenas para garantir a continuidade da gravação como também para localizá-la dentro do gabinete de Magri, onde havia um relógio com as mesmas características.

Ao descobrirmos esse detalhe, porém, tivemos uma experiência muito desagradável com os agentes da PF. Atentos, por trás dos jornais abertos, ouviram nosso comentário a respeito do relógio. Na mesma hora, disseram que teriam de ir a Brasília para compromissos inadiáveis. No dia seguinte, o jornal *Correio Braziliense* estampava na primeira página que a Polícia Federal (e não nossa equipe) tinha "descoberto" o som de um relógio que provava ser a gravação autêntica. Os peritos da PF estavam de ouvido em pé e foram correndo capitalizar a descoberta que não fizeram.

Logo depois desse episódio, descobriríamos outra pista interessante: o barulho da cadeira na qual Volnei se sentara. Era uma cadeira giratória, que rangia de modo muito particular a cada vez que ele se mexia. E ele se mexia muito, pois, provavelmente, estava nervoso com a situação. (Afinal, a fita, com uma hora de duração, estava próxima do fim e Magri ainda não falara o que Volnei esperava, daí seu nervosismo. A conversa discorreu sobre muitos assuntos e o ex-ministro só trataria de cobranças de propina bem no final do encontro.) Confirmamos que a cadeira da sala onde houve a reunião produzia o mesmo som. Dessa vez, todavia, não comentamos o fato diante dos agentes da PF.

Batismo de fogo

O caso Magri foi o meu batismo de fogo com a imprensa. O enorme interesse despertado ocupava boa parte do noticiário, escrito, falado e televisado. As entrevistas diárias no desenrolar do caso me ensinaram importantes lições quanto ao relacionamento com a imprensa. Em primeiro lugar, respeitar o jornalista. Pode parecer incrível, mas, especialmente na universidade, ainda há gente reclamando que jornalista "só atrapalha". Aprendi também a moderar e regular o discurso, principalmente nas entrevistas para a TV. É fundamental ser conciso e objetivo, o que não significa ser banal. Se possível, falar tudo em um só enunciado e de forma que todos possam entender. O público de TV aberta é muito heterogêneo e é preciso respeitar essa diversidade, algo que não é simples.

Minhas primeiras falas para a TV foram desastrosas, cheias de hesitações, pausas demoradas, repetições etc. Aprendi, na "maratona Magri", a evitar, a todo custo, esses tropeços e, principalmente, os "eu acho que...". Se você apenas "acha" alguma coisa, é melhor não dizer nada. Demorei para descobrir como é importante evitar termos empolados e herméticos. A maioria das explicações técnicas pode ser transmitida com linguagem acessível ao grande público. No ambiente acadêmico, há uma tendência a correlacionar "complexidade" com "exatidão" — o que é uma enorme bobagem. A esse respeito é oportuno lembrar o poeta Thiago de Mello: "Falar difícil é fácil; difícil é falar fácil."

Importante na condução do trabalho foi o Eustáquio Gomes. Naquela época, graças à mente aberta e progressista do Vogt, a Unicamp tinha uma assessoria de imprensa ativa e inteligente (hoje tem de novo, depois da idade das trevas de algumas gestões, especialmente a de Hermano Tavares). Eustáquio orientava e extraía o máximo das entrevistas. Lembro-me bem de um dia no qual a inevitável coletiva deveria ser feita, mas não havia absolutamente nada a reportar. Falei: "Eustáquio, hoje não tem nada pra falar, não tem novidade nenhuma!" Ele me olhou e respondeu: "Molina, em um caso com essa repercussão, falta de notícia é a notícia, vamos lá para a coletiva..." E ele estava certo.

Em certos dias, trabalhávamos até as 4 horas da manhã no laboratório. Sempre havia jornalista dormindo no degrau da escada do instituto esperando uma notícia. Todo mundo lucrou nesse caso: a imprensa tinha notícia, a PF fingia ser durona e investigativa, a Unicamp prestava importante serviço à comunidade e marcava presença na mídia.

Explicando os fatos

A capa do jornal *O Estado de S. Paulo* de 13 de março de 1992 trazia a seguinte manchete: "Procurador prepara denúncia de Magri." Aristides Junqueira, procurador-geral da República, apenas aguardava a confirmação de que a gravação era autêntica para iniciar o processo e, eventualmente, autorizar uma devassa nas contas do ex-ministro.

O ministro da Justiça, Jarbas Passarinho, enviara ao delegado do inquérito um ofício confirmando que o chefe do Gabinete Militar, general Agenor Homem de Carvalho, lhe dissera, em 15 de janeiro, informalmente, que Volnei Ávila insistia em apresentar denúncias de fatos graves que teriam ocorrido na Previdência Social.

O Estadão informava também que nesse dia o presidente Fernando Collor faria sua décima terceira reunião ministerial, marcando seu segundo ano de governo com um discurso condenando as irregularidades. Segundo seus assessores, "um grito de guerra contra a corrupção".

Não era necessário gritar — o barulho gerado pela gravação de Magri pôs em evidência inúmeras outras irregularidades que tomaram conta do noticiário. A *Folha de S.Paulo*, na mesma sexta-feira 13, enchia suas páginas com notícias de corrupção que pipocavam por todo o país: a ex-ministra da Ação Social Margarida Procópio anunciava sua aposentadoria para plantar flores em seu sítio em Itaipava, região serrana do Rio (ela não havia sido localizada para falar sobre a liberação de verba do FGTS para obras de saneamento no Acre e Amapá); a construtora Norberto Odebrecht, responsável pelas obras no Acre, publicava informe publicitário repudiando "veementemente quaisquer insinuações sobre vinculações suas com os episódios envolvendo o ex-ministro Antônio

Rogério Magri"; e representantes da Força Sindical, da CGT e da CUT encaminhavam ofício ao então ministro do Trabalho Reinhold Stephanes pedindo fiscalização na contabilidade da empresa Paulo Otávio Investimentos Imobiliários, com base nos diálogos da fita nos quais Magri fazia referência a uma eventual injunção do deputado Paulo Otávio (DF) na renegociação das dívidas da empresa Confederal.

Alguma coisa começava a acontecer no país. O Congresso aprovara, com 55 assinaturas de um total de 82 senadores, a criação de uma Comissão Parlamentar de Inquérito (CPI) para apurar denúncias de corrupção. O INSS anunciava que iria verificar quem obteve reescalonamento de dívidas durante a gestão de Rogério Magri no Ministério do Trabalho e queria saber por que 43 empresas sumiram da lista de devedores (uma vez parcelada a dívida, a empresa deixa de ser considerada devedora).

O ex-ministro reclamava ser o único que ainda não ouvira a fita. "A Polícia Federal a tem, a TV Globo, a imprensa. Todo mundo a tem. Eu sou o único — e o maior interessado — que ainda não ouviu a fita." Dizia-se refém em sua própria casa: "Todos os dias mais de trinta jornalistas ficam em frente à minha casa. Meus amigos não podem mais me visitar, porque são filmados, inquiridos." E culpou a imprensa pela morte da sogra, na semana anterior: "Ela pensou que eu estava preso."

Aparentemente calmo, de cabelo engomado e terno bege, Magri, durante depoimento na CPI, negou ter recebido os 30 mil dólares. Nem ao menos reconhecia sua voz na gravação. Às vezes, sorria com ironia; em outras, colocava os óculos e aproximava-se da caixa de som para ouvir melhor. Ainda assim, dizia que a gravação era praticamente inaudível. Mas não era; nossa transcrição dos diálogos ocupou 46 páginas do laudo.

Magri partiu para o ataque e o jogo baixo contra o ex-diretor do INSS. Leu uma carta escrita por um dos filhos de Volnei que se colocava à disposição para denunciar fraudes praticadas pelo pai. Magri também apresentou a relação de bens de Volnei: mansões com piscina em Cuiabá e Campo Grande, onde também tinha uma chácara, e apartamentos em Porto Alegre e no Rio de Janeiro, uma cobertura. Para reforçar o ataque, um deputado do Mato Grosso do Sul informou à CPI que Volnei teria sido condenado por estupro na cidade de Três Lagoas (MS). O que Magri parecia não perceber é que os ataques orquestrados contra Volnei davam mais veracidade à gravação.

O único momento de nervosismo do ex-ministro se deu quando a deputada Cidinha Campos (PDT-RJ) perguntou: "O senhor está aqui sob juramento dizendo que Volnei Ávila não era de sua confiança. No entanto, em 4 de novembro, o senhor declarou à Comissão de Seguridade da Câmara que se sentia prestigiado pelo presidente porque havia indicado todos os seus diretores. Quando ocorreu a mentira?" A deputada Cidinha Campos foi quem convenceu Volnei a gravar Magri. Depois o convenceu a denunciá-lo utilizando o mesmo método: gravou uma conversa na qual Volnei confessa ter a fita com a gravação de Magri. Uma deputada hábil, como se vê.

Enquanto isso, o xerife Romeu Tuma anunciava que a Interpol iria investigar as possíveis contas bancárias de Magri na Suíça. No ano anterior, 1991, sindicalistas denunciaram que Magri fora visto em Genebra, em um edifício no número 21 da Quai The Mont Blanc, onde ficam instituições financeiras, enquanto deveria estar participando da abertura da Conferência da Organização Mundial do Trabalho. Ele alegou estar comprando um relógio para a esposa em uma joalheria e que também fora a uma galeria de arte. Isso mesmo: o ministro apreciava a boa arte.

Em 26 de março, na reitoria da Unicamp, Carlos Vogt mostrava aos jornalistas e fotógrafos o laudo com 72 páginas e o entregava ao delegado da Polícia Federal em São Paulo, Marco Antônio Veronezzi.

No laudo, apresentamos os resultados das análises para autenticidade da gravação e identificação de vozes. Não verificamos descontinuidades ou qualquer indício de montagem na gravação. Essa conclusão era reforçada pela descoberta da regularidade do som do relógio carrilhão e também pelo ranger idêntico da cadeira do gabinete do ministro.

Para identificar que era mesmo a voz de Magri, utilizamos um espectrógrafo, aparelho que faz uma leitura gráfica em papel (um espectrograma), transformando o sinal sonoro em eletricidade e depois em números. O técnico decifra os "movimentos" da voz, em diferentes cores, reproduzidos numa tela. O método aplicado é o comparativo; portanto, é preciso contrapor a gravação e a voz do suspeito. A conclusão das análises aponta para a confirmação de que o diálogo se deu entre Magri e Volnei. Atualmente, os exames seriam feitos com recursos mais sofisticados, mas na época era o que tínhamos de melhor.

No dia seguinte, os jornais reproduziam imagens nas quais eu aparecia apontando para a tela de um computador. À minha esquerda, o reitor da Unicamp e o delegado, como pode ser visto na imagem 1 do encarte deste livro. Essa imagem está carregada de simbolismo. Estão ali a autoridade acadêmica, a autoridade policial e a instância técnica, representada por mim. Mas o *"j'accuse"* implícito no meu dedo em riste passava para a opinião pública uma imagem um tanto equivocada. Não é o perito quem acusa, ele não tem autoridade para tal; portanto, não pode ser visto como um paladino da justiça. O perito nada mais faz do que aplicar seus conhecimentos técnicos: não acusa, não julga, não condena.

Outra distorção é a atribuição de responsabilidade e competência dada, geralmente, pela mídia. No dia seguinte à entrega do laudo, as manchetes de três jornais estampavam: "Unicamp comprova" (*Diário do Povo*); "Unicamp confirma" (*O Globo*); "Unicamp prova" (*O Estado de S.Paulo*). Observe que o nome da instituição (universidade) se sobrepõe ao dos profissionais que de fato realizam o trabalho. Veremos no capítulo 5, sobre Paulo César Farias, uma situação na qual dois profissionais da Unicamp divergem radicalmente, o que criou um enorme imbróglio institucional — exatamente por conta da confusão dos níveis institucional e pessoal.

Em 29 de abril, fomos a Brasília apresentar o laudo para a CPI. Com senadores pesos-pesados como Mário Covas e Eduardo Suplicy demonstrando abertamente que confiavam nos resultados, o relator Cid Sabóia de Carvalho, a princípio relutantemente, afirmou: "Não temos dúvida de que o ex-ministro declarou mesmo que recebeu os 30 mil dólares." Faria um relatório incriminando Magri por corrupção passiva. O senador Élcio Álvares, do Espírito Santo, que até então vinha tomando o partido de Magri, admitiu que as provas apresentadas o convenceram integralmente: "Não há mais dúvida, essa voz é a do ex-ministro." Após essa apresentação, a Comissão de Inquérito considerou que Magri já "confessara" o crime e por isso não precisaria ser convocado a prestar mais depoimentos.

Nesse caso, via-se um inusitado empenho para fisgar Magri, jamais visto em casos anteriores. Magri era peixe pequeno. Certamente, o alvo era o poder central. A enxurrada de denúncias que se seguiu culminou num processo contra o presidente Fernando Collor de Mello, que renunciaria oito meses depois, em 29 de dezembro de 1992, para evitar o impeachment.

Magri era um personagem folclórico. Hoje, com Tiririca e companhia no Congresso, parece bem menos. O valor da propina é irrisório, em comparação à dinheirama que escorre atualmente nos ralos da corrupção brasileira (vide Mensalão, Petrolão e outros escândalos). Em 1992, 30 mil dólares compravam ministro de Estado. Hoje não dá para comprar nem vereador do interior. A gente era feliz e não sabia.

2

Polícia na fita

A chacina de Vigário Geral

Em outubro de 1995, a Justiça aceitou denúncia do Ministério Público contra o ex-deputado e coronel reformado da Polícia Militar Edmir Laranjeira, acusado de liderar o grupo de policiais envolvidos em extermínios e extorsões, conhecido como "Cavalos Corredores". O grupo era acusado de ter participado das chacinas de onze jovens em Acari, em 26 de julho de 1990, e de 21 pessoas na conhecida chacina de Vigário Geral, ocorrida em 30 de agosto de 1993. Nesse ano, a imunidade parlamentar salvou o deputado estadual Laranjeira da denúncia do MP. Ele havia sido denunciado com outros setenta acusados, entre delegados, policiais civis, militares e informantes. Laranjeira comandou o 9º Batalhão da Polícia Militar, no qual a maioria dos réus era lotada na época da chacina de Vigário Geral. Segundo o desembargador Paulo Gomes, relator do processo, a principal denúncia contra Laranjeira eram os depoimentos de uma testemunha-chave no caso da chacina, o ex-informante "I" (supostamente de "Ivan"). Ele participava de extorsões a traficantes e de outras ações do grupo "Cavalos Corredores".

Vinte e um foram assassinados a sangue-frio na favela de Vigário Geral, na Zona Norte do Rio de Janeiro, e quatro ficaram feridos. O massacre, ocorrido um dia depois do assassinato de quatro soldados do 9º Batalhão da Polícia Militar, foi engendrado por pessoas ligadas ao traficante que comandava aquela área, Flávio Negão (morto pelo Batalhão de Operações Especiais, o Bope, em janeiro de 1995). No enterro dos policiais, um grupo de soldados prometeu vingança, afirmando que mataria os traficantes que atuavam em Vigário Geral. Cerca de 24 horas depois do enterro, um grupo entre quarenta e cinquenta homens encapuzados e fortemente armados, muitos usando roupas que lembravam uniformes policiais, cercou as três vias de acesso à favela com oito automóveis e matou 21 pessoas: cinco metalúrgicos, três gráficos, duas costureiras, dois comerciários, um ferroviário, um motorista, um servidor público da Saúde, um frentista, um vigilante, um pedreiro, uma dona de casa e dois estudantes. Todos com endereço fixo e profissão. Não tinham nenhum envolvimento com atividades ilícitas. Pelo que se sabe, nenhum traficante foi morto no desvairado ataque.

Alguns sobreviventes afirmaram que os assassinos diziam que matariam dez pessoas para compensar cada um dos policiais assassinados. A relação "dez bandidos para cada PM morto" parece valer até hoje. O episódio de 2006, envolvendo o confronto entre a PM e o Primeiro Comando da Capital (PCC), e do qual também participei como perito, confirma esse cálculo macabro (ver caso no final deste mesmo capítulo).

Não parecia haver um objetivo claro no ataque de Vigário Geral. As vítimas foram escolhidas aleatoriamente: nove homens que bebiam em um bar foram metralhados. Famílias inteiras foram mortas após granadas serem lançadas dentro de suas casas.

Diante da brutalidade da ação, a Secretaria de Segurança precisava agir com rapidez e severidade, o que era dificultado pelo fato de os assassinos estarem encapuzados e, mesmo que não estivessem, ninguém se arriscaria a servir como testemunha ocular. Como costuma acontecer nesses casos, ninguém viu nada, ninguém ouviu nada. Diante da impossibilidade de identificar os agressores, tomou-se uma medida extrema: foram presos indiscriminadamente inúmeros policiais, quase o batalhão inteiro. A ordem veio do coronel da Polícia Militar do Rio de Janeiro (PMERJ) Valmir Alves Brum, então responsável pela investigação.

Em 1995, mais de dois anos depois, os policiais continuavam presos. Além da falta de credibilidade de eventuais depoimentos dos detidos, ninguém abriria o bico para dedurar os colegas. É o código de honra da PM. No entanto, se os inocentes não queriam entregar os companheiros, poderiam gravar conversas nas quais os culpados revelariam exatamente o que acontecera, especialmente quem de fato tinha participado da chacina. Isso parecia não ferir o código de honra e se constituiria em uma prova eficiente, pois seria tratada como uma confissão.

O próprio coronel Laranjeira realizou algumas gravações, conversando com policiais que teriam participado da chacina ou que tinham informações relevantes sobre o fato. Um grupo de policiais presos começou a fazer gravações dentro do presídio, sob orientação de Laranjeira. Era preciso muita cautela. Se os culpados descobrissem que estavam sendo gravados, provavelmente haveria outra chacina, agora dentro da cadeia. E, além de esconder bem os gravadores, abordar o assunto era delicado. Era preciso introduzir o tema de uma forma sutil. Isso fez com que as gravações ficassem extremamente longas. Muitas vezes, as fitas acabavam sem que o assunto tivesse sido abordado. Mas finalmente, após horas de gravações, conseguiu-se reunir um material que permitia esclarecer grande parte do ocorrido.

As fitas foram entregues ao coronel Laranjeira, que as repassou ao Ministério Público. A acusação, interessada em separar o joio do trigo, como dizia o promotor José Muñoz Piñero Filho, solicitou a perícia nesse material. Marcos Chut, outro promotor que trabalhava no caso, dizia que a perícia seria fundamental para o esclarecimento da chacina. Chut teve acesso às fitas e, pelo que conseguiu ouvir, afirmava que as confissões eram da maior frieza, mostrando que os assassinatos foram cometidos de forma premeditada.

Mas era fundamental verificar exatamente o que tinha sido dito, quem disse o quê e se havia alguma montagem. Não foi um trabalho fácil: recebemos cinco horas de gravação em fitas microcassete realizadas em condições adversas, com equipamento de baixa qualidade, alto nível de ruído de fundo e vários interlocutores sobrepondo vozes durante quase todo o tempo. Levamos quatro meses para finalizar o laudo.

Por óbvios motivos de segurança, era impossível deslocar os acusados para o nosso estúdio em Campinas. Assim, os procedimentos de identificação de voz foram feitos no Rio de Janeiro, onde a sala do júri foi disponibilizada para montarmos um verdadeiro estúdio com condições técnicas praticamente ideais. Havíamos requisitado amostras de voz das catorze pessoas que tiveram suas falas gravadas nas fitas. Cinco acusados se negaram a fornecer amostras. Certamente tinham algo a temer. Mas a negativa, em geral, é interpretada como presunção de culpa. De qualquer forma, a identificação da maior parte dos interlocutores validava as gravações, lhes dava crédito. Além disso, constatamos que não havia artifícios de montagem. As gravações podiam ser consideradas autênticas para os fins judiciais.

Apesar das dificuldades, conseguimos extrair muita coisa das gravações, em uma transcrição de 166 páginas. Havia trechos ininteligíveis, mas o que interessava estava lá, preservado. O conteúdo das fitas era mesmo assustador. Nas conversas, sem saber que estavam sendo gravados, alguns policiais falavam abertamente sobre a chacina, contando detalhes sobre como as pessoas foram mortas, em que circunstâncias, onde tudo aconteceu e até quantos tiros foram disparados.

Embora os policiais tivessem ido à favela, a princípio, para vingar os colegas assassinados pelos traficantes, a intenção não era matar indiscriminadamente. Alguns policiais entraram em um bar e, mesmo encapuzados, pediram documentos para identificar quem estava lá. Um dos réus, Amauri do Amaral Bernardes, conversando com Laranjeira, relata:

> **Amauri**: [...] eles [os policiais] entraram num bar, que tinha uma porrada de gente bebendo... de capuz, os caras ficaram amedrontados, depois eles começaram [a pedir] documento, não sei o quê... a comunidade não é burra, o cara tá pedindo documento mascarado, não vai matar ninguém, se é pra matar já chega matando, vai pedir documento?

No entanto, não se sabe bem por qual motivo, a situação saiu do controle dentro do bar e um dos policiais encapuzados começou a atirar. Amauri continua seu relato para o coronel Laranjeira:

> **Amauri:** [...] aí explodiu, só que nessa hora o Miúdo estava entrando na casa do crente sem nada na cara, porque ele não sabia que ia ser atacado aquela porra lá... quando escutou o barulho, correu... aí o Neto falou: "Ele tá maluco...?! Olha a merda que tu fez...! Filho da puta, o Miúdo me entra lá dentro com essa cara limpa, o caralho, e tu mata sete aqui?"

Ou seja, depois do descontrole momentâneo no bar (que já havia matado sete), a situação se agravou ainda mais porque um dos policiais, o "Miúdo", havia tirado seu capuz e poderia ser reconhecido posteriormente. Diante dessa situação, iniciou-se uma matança indiscriminada que resultou em 21 mortes. Não sobraria ninguém para testemunhar.

Um policial tratado como "Flávio" nas conversações faz relatos horripilantes, carregados de uma enorme frieza. Conta, sem o menor sinal de remorso, como matou um dos populares, testemunha ocular da primeira matança no bar.

> Flávio: [...] o da pracinha fui eu, eu que matei. [Carlão] Falou pra mim: "Esse cara estava na parada" [tinha visto a cena do bar]... Daí o que eu fiz...? Eu saí estalando ele, ele caiu, eu estalando, estalando, estalando, eu parei com a pistola aberta, porra (risos)...

Para quem não sabe, "parar com a pistola aberta" significa descarregar toda a munição do pente, até que a pistola abra para ser remuniciada. "Flávio" continua seu relato de horror puro, tentando justificar que uma das jovens friamente assassinadas, dentro de sua casa, afinal não era "criança", como teriam divulgado na imprensa, como se o crime ficasse assim menos brutal:

> Flávio: [...] não tinha garota não, porra, menina gostosinha, não era criança não, porra, era uma garota já fodendo, porra...

Os policiais que não haviam participado da chacina, mas estavam presos, sofriam ameaças daqueles que participaram. O receio dos culpados era que, se alguém fosse inocentado, poderia entregar os culpados. "Borjão", um dos PMs que não foram a Vigário Geral, revela seu temor em uma das conversas gravadas:

> Borjão: eles veem o desespero do cara... aí pensa[m] que o cara agora livre vai jogar conversa fora pra todo mundo, quem foi quem não foi, é isso aí, preventivamente ameaçam o cara então... todo mundo que não foi se sentiu ameaçado, e todo mundo tem família, rapaz, já pensou se um merda de um Zeca Bundinha desses pega minha esposa aí e faz... porra, pelo amor de Deus, rapaz, o cara já tá preso, não fez porra nenhuma e ainda, pô, vai morrer a família, rapaz...? É uma coação fodida, cara!

As gravações foram a principal peça da acusação. O promotor Muñoz Piñero foi criticado por usar gravações feitas pelos próprios detentos, mas sabia que sem elas seria impossível condenar os verdadeiros culpados. Para a defesa interessava a confusão. Se não fosse possível distinguir quem participou ou não da chacina, os jurados, muito provavelmente, optariam pela absolvição de todos, evitando assim a condenação de inocentes. A estratégia de Muñoz Piñero estava correta: apenas as gravações poderiam evitar injustiças.

As armas usadas nos crimes poderiam ajudar na elucidação do caso, mas no bojo das gravações descobriu-se que um policial, a quem as armas foram entregues para que as escondesse, teve medo e resolveu desová-las atirando tudo do vão central da ponte Rio-Niterói. Ainda que fossem encontradas, o que seria quase impossível, testes balísticos estariam descartados, depois de tanto tempo no mar. Não havia testemunhas vivas. Só os policiais que participaram da chacina sabiam de fato o que ocorreu. As gravações eram a luz no fim do túnel e a promotoria soube usá-las com sensatez.

Diante do que foi aqui exposto, não é pertinente a afirmação do perito Nelson Massini, na época dos fatos, de que as fitas teriam sido "preparadas". Segundo ele, as conversas foram combinadas com o objetivo de obter inocência. Dizia também que, "mesmo que os peritos não comprovassem a existência de montagem técnica, tinham que usar um critério subjetivo e compreender que elas foram produzidas por alguém interessado no processo". Ora, critérios "subjetivos" são exatamente aqueles que o perito deve evitar. Massini nem sequer teve acesso às gravações; sua opinião certamente seria diferente se tivesse ouvido as conversas. Teria constatado que eram espontâneas, que não havia armação. E, afinal, por que alguém confessaria um crime que não cometeu? Ele não estava sob tortura ou qualquer tipo de coação.

Apesar dos esforços da promotoria, apenas sete dos 52 acusados chegaram a ser condenados. Desses, três foram absolvidos em um segundo julgamento. Outro foi assassinado em 2007. Dos três que continuaram detidos, um teve a pena extinta em 2012, outro está em regime de condicional e apenas um permanece hoje na cadeia, Sirlei Alves Teixeira, e ainda assim não por conta do massacre de Vigário Geral, mas em função de outros crimes que cometeu no período em que esteve foragido da Justiça. Cinco acusados nem chegaram a enfrentar o tribunal do júri, pois morreram antes disso. Jorge Evandro Santos de Souza e Leandro Marques Costa (o "Bebezão") ainda estão foragidos.

A sensação de impunidade é inevitável. O principal promotor do caso, hoje desembargador, José Muñoz Piñero Filho, admite que as condenações foram muito abaixo da expectativa inicial e as penas foram muito reduzidas por meio de manobras legais. Para além da questão criminal, levou muito tempo para que as famílias das vítimas tivessem alguma compensação na área cível. Só em 2000, quando a Organização dos Estados Americanos (OEA) exerceu alguma pressão nesse sentido, o governo do Rio de Janeiro decidiu aprovar o pagamento de pensão às famílias.

As falhas processuais no massacre de Vigário Geral são mais uma demonstração da ineficácia de investigações conduzidas de forma corporativista. Polícia não pode investigar polícia. Um mês depois da chacina, oito crianças e adolescentes foram assassinados por quatro policiais militares, no episódio que ficou conhecido como "Chacina da Candelária". Muitas outras barbaridades ocorreram desde então. A banda podre da PM continua por aí. O horror nunca termina.

Conversa de PM e traficante

No início de 1996, muito antes do frenesi da Grampolândia, a Polícia Federal já andava interceptando telefonemas. Em uma das operações, a PF atirou no que viu e acertou no que não viu. A intenção era grampear os telefones de traficantes do Rio de Janeiro. Ao examinar as gravações, a PF descobriu que muitas ligações tinham como origem telefones públicos (orelhões) localizados dentro de quartéis da Polícia Militar carioca. Uma investigação mais profunda indicava que alguns policiais militares, de dentro dos quartéis, negociavam abertamente com marginais com o objetivo de extorquir dinheiro do tráfico, prática conhecida como "mineira", infelizmente ainda frequente no Rio de Janeiro. As fitas, gravadas pela PF, tornaram-se, indiretamente, peças acusatórias em cinco inquéritos policial-militares.

O encarregado do Inquérito Policial Militar (IPM) então instaurado, major Maurício Silva da Nóbrega, nos enviou o material para ser periciado. Eram cinco fitas com quase 3 horas de gravações telefônicas. Os objetivos periciais eram os de sempre: transcrição, autenticação e identificação das vozes.

À medida que o trabalho de transcrição avançava, custávamos a acreditar no que ouvíamos. Revelava-se um esquema que funcionava com uma tabela de preços, dependendo do "serviço" que os policiais envolvidos ofereciam para os traficantes — desde passar informações privilegiadas sobre ações repressivas da PM até a liberação de bandidos detidos em flagrante. Havia também referências à distribuição regular de propinas por traficantes para policiais, com valor fixo, uma "semanada" de 1,5 mil reais, para ser distribuída pelo grupo envolvido.

Alguns trechos das conversas interceptadas são estarrecedores, expondo a promiscuidade das relações entre aquele grupo de PMs e os traficantes. Vamos reproduzir alguns trechos, de forma resumida, com eventuais comentários para facilitar o entendimento, visto que o jargão típico é às vezes incompreensível para os não iniciados.

No trecho a seguir, o PM negocia a liberação do traficante Bebeto. Fala com um capanga chamado Francisco. A negociação tem de ser rápida, para evitar que a prisão saia do flagrante:

PM: O problema é o seguinte, nós agarramos o Bebeto na situação, com flagrante todo da parada dele... ele rodou com setenta papelotes de cocaína, entendeu...? Munição de 45, uma porção de coisa...
Francisco: Meu Deus do céu, só arruma problema esse puto!
[PM passa o telefone para o preso]
Bebeto: Rodei, certo...? Vê se você arruma um dinheiro aí, certo, pra você me tirar dessa situação aqui, pra minha situação não ficar precária...
Francisco: Quanto?
Bebeto: Vê se arruma uns 3 mil.
Francisco: Três mil hoje, agora?!
Bebeto: Eles tão querendo 10 mil!
Francisco: Aonde que tu tá?
Bebeto: Eu tô no DPO da Cidade Alta.
Francisco: Mas tem endereço, como eu chegar aí?
Bebeto: Espera aí que o policial vai falar contigo.
PM: Olha só...ele deu esse telefone que você podia resolver, entendeu...? Se você não tem condições de resolver, aí fala logo que a gente já mete ele pro pau, entendeu...? Isso é um doze, um Artigo 12 [referindo-se ao Art. 12 da Lei n. 6.328], é tráfico... ele disse que você sabe da situação, que você empresta o dinheiro pra ele comprar essas coisas...
Outra voz masculina: E se a gente conversasse pessoalmente, nós dois, ou quem estiver aí, não sei...

PM: E a gente vai conversar sobre o quê...? A condição é essa: dez conto, mas, se você não tem dez conto, vê o que pode fazer, cara, entendeu...? Porque isso no mínimo é dez anos pra ele... depois ele solto, ele corre atrás e te paga...
Francisco: Tem que ser resolvido hoje?
PM: Isso, hoje... Hoje, senão ele vai ser autuado... Se passar de amanhã acaba o flagrante, aí muda tudo... E você, o que tiver na mão já vai trazendo, o que tiver condição de trazer, traz, aí se for satisfatório a gente libera ele e tu leva ele embora, se não for, a gente aperta a mão, você segue teu caminho, a gente prende ele...

No próximo trecho, o traficante "Mineiro" reclama das ações da PM na comunidade. A negociação envolve até concorrência, pois "Mineiro" se refere a outro PM, um capitão, que teria proposto um valor mais em conta. É a extorsão policial aderindo ao livre mercado.

PM: A gente tá incomodando tanto assim, cara?
Mineiro: Mano, não é que tá me incomodando, pô, olha bem... morador vem, pô... fulano ganhou tapa na cara... Tô te falando que na tua guarnição neguinho botou gente pelada no meio da rua e abriu o lesco [ânus] do cara e olhou dentro!
PM: Os colegas aqui tão falando o seguinte: pra gente sair daqui, pra minha guarnição sair amanhã, manda cinquenta conto que a gente vai embora...
Mineiro: O que é isso...! Olha bem, sabe por quê...? O capitão que faz lá o bagulho já pediu uma prata...
PM: Quanto que ele te pediu pra tirar a gente daqui?
Mineiro: Cinco conto...
PM: Cinco mil?
Mineiro: É...

PM: Porra, muito cuzão esse capitão, hein...? Puta que pariu, tá passando fome, ele... sabe o que que vai ter...? Tu não vai mandar nada que eu já vi que tu não vai mandar porra nenhuma... Aí a gente leva pra delegacia, apresenta como elemento suspeito, aí teu capitão tira...

No próximo diálogo, um PM conversa com o traficante conhecido como "Pê", então em alta no tráfico (deve estar morto hoje; esse pessoal tem vida curta). Nessa conversa, o policial militar tenta fazer um "pacote": receber a "semanada" regular. Como bônus, entrega um informante da polícia que circula pela favela (provavelmente pra ser eliminado pelos traficantes).

PM: Hoje tem condições de mandar uma situação [dinheiro]?
Pê: Posso tentar um contato.
PM: E aí quem vai trazer, é o Garrafinha?
Pê: É, tá?
PM: Tinha que ligar e pedir pro Garrafinha esperar a gente ali perto daquele borracheiro... Ó, parada de sujeito homem, hein.
Pê: Tá...
PM: Outra coisa, eles gostam de correr pro bote, entendeu? Porque tem um informante. [Refere-se a outros PMs que podem melar a "situação".]
Pê: Ahã...
PM: Então, mediante uma prata, a gente até diz quem é esse informante...
Pê: Pô, claro... Levanta isso aí que tem uma prata... Mas aí, pô... Diz aí quanto, amigo...
PM: Dois conto.
Pê: Porra, que é isso, assim machuca a gente... Sabe por causa de quê?
PM: Hã...

Pê: A gente desse jeito não tem trabalhado, rapaz, entendeu? [O traficante reclama que a PM está dando muito em cima e eles não estão tendo espaço para vender a droga livremente.]
PM: Ah... Então faz o seguinte...
Pê: Um conto te dou hoje.
PM: E a situação nossa da semana? [Fazendo referência à "semanada".]
Pê: Um conto e quinhentos as duas, morre as duas junto? [Ou seja, a "semanada" e o "bônus", que seria entregar o nome do informante da polícia.]
PM: Manda entregar hoje lá no borracheiro?
Pê: É.
PM: Falou... Vou dizer o nome... É o Padeirinho. [Entrega o informante da polícia para o traficante.]
Pê: Ah, tá...
PM: Ele que deu aquela parada que pegou aquelas armas... foi ele que deu o Urubé. [Referindo-se a outro membro da quadrilha.]

No trecho a seguir, um policial negocia com o traficante "Pê" a liberação de uma menor presa em uma operação. Trata-se de um tenente.

PM: Quem tá falando?
Pê: É o Pê, tenente.
PM: E aí?
Pê: Parece que pegaram uma menina aí...
PM: Rosa.
Pê: É... E aí, tenente, o que é que se pode fazer?
PM: Tu sabe que ela tá com flagrante, não sabe...? Além de ela estar com flagrante tinha mais coisa na casa dela...
Pê: Tinha uma pistola lá...

PM: Isso...

Pê: Pô, aí, tenente, que que a gente pode fazer pelo menos pra ver se tira essa mulher daí, pô... A pistola era minha...

PM: Tô indo pra delegacia... Aí depende de você, se eu vou fazer o flagrante ou se eu vou fazer só a apreensão.

Pê: Ela é menor, cara...

PM: Ela tem 18 anos...

Pê: Tem, porra, mas é menor...

PM: Depende de você se eu vou fazer apreensão do material ou se eu vou dar um flagrante nela... E outra coisa, teu retrato tá comigo. [Refere-se a uma fotografia que foi encontrada com a jovem, na qual aparecia "Pê", cujas feições até então a polícia não conhecia.]

Pê: Puta merda, hein...!

PM: Você e Andrezinho.

Pê: Eu e Andrezinho?

PM: É... Sabe quem é Andrezinho, não sabe?

Pê: Sei... o... morreu... falecido...

PM: Então... Fala alguma coisa... A mulher tá colada contigo, não tá?

Pê: Andei dando uns pega, sim...

PM: Mas tá dando ainda... Olha só, tu tá dando uns pega ainda nela e tu deixa essas porras de responsa na casa dela?

Pê: É...

PM: É porque ela tem um conceito contigo. [Tradução: ela tem um caso com "Pê".]

Pê: É...

PM: Então, 20 mil.

Pê: Quanto?!

PM: Vinte...

Pê: Não tem condição, tenente.

PM: Então fala você, porra...

Pê: Pô, tenente, eu posso tentar... Vou ser sincero pro senhor, eu posso tentar conseguir 2 mil reais.

PM: Que é isso...?! Que é isso, rapaz, tem dez cabeças aqui... Dois conto?! [Refere-se aos outros policiais com os quais teria de dividir a grana.]

Pê: O senhor sabe como é que tá, os cara foi preso anteontem aí também, não perderam dinheiro. [Refere-se a uma outra prisão na qual também houve pagamento para "aliviar".]

PM: Porra, não é brincadeira não, olha só, a mulher tá colada contigo, tu fica usando a casa dela...

Pê: Colada comigo não tá, porque se estivesse não tava aí... Ela só tava guardando minha pistola, o dia que eu saí eu deixei minha pistola com ela aí.

PM: Mas pô, tu não deixaria com ela se ela não tivesse um contexto contigo... Vê aí o que tu vai fazer, rápido que eu tô há muito tempo aqui, tô querendo ir pra delegacia... E outra coisa, a foto... Tô com tua foto agora... Sabe o que tá escrito atrás?

Pê: Hã.

PM: Se liga só: "Lembrança do Andrezinho, um garoto responsa que eu me amarrava, um garoto amigo que agora está em outro mundo e do lado do André está o meu caso Wilson." [Os escritos feitos pela namorada de "Pê" revelavam o nome real dele.]

Pê: Ih, caralho!

PM: Certo, Wilson...? Certo, Wilson...?

Pê: Porra, tenente, tô dizendo pro senhor que a condição que eu tenho se eu chegar lá pode arrumar esse dinheiro aí, agora.

PM: Porra, dois conto, rapaz?!

Pê: Ô, tenente, posso fazer um negócio com o senhor...? Eu consigo esses 2 mil hoje, certo... Eu consigo mais 2 mil semana que vem... Papo de homem, o senhor sabe que se eu chegar e falar pro senhor que é isso, é isso mesmo.

PM: Se liga só... Cinco hoje pra morrer.
Pê: Não tenho, hoje não tenho...
PM: Tem uma agenda também na parada.
Pê: Ah, isso é dela, coisa de... ideia de menina.
PM: Mas teu nome tá lá, porra!
Pê: Meu nome?
PM: É... que deu cinquenta mil pra ela, que saiu com ela, que fez isso, aquilo...
Pê: Caralho, é mesmo?
PM: Tem a porra toda.
Pê: Ah, deixa essa porra dessa agenda com essa mulher, cara.
PM: Não, tá apreendida já.
Pê: Que é isso, tenente, a agenda da garota?
PM: Vamos conversar logo, fala aí, 5 mil pra morrer aqui... Eu vou pra delegacia, faço a apreensão do material, a mulher é liberada, tá?
Pê: Libera ela?
PM: Faço a apreensão, libero a mulher e acabou.
Pê: Porra, mas vai... pra apreender, porra, faz o que puder sem levar pra delegacia.
PM: Não, pra delegacia eu tenho que levar... ela não vai... só o material e acabou, vai ser apreendido o material e acabou.
Pê: Espera aí, o senhor me dá mais umas 2 horas?
PM: Duas horas...? Mas tu tá aonde, maluco?
Pê: Tô em Copacabana, pô...
PM: Porra, com um telefonema tu faz isso rapidinho.
Pê: Mas se eu pudesse eu já tinha resolvido já.
PM: Olha, tem uma porrada de garota aqui com ela.
Pê: Eu vou tentar mesmo, se consigo mesmo...
PM: Olha só, são 18h15.
Pê: Seis e quinze?
PM: [Espero] Até 19h.

Pê: Eu vou tentar.
PM: Eu vou enrolar na delegacia, se 19h eu ligar pra cá [e] não tiver vindo nada eu vou levar pra dura, pra flagrante legal.

Em uma das "negociações", os policiais aceitaram vinte gramas de cocaína como parte do pagamento. Um deles consulta outro policial do Departamento de Policiamento Ostensivo da PM, o DPO, sobre como vender o pó.

PM 1: Olha só, é o seguinte, o cara deixou umas vinte gramas de cocaína pra gente, entendeu...? Pra gente vender... O Pinguim não compra essa parada não?
PM 2: Porra, o Pinguim não, cara!
PM 1: Tu não tem nenhum contato não, pra comprar essa parada?
PM 2: Porra, a não ser que eu vá lá na praia de Ramos agora rapidinho.
PM 1: Então tá, aí depois você liga pra cá... Deve ter mais de vinte gramas de coca...

E por aí vai. Coisa surreal. Mas, terminada a transcrição, o próximo passo era provar a identidade dos envolvidos. Foram classificadas vozes de nove policiais diferentes. O caso era sério, era preciso uma identificação tecnicamente incontestável e, para isso, precisávamos colher os padrões de voz dos suspeitos, com o maior rigor. Fomos para o Rio e no quartel de Campo dos Afonsos foi montado um pequeno estúdio de gravação. Nenhum dos nove suspeitos se recusou a fornecer amostras de voz, certamente em função de ordens superiores. É claro que, pela lei, poderiam se recusar, mas naquele contexto, com a Corregedoria da PM no cangote, qualquer hesitação por parte dos suspeitos seria avaliada como admissão de culpa. Era melhor arriscar. Mas se deram mal.

Lembro-me bem das expressões nada amigáveis que me foram dirigidas durante a coleta de amostras de voz para confronto. Diante de olhares tão ameaçadores, naquele dia preferi jantar no hotel e ir dormir cedo. No dia seguinte parti de manhã, direto para Campinas. Até hoje, quando estou no Rio, me passa na cabeça a desagradável possibilidade de cruzar com um desses caras em alguma paragem meio deserta. Na verdade, não só esses, mas também muitos outros que foram em cana com base em laudos que emiti.

Após quatro meses de trabalho, entregamos o laudo de quase trezentas páginas ao corregedor da PM, coronel Laércio Pacheco, e ao secretário de Segurança Pública do Estado do Rio de Janeiro, general Nilton Cerqueira. O caso criou um enorme desconforto pelo fato de um dos nove identificados ter sido condecorado pelo próprio secretário apenas dois meses antes da entrega do laudo, tendo recebido medalhas por "bravura em ação" e "coragem e destemor". A imprensa carioca explorou ao máximo essa contradição. Como alguém acusado de negociar propina com traficantes pode ser condecorado? Nilton Cerqueira, meio atabalhoadamente, tentou contornar a saia justa e declarou: "Esse fato não desmerece o prêmio que recebeu. A premiação é feita depois de análise de uma comissão íntegra e séria da corporação. O fato de depois ter havido desvio de conduta não surpreende a sociedade brasileira nem as de qualquer parte do mundo. Pessoas cometem erros. Mas é um prazer espiritual saber que eles foram identificados. Também é uma vergonha para a família policial. Serão exemplarmente punidos." Deu para entender?

Na data determinada, 15 de março de 1996, fui ao Rio de Janeiro com o volumoso laudo debaixo do braço. Só não esperava que a entrega do trabalho fosse feita durante uma cerimônia pública de condecoração de 32 policiais no pátio do Quartel-

-General da PM, no Centro do Rio. Em um palanque montado no local estavam, entre outras autoridades civis e militares, o secretário, general Nilton Cerqueira, e o corregedor, coronel Laércio Pacheco.

Ciente da inevitável presença da imprensa, interessada nos resultados do laudo, Cerqueira vinculou os dois eventos: a entrega de um documento que ferrava nove policiais militares e uma cerimônia que premiaria outros 34. A evidente intenção do secretário e da cúpula da PM era mostrar à sociedade que, apesar da banda podre, a PM contava também com seus heróis. E me colocou no meio do circo. Fiquei lá, feito um pateta, ao lado do secretário de Segurança, debaixo de um calor infernal, assistindo a um monte de PMs serem condecorados. Isso logo depois de ter entregado um laudo incriminando membros da corporação em crime de extorsão.

Mas o secretário Cerqueira estava mesmo era bravíssimo comigo em função de uma notícia besta que o *Jornal do Brasil* — que ainda existia na forma impressa — tinha publicado dias antes da entrega do laudo. O *Jornal do Brasil* sempre foi sujeito a altos e baixos. Teve uma fase áurea, a partir dos anos 1950, revolucionando inclusive o design dos jornais brasileiros. Durante a ditadura, entretanto, foi acusado de ser francamente colaboracionista, tendo cunhado (ou ajudado a propagar) termos ufanistas como "milagre brasileiro", "Brasil grande" e outras bobagens do gênero.

Porém, em 1996, o *Jornal do Brasil* estava em franca decadência. Não levei em conta o fato, bem conhecido, de que órgãos de imprensa decadentes são pouco confiáveis. Um dia antes de ir para o Rio entregar o laudo, conversando em suposto *off* com um repórter do *JB*, comentei que aquilo não era novidade (não era mesmo) e que certamente se via ali apenas a ponta de um iceberg, pois outros casos apareceriam. Nada mais verdadeiro, pois, como se sabe, até hoje pululam episódios desse tipo de relação promíscua entre PM e traficantes. Deixei bem claro para o tal repórter que aquele comentário não era do perito, e sim do cidadão, e que não devia ser publicado, até mesmo porque, como perito, eu não tinha nada a ver com isso; meu trabalho era simplesmente identificar os culpados. Agora, como cidadão, eu posso dar a opinião que bem entender, especialmente em uma conversa informal com a explícita recomendação de não publicação.

Mas o repórter não respeitou o *off* e publicou meu comentário. E com aspas! O resto da imprensa avançou sobre o Nilton Cerqueira e o major Maurício Silva da Nóbrega, responsável pelo IPM, querendo saber se aquilo era mesmo apenas a "ponta de um iceberg", ou seja, se havia na verdade um escândalo de proporções ainda maiores. Quer dizer, pegaram algo que falei e que, a princípio, não teria relevância nenhuma, pois foi uma opinião de cidadão (e em *off*, vale lembrar), para criar um clima de apocalipse. O Nilton Cerqueira ficou bravo e com razão. Mas a culpa foi do repórter irresponsável do *Jornal do Brasil*.

Infelizmente, eu estava certo. Era mesmo a ponta de um iceberg. Até hoje, e já com as Unidades de Polícia Pacificadora (UPP) em plena ação, as quais deveriam conter o tráfico nas comunidades, a banda podre da PM continua tocando seu dobrado. Mais recentemente, escutas telefônicas revelaram que um capitão da PM recebia do traficante conhecido como "Peixe" 15 mil reais por semana para facilitar o trabalho dos criminosos. O capitão posicionava estrategicamente as equipes da PM de modo a evitar o encontro com traficantes. Um dos soldados da mesma UPP recebia parte da propina em dinheiro e a outra parte em maconha.

Novamente, como em 1996, a Secretaria de Segurança Pública do Rio classifica um escândalo como "fato isolado" e declara com teatral energia: "Casos como esse não serão tolerados." Então está tudo bem.

A bala impossível: caso Osvaldo

O ano era 1997, o dia era 1º de abril e seria divulgado, sem nenhuma mentira ou piada, um laudo que contradizia a Polícia Militar no caso da morte do comerciante Osvaldo Manoel da Silva, ocorrida em 1º de fevereiro, em Santo André, na grande São Paulo.

Ele estava em seu apartamento, no segundo andar de um prédio residencial na rua Almirante Tamandaré. Aparentava descontrole, estava armado e mantinha sua mulher como refém. De vez em quando ia à sacada e falava umas coisas meio desconexas. Parecia bem alterado e por vezes exibia um revólver. Osvaldo parecia um personagem de ficção. Sem camisa, pele escura (daí seu apelido, "Grafite"), musculoso, vestia uma calça que simulava a bandeira norte-americana.

Do pouco que se entendia de suas falas esporádicas na sacada, a impressão é que "Grafite" reclamava da Polícia Civil local. Fizera algum acordo com algum delegado e teria sido passado para trás. A história era bem confusa, envolvia um suposto esquema de motos roubadas, algo assim. Mas Osvaldo estava doidão demais. Dizia-se que estava entupido de álcool e crack. Era quase impossível fazer uma concatenação do que dizia. Mas ele sabia de algo, isso era certo. Provavelmente foi o que o condenou à morte.

A situação permaneceu assim por várias horas. De vez em quando ele ia até a sacada e fazia seu discurso. Tinha público, deu tempo para a multidão se aglomerar em torno do local. Várias emissoras mandaram suas equipes para transmitir ao vivo. Penso que o clima de *reality show* incentivava Osvaldo a continuar sua cena. Se ninguém tivesse dado bola (inclusive a imprensa), acho que a coisa se resolveria por si só.

Mas, como Osvaldo não parava, e ainda por cima falava lá umas coisas esquisitas sobre a polícia local, algo precisava ser feito. Afinal, o homem estava armado, aparentemente drogado, e havia uma pessoa sob sua custódia. Havia um bom pretexto para uma ação radical. O Grupo de Ações Táticas Especiais (Gate), uma unidade de elite da Polícia Militar de São Paulo, começou a planejar uma operação para, teoricamente, resgatar a mulher de Osvaldo e, de quebra, impedir que ele continuasse suas imprecações contra as autoridades policiais.

O plano era o seguinte: um atirador de elite (um *sniper*, no jargão policial) daria um tiro na direção de Osvaldo quando ele estivesse na sacada. Não para atingi-lo, mas apenas para criar um efeito de distração por alguns segundos, de modo que os policiais, já posicionados, pudessem invadir o local. A ideia era tomar o apartamento a partir de três pontos diferentes: uma equipe de policiais estouraria a porta da frente com explosivos e entraria; enquanto isso, uma segunda equipe usaria a entrada de serviço, arrebentando a fechadura com balotes de calibre 12; por fim, mais três policiais desceriam de rapel do apartamento de cima.

O plano era bacana, parecia coisa de filme americano. A ação deveria ser de surpresa. Depois de horas, o pessoal na rua parecia cansado e as equipes de TV já estavam com as câmeras até desligadas quando se ouviu um disparo, seguido de um estrondo e uma sequência de tiros. O cinegrafista da TV Manchete (que ainda existia na época) ligou imediatamente a câmera, mas perdeu o início dos eventos. Os demais cinegrafistas demoraram um pouco mais para acionar seus equipamentos.

Tudo aconteceu muito rapidamente. O *sniper* atirou, Osvaldo olhou para o lado, distraído pelo disparo (a bala atingiu a parede, uns 50 cm acima de sua cabeça), e então se ouviu um estrondo (a explosão da porta da frente), seguido de uma sequência de disparos de armas de fogo. Osvaldo pegou o revólver na cintura e correu, o fogo comendo solto, e tentou se proteger no canto da sacada. Nesse momento, foi atingido pela primeira vez e sua arma caiu lá de cima. Osvaldo ainda tentou se levantar, mas foi atingido uma segunda vez. Novamente tentou se erguer, o homem era forte que nem um touro. Logo desceram três PMs de rapel e imobilizaram Osvaldo, mas não sem dificuldade. Três PMs grandalhões em cima do cara e ele, já com duas balas no corpo, ainda tentava se livrar.

Tudo isso foi filmado e fotografado, não só pela imprensa, como também por populares. Mas ninguém tinha a história inteira. O cinegrafista da TV Manchete perdeu o início da operação. Por sorte, um morador do outro lado da rua, em um apartamento mais ou menos na mesma altura, estava filmando Osvaldo no momento em que o *sniper* atirou. O cinegrafista amador levou um susto, balançou a câmera, mas conseguiu captar boas imagens, que completariam o que não foi mostrado pela TV Manchete.

Depois de imobilizado e algemado, Osvaldo foi levado para dentro do apartamento e alguns instantes depois foi possível ouvir mais um disparo. Na sequência, já no fim da tarde, quase escurecendo, Osvaldo foi carregado para baixo e jogado dentro de um camburão da PM. Imagens gravadas no local mostraram que ele se debatia vigorosamente, mesmo carregado por quatro PMs e com as mãos algemadas para trás. Sua cabeça subia e descia, dava para ver muito bem. Osvaldo estava vivo quando entrou no camburão. Mas chegou morto ao hospital.

A primeira autópsia relatou que Osvaldo teria sido atingido por três disparos. Um deles na região da pélvis e outro na região glútea. Mas o único tiro fatal foi o com trajetória da frente para trás e de baixo para cima. O tiro atingiu o abdome, atravessou o pulmão e o coração, e se alojou no ombro esquerdo. O projétil estava lá e não havia dúvidas, era de HK 9 mm — uma das armas usadas pela PM durante a invasão.

Ninguém resiste a um disparo desses. A vítima morre na hora, pois dois órgãos vitais são atingidos simultaneamente e de forma grave. A PM insistia que todos os disparos tinham sido feitos durante a operação. Alegava também que Osvaldo havia disparado antes contra os policiais que invadiram o apartamento pela porta da frente. Essa história a gente conhece bem: a PM apenas reagiu.

Mas as imagens e testemunhos não confirmavam a versão da PM. Em nenhum momento se via Osvaldo atirando. Também era evidente que ele tinha sido jogado no camburão vivo, mexendo a cabeça, apesar de pendurado pelas pernas e com as mãos algemadas contra as costas (uma das formas mais dolorosas de carregar alguém). E mais: o porteiro do prédio afirmou que Osvaldo, enquanto era levado pelos PMs, falou com ele. Como alguém com um projétil de grosso calibre que perfurou pulmão e coração poderia se debater, levantar a cabeça várias vezes e ainda falar? Impossível.

Como de hábito, logo apareceu um laudo do Instituto de Criminalística (IC) corroborando a incrível versão da PM. Deram lá um jeito de encaixar o terceiro disparo, o fatal, dentro do contexto da operação no apartamento. O problema é que havia a gravação da TV Manchete. O cinegrafista perdeu o início, mas foi muito ágil em ligar o equipamento tão logo ouviu o disparo do *sniper* e a explosão da porta. Só perdeu alguns segundos da operação. As imagens não deixavam dúvidas. Em nenhum momento Osvaldo poderia ter sido atingido da direita para a esquerda, pois sempre se manteve com seu flanco esquerdo virado para dentro, de onde vinham os tiros dos policiais. O laudo do IC contrariava as leis básicas da Física, era um embuste para aliviar a delicada situação dos PMs envolvidos.

Mas havia uma pedra no sapato da PM. O promotor de Justiça Reinaldo Mapelli não ficou nem um pouco convencido com o relatório do IC. Veio ao nosso laboratório, já com todas as gravações existentes, e solicitou um laudo técnico que de fato verificasse se o tiro fatal tinha sido dado durante a invasão ou se — era o que se suspeitava — Osvaldo tinha sido assassinado dentro do camburão, a caminho do hospital.

Analisamos, em 38 dias de trabalho, três fitas de vídeo com imagem e áudio. Duas delas eram de emissoras de TV e uma do cinegrafista amador. Juntando tudo dava para recontar a história inteira, desde o início. Mais importante do que as imagens era o som. Todos os disparos foram gravados, desde o tiro do *sniper*, pois uma das equipes de TV gravava o áudio direto, sem interrupção. Ora, a autópsia revelou que Osvaldo tinha sido atingido por dois projéteis de 9 mm e um de 38. Poderíamos então confrontar som e imagem, e, identificando cada arma pelas suas características de áudio, verificar se era possível que o disparo fatal de HK 9 mm poderia ter atingido Osvaldo durante a operação enquanto ele estava na sacada.

Não foi fácil. Eram muitos ruídos ao mesmo tempo, gente gritando, vidros quebrando e uma sequência de nove estampidos em poucos segundos. Com muito trabalho e um pouco de sorte, conseguimos identificar inequivocamente cada um dos estampidos. Digo sorte porque nem sempre é possível identificar claramente diversas armas, mas no caso as armas eram bem diferentes, com propriedades acústicas muito particulares. Assim, por exemplo, uma carabina calibre 12 tem uma sonoridade com muitos componentes na região grave, em função do calibre e da extensão do cano. Já a submetralhadora HK 9 mm, provida de um semissilenciador, corta radicalmente frequências graves. O revólver 38, por outro lado, reforça as frequências médias.

Processamos toda a sequência de áudio no espectrógrafo e cada arma (ou estampido) apresentou uma estrutura sonora bastante individualizada. A sequência era: (1) tiro do *sniper*; (2) explosão da porta da frente; (3) dois tiros de carabina 12 arrombando a porta dos fundos; (4) tiro de revólver 38; (5) três tiros de HK 9 mm; (6) tiro de revólver 38.

Já sabíamos como tinha sido a sequência de tiros, ou seja, qual arma disparou e quando disparou. Bastava agora confrontar o som com as imagens e outros dados relatados no exame de local, aos quais tivemos pleno acesso, visto que estávamos trabalhando a pedido do Ministério Público. Na análise, constatou-se que o primeiro disparo de 38 quebrou o vidro da porta da sacada (isso era claro nas imagens gravadas pelo cinegrafista amador do prédio em frente). Era certo que o primeiro disparo que atingiu Osvaldo foi de HK 9 mm, pois entrou pela esquerda, na região da pélvis, quando ele estava em pé; era mesmo possível ver Osvaldo caindo na gravação da TV Manchete. Depois de cair, Osvaldo tentou se levantar e recebeu outro tiro na região glútea, da esquerda para a direita, vindo do ponto onde se posicionava, dentro do apartamento, o PM com revólver 38. Esse projétil foi encontrado dentro do corpo de Osvaldo, não havia dúvidas. O exame de local relatava que dois projéteis de HK 9 mm foram encontrados no apartamento. Um deles engastado no aro metálico de um alto-falante em uma caixa acústica, que se encontrava entre o atirador e Osvaldo. O outro estava preso na esquadria metálica da porta da sacada.

Ora, a conta não fechava. Embora três disparos de HK 9 mm tenham sido desferidos durante a operação, apenas um atingiu Osvaldo. Não podia haver qualquer dúvida quanto a isso, pois só houve três disparos de HK e dois deles foram interceptados por obstáculos (moldura do alto-falante e esquadria da porta). Mas, lembremos, Osvaldo chegou morto no hospital com dois tiros de HK no corpo, sendo um deles fatal. Como perito, depois de analisar todo o material, eu não tinha nenhuma dúvida: Osvaldo foi morto dentro do camburão. O promotor Reinaldo Mapelli também não tinha dúvidas. Aliás, nunca teve, desde o começo.

Para demonstrar mais adequadamente nossas conclusões, elaboramos uma reconstituição em computação gráfica, com alta qualidade. Foi um trabalho pioneiro. Pela primeira vez no Brasil se fez uma reconstituição exclusivamente em computação gráfica com tantos detalhes. Cada gesto de Osvaldo durante a operação foi meticulosamente reproduzido em animação computadorizada. Todas as texturas do local foram reproduzidas fielmente: paredes, piso, vidros etc. Esse trabalho não teria sido possível sem a inestimável colaboração de Ana Beatriz Linardi e Vitor Damiani, dois cobras em computação gráfica.

A construção do trecho em animação computadorizada, embora durasse apenas poucos segundos, exigiu um enorme esforço. Cada movimento de Osvaldo tinha de ser fielmente reproduzido quadro a quadro, nenhum detalhe podia ser negligenciado. Precisávamos demonstrar, sem sombra de dúvida, que Osvaldo não poderia ter recebido o disparo fatal durante a operação. Estou totalmente seguro de que, tecnicamente, o fizemos. Nosso laudo era incontestável.

A maior vantagem de se criar uma reconstituição em computação gráfica (desde que tenha sido criteriosamente realizada) é a possibilidade de visualizar as cenas a partir de qualquer ângulo que se deseje. No caso ora discutido, esse era um ponto crucial. A imagem da emissora de TV captou a cena de baixo para cima. Com o recurso de animação computadorizada, colocamos câmeras virtuais em diversas posições, sem alterar em nada a movimentação original de Osvaldo, a qual seria reproduzida fielmente, independentemente da posição da câmera virtual.

Na verdade, era possível ver com clareza o que ocorrera só com as imagens da emissora de TV, mas, no vale-tudo para aliviar a barra dos PMs, o laudo do IC afirmava que o disparo fatal de HK 9 mm atingiu Osvaldo enquanto ele ainda estava na sacada. O fato de ninguém conseguir ver isso era, para os peritos do IC, fruto de uma "ilusão de ótica" provocada pelo ângulo da câmera de TV (ver imagem 2 do encarte).

Infelizmente, como costuma ocorrer nesses casos, por mais evidente que algo possa ser, e mesmo diante de erros crassos no laudo do IC, logo aparece alguém interessado para alegar que, afinal, o laudo da polícia é o "oficial". Confunde-se "oficialidade" com "competência". Temos assistido à tragédia à qual tal pensamento tem nos conduzido. Nunca antes neste país se viu tanta oficialidade e tão pouca competência.

Mas havia nessa história um promotor combativo. O dr. Mapelli não deixou barato e, munido do nosso laudo, apertou os peritos do IC, processando-os por falsa perícia. Mapelli sabia que o laudo do IC estava errado. Só servia para inocentar os PMs que fulminaram Osvaldo. Apertados por Mapelli, os peritos começaram a voltar atrás. Saindo pela tangente, alegaram que, "diante de novos fatos", refariam o laudo. Embora suas novas conclusões continuassem um tanto obscuras (característica, aliás, bem comum nos laudos do IC), pelo menos agora não mais afirmavam categoricamente que o disparo fatal de 9 mm tinha sido dado durante a operação.

O caso Osvaldo, entretanto, como muitos outros, não deu em nada. Em detrimento das provas cabais demonstrando que Osvaldo tinha sido assassinado a caminho do hospital, e depois de uma série de audiências judiciais, decidiu-se pelo arquivamento do caso. O promotor Reinaldo Mapelli acabou sendo transferido de Santo André. Nenhum PM foi condenado. Mais uma vez prevaleceu o "abafa".

Anos depois, em 2008, outra operação da PM, bem parecida com a do caso Osvaldo, também acabou em tragédia. Foi o caso Eloá, no qual usamos a mesma técnica de análise espectral do som dos disparos e que será descrito mais adiante neste mesmo capítulo.

Outra bala polêmica e a solução pela computação gráfica

Técnicas sofisticadas de reconstrução de cena de crime por computação gráfica, como as usadas no caso Osvaldo, embora ainda incomuns no Brasil, são regularmente empregadas em países do Primeiro Mundo. O famoso caso da "bala mágica" (*magic bullet*) que matou o presidente John F. Kennedy em 1963, em Dallas (EUA), foi recentemente esclarecido com esse tipo de recurso. Durante muitos anos, houve uma grande controvérsia sobre a trajetória do projétil que atingiu não só o presidente, mas também o governador John Connally, sentado no banco da frente do carro. A bala, em seu percurso, transfixou a cabeça de Kennedy, entrou pelo ombro direito de Connally, saiu pela região torácica, atravessou o braço esquerdo e entrou, finalmente, na perna esquerda. Ao todo, foram quatro entradas e três saídas. Alegava-se que tal trajetória seria impossível de ser percorrida por um só projétil e, portanto, haveria mais de um atirador no local, além de Lee Harvey Oswald. No entanto, a computação gráfica feita por peritos norte-americanos demonstrou, inequivocamente, que a trajetória era compatível com um só projétil. A demonstração está hoje disponível na internet.

A técnica que usamos no caso Osvaldo, em 1997, é exatamente a mesma empregada no caso Kennedy alguns anos depois nos Estados Unidos.

Favela Naval: caso Rambo

Em 2 de abril de 1997, um dia depois de divulgarmos o laudo que, no nosso entendimento, provava tecnicamente o assassinato de Osvaldo Manoel da Silva pela Polícia Militar, o deputado estadual Carlos Sampaio (PSDB-SP) trabalhava para completar as 32 assinaturas necessárias para a abertura de uma Comissão Parlamentar de Inquérito. No início da tarde, o documento já tinha mais de cinquenta assinaturas. O objetivo da CPI era investigar crimes cometidos por policiais militares.

No início de março daquele ano, o escriturário Mário Josino foi morto por PMs na Favela Naval, em Diadema (SP). O deputado Carlos Sampaio, promotor experiente, queria um foro específico para essa investigação, retirando-a da CPI do Crime Organizado, como preferiam outros deputados.

Esse episódio na Favela Naval parecia ser gravíssimo. As estatísticas sobre a violência policial e as propostas para combatê-la, que vinham sendo veiculadas na época, atestavam a preocupação de toda a sociedade. Quando se sente medo de quem está aí para nos proteger é sinal de que alguma coisa anda muito errada.

No âmbito nacional, o deputado federal Hélio Bicudo (PT-SP) tinha um projeto, paralisado no Congresso, que pretendia transferir para a Justiça comum crimes praticados por militares. Organizações de direitos humanos enviaram um documento ao Ministério da Justiça e ao Palácio Bandeirantes pedindo a extinção da Justiça Militar e modificações na legislação penal. O deputado estadual Renato Simões (PT-SP) lembrava que as reivindicações desse documento já estavam previstas no Plano Nacional de Direitos Humanos, anunciado pelo presidente da República, mas ainda não implementado.

De janeiro a outubro de 1995, a Corregedoria da Polícia Militar do Estado de São Paulo instaurou 2.576 inquéritos contra policiais por crimes como agressão, ameaça, roubo e formação de quadrilha. Já havia outros 3.365 sendo apurados.

O caso Rambo, ou Favela Naval, se destaca por ter sido o primeiro a contar com um registro filmado, com boa qualidade de imagem, de um assassinato cometido por um policial militar. Um cinegrafista profissional escondeu-se em um barraco e gravou durante dois dias a ação da PM naquela localidade. "Pica-Pau", como era conhecido o cinegrafista Francisco Romeu Vanni, jamais esperara testemunhar e registrar em fita um assassinato. Mas foi isso o que aconteceu. Em determinado momento, o policial Otávio Lourenço Gambra, vulgo Rambo, desfere dois disparos contra um veículo Gol. Um desses disparos atingiu mortalmente Mário Josino, que estava sentado no banco de trás.

Um dos três ocupantes do Gol, Antônio Carlos Dias, disse em depoimento que eles passavam pela rua Naval quando um soldado pulou na frente do carro. Eles não tinham visto nenhuma viatura. Parecia que os PMs estavam escondidos. Só depois que pararam o veículo é que outros policiais chegaram. Dois deles pediram os documentos, que foram entregues. Nisso, afirmou Dias, um quarto PM — que ele não conseguiu identificar — agrediu Jefferson Caputi, o proprietário do Gol. Caputi disse que Rambo o atingiu com um cassetete, quando afirmou não portar entorpecentes. Depois que cessaram as agressões e os três ocupantes do veículo foram liberados, um dos PMs, Silva Júnior, ainda gritou: "Agora todo mundo vai apanhar!" Enquanto dava ré no carro, Caputi disse para os PMs que tinha memorizado o número da viatura. Dias então ouviu o primeiro disparo e se abaixou. Após ter ouvido três tiros, virou-se para trás e perguntou se Josino estava bem. Ele disse que havia sido atingido. Seguiram imediatamente para o hospital, mas Josino não resistiu aos ferimentos.

A gravação registrou tudo, das agressões e até o momento do disparo contra o carro. A fita era uma bomba. Por sorte foi parar na mão de Marcelo Rezende, então repórter policial da Globo. Ele conta essa história em seu livro. Era preciso ter coragem para tocar aquele caso para a frente, e Marcelo tinha. Ele me passou a gravação para uma análise preliminar, especialmente para verificar se houve alguma montagem. Não dava para botar no ar uma gravação daquelas sem ter certeza se a fita era quente.

A gravação foi encaminhada ao deputado Carlos Sampaio, já presidente da CPI da Violência Policial. Em 5 de abril, ele encaminhou ofício ao nosso laboratório solicitando um laudo completo sobre a fita de vídeo com as imagens registradas pelo cinegrafista. A perícia da fita era fundamental porque, embora a qualidade das imagens fosse boa, permitindo constatar que houve disparos, o policial Rambo sustentava uma versão que contradizia os depoimentos dos ocupantes do carro.

Ele alegava ter usado bala de festim e disparado para o chão. O laudo poderia confirmar, ou não, a afirmação do policial. Esperávamos também poder esclarecer o que os policiais conversavam durante o ocorrido. Além da morte de Josino, a gravação mostrava também cenas de espancamento, tortura e extorsão. Rambo negava o uso da violência. "Fomos enérgicos", disse. Bota energia nisso.

O exame inicial das gravações deixou claro que, para responder a todas as questões pendentes, seria preciso fazer uma reconstituição detalhada no local onde os fatos ocorreram. A alegação de Rambo de que teria usado bala de festim não se sustentava. Ele havia disparado duas vezes, como ficava evidente nas imagens. O primeiro disparo seria o único que poderia ter atingido Josino. Uma bala de festim não tem energia para o recuo do carro da pistola, ou seja, armar a pistola automaticamente para o próximo disparo. Como Rambo disparou duas vezes seguidas e as imagens não o mostram engatilhando manualmente a arma entre um disparo e outro, o primeiro não poderia ser com munição de festim.

O mais importante, portanto, era definir com precisão a trajetória do projétil, ou seja, confirmar se Rambo de fato havia disparado na direção da vítima e não para baixo, como tinha alegado. Só uma reconstituição fiel da cena poderia esclarecer esse ponto. Foi o que fizemos.

Em 23 de abril, fomos à Favela Naval e isolamos a área onde ocorreu a ação. Usamos o mesmo veículo Gol de Jefferson Caputi e o posicionamos exatamente no mesmo ponto onde se encontrava no momento do primeiro disparo de Rambo. Uma câmera de vídeo similar à usada pelo cinegrafista "Pica-Pau" foi instalada na mesma janela de onde as cenas originais foram filmadas. Tudo era monitorado em tempo real. Montamos um verdadeiro estúdio em um barraco, com ilha de edição, vários monitores, uma tremenda parafernália. Mas foi esse aparato que permitiu a sobreposição das imagens originais àquelas que captávamos durante a reconstituição.

O procedimento garantia que as posições do carro e do atirador reproduzissem exatamente as posições originais. Nossa equipe levou cerca de 11 horas para completar o trabalho. Apenas o posicionamento do carro despendeu quase 4 horas. Depois de inúmeras manobras, percebemos que seria preciso erguer o carro com as mãos e, centímetro a centímetro, ajustá-lo até que a sobreposição das imagens na ilha de edição mostrasse uma coincidência exata. Essa perícia me ensinou que não se pode medir esforços para conseguir o ajuste perfeito nas reconstituições.

Um sargento da PM, com porte físico e altura igual à de Rambo, serviu de dublê. Sempre com o auxílio da ilha de edição de imagens, o dublê, empunhando arma idêntica à usada originalmente, foi colocado no mesmo local onde Rambo se encontrava. A posição do braço e, em especial, sua inclinação em relação ao plano horizontal, era de particular importância. A arma foi equipada com uma mira laser de modo a visualizarmos com clareza a trajetória do projétil. Não havia dúvidas: Rambo atirou na direção do carro. A bala entrou pelo vidro traseiro e atingiu Josino na altura do ombro esquerdo.

O deputado Carlos Sampaio informou que o laudo possibilitaria decisões importantes sobre os próximos passos da CPI. Foi também peça importante no julgamento de Rambo. O promotor José Carlos Blat incluiu o trabalho nos autos e solicitou que fosse feita uma apresentação no tribunal do júri. Em função da complexidade do caso, optamos por uma versão elaborada em CD-ROM. Foram instalados um computador e um telão na sessão do júri para que se fizesse a exibição do material já gravado anteriormente no CD. A vantagem desse procedimento é produzir uma apresentação muito didática, de fácil compreensão para os jurados. Creio que foi a primeira vez que um laudo foi apresentado em formato pré-gravado.

O clima era tenso. Segundo o jornal *Diário Popular*, um dos entreveros entre Blat e o advogado Gamalier Corrêa, que defendia Rambo, ocorreu porque Blat fez perguntas diretamente às testemunhas e não à juíza. Naquela época, acreditem, isso não era permitido. Promotor e advogado tinham de dirigir a pergunta ao juiz, que a "repassava" para a testemunha, não raramente alterando de forma significativa a pergunta original. Houve momentos de baixaria. Gamalier reclamou com Blat: "Você rompeu o acordo, é irônico e sabe que sua fama está correndo." Blat rebateu: "Não me agrada olhar para você." Gamalier respondeu: "Eu não suporto sua presença também." A *Folha de S.Paulo* também destacou uma frase do advogado de Rambo: "O doutor promotor está querendo se aparecer [sic]. Eu não sou palhaço para ele dar risada da minha cara."

Mas houve risos mesmo. Quando o advogado questionou, ironicamente, por que na transcrição das falas do nosso laudo apenas as vozes dos policiais estavam consignadas, respondi de pronto: "Porque eles gritavam e as vítimas, não." Mesmo sem intenção, minha resposta provocou risos, tanto no promotor quanto em parte dos presentes. Em voz alta, o advogado voltou-se para o promotor e o acusou de estar sendo irônico ao sorrir com a minha resposta.

Rambo foi condenado a 23 anos de reclusão, mas apelou e conseguiu anular o julgamento. Nada adiantou. Em um segundo julgamento, do qual também participamos, foi novamente condenado com base nas mesmas evidências. Não cumpriu a pena toda — saiu da cadeia depois de nove anos.

Rambo é uma exceção, um PM fora do eixo que recebeu uma pena pesada e a cumpriu, ao menos em parte. A regra geral é a impunidade e é por isso que duas décadas depois nada parece ter mudado. A banda podre da PM continua por aí fazendo das suas.

O massacre de Eldorado dos Carajás

Em 17 de abril de 1996, durante um confronto entre cerca de 3.500 sem-terra e 150 policiais militares em Eldorado dos Carajás (PA), dezenove sem-terra foram mortos e dezenas ficaram feridos. Nenhum policial foi morto, embora onze também tenham se ferido.

Tudo começou quando um grupo de sem-terra se dirigia de Curionópolis para Marabá a fim de reivindicar a desapropriação da fazenda Macaxeira. Por volta do meio-dia, eles bloquearam a Rodovia PA-150, principal ligação entre Belém e o sul do Pará. Logo depois, por volta da 14h, o coronel Mário Colares Pantoja, do Batalhão da Polícia Militar de Marabá, ordenou que 85 policiais fossem ao local para desobstruir a rodovia. Outros 68 PMs do município vizinho, Parauapebas, se uniram ao grupo. Um pequeno exército.

Segundo reportagem do jornal *Folha de S.Paulo*, os sem-terra, divididos em dois grupos, distantes trezentos metros um do outro, passaram a tarde cantando hinos de protesto no meio da pista, empunhando foices e pedaços de madeira. Pouco depois das 17h, os PMs de Marabá se aproximaram dos manifestantes. Quinze policiais com escudo se postaram à frente, como proteção para os que se posicionaram logo atrás. Os PMs começaram a lançar bombas de gás lacrimogêneo e a fazer disparos para o alto e, em seguida, na direção dos manifestantes. Na sequência, os soldados de Parauapebas também atacaram. Os sem-terra se espalharam e os que não conseguiram se esconder na mata foram atingidos pelos tiros, muitos sendo pisoteados e espancados. Quando não havia mais manifestantes na rodovia a PM se retirou.

Oziel Alves Pereira, de dezessete anos, apesar da pouca idade, era o líder dos sem-terra no local e comandava as negociações com o governo. Ele foi visto em meio ao tumulto sendo algemado e levado para um carro. Mais tarde, foi encontrado morto, com o crânio esmagado e o rosto parcialmente deformado.

Em um primeiro julgamento popular, três policiais militares, entre eles o coronel Pantoja, foram absolvidos. Naquela ocasião, o laudo foi feito pelo médico-legista da Unicamp Badan Palhares, a pedido da Secretaria de Segurança Pública do Pará. No laudo, conclui-se que a maioria dos sem-terra morreu vítima de armas brancas e sugeria que a Polícia Militar não usaria esse tipo de arma. Os jurados entenderam que os sem-terra, paradoxalmente, mataram os próprios companheiros. Embora tal conclusão fosse, obviamente, um contrassenso, os réus foram absolvidos.

Mas o Ministério Público não engoliu essa história. Um dos motivos era o fato de que aqueles policiais pertenciam ao batalhão florestal; o facão, portanto, é parte integrante de seu uniforme. Os ferimentos por arma branca não poderiam ser considerados evidência *a priori* para inocentar os policiais. O Ministério Público recorreu e a sentença foi anulada pela Justiça. No desenrolar do novo processo, o promotor paraense Marco Aurélio Lima do Nascimento afirmou que "o laudo de Badan não tinha relevância" e não o utilizou na sua argumentação. Afinal, defender que o uso de arma branca ocasionara a maioria das mortes dos sem-terra seria admitir a hipótese absurda de que os sem-terra se mataram uns aos outros.

Quatro anos depois, o promotor Marco Aurélio nos procurou solicitando um novo laudo, agora com base em uma gravação de vídeo feita por uma emissora local. O material continha cenas do evento e, em um dos trechos, o mais polêmico, via-se o que parecia ser uma investida dos sem-terra contra os policiais. A defesa alegava que essas cenas revelavam que um sem-terra atirou antes, motivando assim a represália da polícia militar.

No Brasil é comum se afirmar qualquer coisa sem comprovação pericial. Vale tudo. No caso de Eldorado dos Carajás, por sorte, havia um promotor de Justiça que não se convencia tão facilmente e teve coragem de enfrentar toda a pressão local para uma absolvição rápida de todos os envolvidos. Ele insistia em uma prova pericial definitiva.

Quando examinamos as imagens, em laboratório, quadro a quadro, constatamos que, de fato, há um instante no qual se vê um sem-terra desferindo um tiro de revólver na direção dos policiais. Mas o exame pericial mostrou também que, no embate, um policial dispara 1,35 segundo antes do sem-terra.

No entanto, no desenrolar da análise, percebemos que a descoberta mais importante nessas imagens não girava em torno de quem disparou primeiro. Essa questão, tão valorizada até então, era irrelevante. Isso porque a filmagem, quando analisada com equipamento adequado, revelava que atrás da linha formada pelos policiais já havia um corpo caído, que estava lá antes do avanço dos sem-terra sobre os policiais militares. Tratava-se de Amâncio Rodrigues, que já tinha sido atingido por disparos efetuados pela polícia. Com efeito, cenas gravadas no acampamento, bem antes do suposto confronto na rodovia, deixavam ouvir ao longe rajadas de tiros de armas automáticas. Muito provavelmente, Amâncio teria sido atingido já nesse momento e as imagens desse primeiro confronto nem sequer foram gravadas.

Quem teria atirado primeiro era, pois, uma falsa polêmica e só servia para desviar o foco da questão principal: o fato de já haver um sem-terra baleado. Não havia dúvidas de que a PM atingiu Amâncio com três disparos fatais. A gravação do vídeo teve início depois disso e registra não uma investida contra os policiais, mas uma tentativa de aproximação para socorrer um ferido que ainda demonstrava claros sinais de vida. Seria absurdo imaginar que os sem-terra, com apenas um revólver, estivessem partindo para um confronto direto com um grupo de policiais fortemente armados. Seria suicídio.

A reação exacerbada da polícia, após o avanço dos sem-terra, provocou inúmeros ferimentos graves, decorrentes de rajadas disparadas contra os manifestantes, que imediatamente recuaram. É possível que, se socorrido a tempo, Amâncio tivesse sobrevivido. As imagens mostram alguns sem-terra atingidos por policiais na altura do abdome, das pernas e da cabeça.

A cena mais chocante mostra um sem-terra caído sobre uma poça de sangue. Essa imagem fora captada pelo cinegrafista da emissora de TV durante o percurso entre o barraco no qual, no auge da confusão, se escondera juntamente com outras pessoas e o ônibus para onde os policiais o guiaram para que deixasse rapidamente o local.

Dentro do barracão estava escuro e o cinegrafista ajustou a abertura da câmera para captar mais luz. Ao sair dali, esqueceu-se de reajustá-la para o ambiente externo, mais iluminado. Com isso, a imagem "estourou", ficou quase tudo branco, via-se apenas uma figura indistinta.

Felizmente, já na época existiam poderosos recursos de processamento de imagens que permitiam tratar digitalmente cada quadro de forma separada. A imagem recuperada não deixava margem para dúvidas: via-se claramente um corpo caído. Era o corpo de um homem sem camisa, de bermuda, de bruços sobre uma imensa poça de sangue e com uma entrada de projétil de arma de fogo nas costas, de onde um filete de sangue escorria. Foi, inquestionavelmente, um disparo fatal transfixante. A imagem era forte e circulou por vários veículos de imprensa.

Apesar da natural perda de qualidade na reprodução gráfica, nenhum jurado deixou de ver o que a imagem mostrava. Só a defesa levantou uma tese surrealista sugerindo que teríamos criado um artefato que "parecia sangue". Isso demonstrava um total desconhecimento da defesa quanto à sofisticação das ferramentas digitais de processamento de imagem. Não admira que o promotor tenha descartado o primeiro laudo elaborado, vale lembrar, pelo mesmo legista que agora auxiliava a defesa.

Em 4 de outubro de 2000, em depoimento à revista *IstoÉ*, o promotor Marco Aurélio Nascimento dizia que o nosso laudo "iria mostrar aos jurados exatamente o que ocorreu. Antes dele, predominava uma versão distorcida de que os policiais teriam agido em legítima defesa". Segundo o promotor, o nosso trabalho juntamente com os depoimentos e os exames cadavéricos formam um conjunto de provas capaz de levar para a cadeia todos os envolvidos no massacre.

Em 28 de outubro do ano seguinte, uma matéria na *Folha de S.Paulo* informava que a juíza Eva do Amaral Coelho determinara nova perícia na fita. A mesma juíza indeferiu o pedido do Ministério Público para a inclusão do laudo que fizemos, o que era inexplicável. Ou melhor, nem tão inexplicável assim. Vale lembrar que nesse processo houve várias trocas de magistrado. Ninguém queria assumir ou, se assumia, largava o caso no meio. A batata talvez estivesse quente demais.

Finalmente, depois de a defesa tentar de todas as maneiras evitar a inclusão do nosso laudo como peça processual, a promotoria conseguiu que apresentássemos o trabalho diretamente no tribunal do júri, como testemunha. Essa é uma estratégia muitas vezes usada tanto pela acusação quanto pela defesa. Embora o perito seja apenas uma instância técnica, sua presença como testemunha, apresentando ele mesmo o laudo, costuma ter um impacto muito positivo no júri. Deu certo no caso Rambo. Não havia por que falhar agora.

O resultado desse julgamento é considerado uma vitória para alguns e uma derrota para outros. Dos 144 policiais indiciados, somente o coronel Mário Pantoja e o major José Maria Pereira de Oliveira foram punidos. Pantoja foi condenado a 228 anos de prisão, e Oliveira, a 158 anos, mas cumpriram a pena em liberdade até 2012. Finalmente, em maio de daquele ano, todos os recursos da defesa foram esgotados e a Justiça do Pará expediu mandado de prisão para os dois policiais militares.

O massacre de Eldorado dos Carajás é lembrado todos os anos no "Abril Vermelho", evento que reúne ações promovidas por diversos grupos ligados ao Movimento dos Trabalhadores Rurais Sem Terra (MST). O evento sensibilizou a comunidade internacional e foi levado à Comissão Interamericana de Direitos Humanos (CIDH) da Organização dos Estados Americanos (OEA), que durante anos cobrou o Estado brasileiro em razão da morosidade para a resolução do caso.

Oziel Alves Pereira, o líder dos sem-terra e uma das vítimas fatais, virou um símbolo e emprestou seu nome a uma das maiores ocupações já vistas na cidade de Campinas (SP), sendo hoje nome de bairro: Jardim Oziel.

A coleção de tênis do Belo

Em 2002, o traficante Valdir Ferreira, conhecido como Vado, era alvo de gravações telefônicas feitas pela polícia com autorização judicial. Nas gravações, Vado pedia dinheiro ao seu interlocutor e oferecia em troca uma intermediação para facilitar a compra de armas pesadas. A conversa era cifrada: "tecido" e "tênis" eram, supostamente, códigos para cocaína e fuzil AR-15. Desde o início do ano anterior, a Delegacia de Repressão às Ações Criminosas Organizadas e de Inquéritos Especiais (Draco/IE) estava tentando identificar quem emprestava dinheiro a Vado para a compra de drogas.

O interlocutor do traficante em nenhum momento poderia ser identificado apenas pelo que era dito na conversa, visto que eles não se tratavam pelo nome. Como estava sendo grampeado, não havia dúvidas sobre a identidade de Vado, mas quem seria a pessoa do outro lado da linha? Quem era a pessoa que financiava o traficante?

A polícia desconfiava que o cantor Marcelo Pires Vieira, o Belo, estivesse envolvido com o tráfico, mas não passava mesmo de desconfiança. Na verdade, as gravações não incriminavam diretamente Belo, pois só havia certeza sobre a identidade de Vado. O nome "Belo" jamais foi pronunciado nas conversas, como constatamos posteriormente na nossa perícia. No entanto, a própria polícia havia feito uma transcrição preliminar na qual o traficante chamava seu interlocutor de "Belo". Mas isso estava errado. O que constatamos é que a palavra pronunciada era "velho", não "Belo". A questão é que essa confusão acabou apontando a investigação também para o cantor Belo.

Nunca acreditei muito que esse erro tenha sido involuntário. A palavra "velho" era perfeitamente audível, não havia como confundi-la com "Belo". Aparentemente, isso não foi um erro, mas algo proposital, para que a polícia aprofundasse uma investigação na direção do cantor. Com a inclusão do nome "Belo" na gravação, justificava-se uma perícia específica de identificação de voz. E foi assim que entrei no caso.

O delegado Zaqueu Teixeira, chefe da Polícia Civil do Rio de Janeiro, convidou-me para fazer uma perícia nas gravações. A polícia do Rio não tinha na época condições para elaborar uma análise científica de identificação de voz.

As conversas de fato mostravam Vado pedindo dinheiro emprestado para pagar uma carga de cocaína ("tecido"), como revela um trecho da conversa reproduzido a seguir:

Vado: Os tecidos vão chegar logo aqui amanhã...
Interlocutor: Certo.
Vado: Aí, chegando, eu tenho que estar com o dinheiro na mão, porque senão ele vai deixar pouca coisa comigo... Aí ele vai levar o resto para os caras do lado, aí os caras vão me sufocar... A loja deles vai ficar legal e a minha aqui vai ficar meio fraca, entendeu?
Interlocutor: Certo, irmão. Vinte e cinco você tem que dar?
Vado: É, eu já tenho quinze na mão já, entendeu?
Interlocutor: E você tem que dar vinte e cinco, é isso?
Vado: É...
Interlocutor: Certo.
Vado: Porque o tecido que vai vir é de primeira qualidade e aí eu não posso perder, se eu perder essa oportunidade vai ficar ruim pra mim, entendeu?
Interlocutor: Tá certo.
Vado: Aí... Se tu... se desse pra tu adiantar aí, entendeu? Cinco, ou dez, já adiantava, entendeu?
Interlocutor: Tá bom, meu velho.
Vado: Entendeu? Aí... Tu vê aí, pô... Mais tarde eu te ligo.

Os exames demonstraram que a voz do interlocutor de Vado era mesmo de Belo. Em outro trecho, quem fazia o pedido era o próprio cantor. Quando ele dizia "colecionar tênis", entenda-se armas. Belo queria que Vado conseguisse um fuzil AR-15 para ele. Depois de falar com o fornecedor de armas, Vado conversa com Belo e se mostra assustado com a potência da arma desejada:

Belo: Fala aí, meu velho.
Vado: Ele falou para mim aqui, mais ou menos...
Belo: Ahn...
Vado: ...do tênis...
Belo: Ahn... e aí?
Vado: Tu ia dar pra alguém de presente, né?
Belo: Não, é pra mim, mano.
Vado: Porra! Faz isso não, velho, qual é...? Essa porra não, velho, tá doido, velho?
Belo: Pra casa mesmo, meu... Pra mim...
Vado: Não, mas pra casa tem um tênis melhor, cara... Mais tranquilo, entendeu?
Belo: [Risos] Não, eu queria... eu queria um pra deixar estampado na parede.
Vado: [Risos] Tá louco, meu velho?
Belo: Não, meu velho...
Vado: Que que tem nessa mente, meu velho...? Quer me matar do coração, meu velho? Ô, meu velho, tem tênis melhor aí.
Belo: Tem?
Vado: Tem... Melhor que eu digo, é assim... é... menor, né?
Belo: Menor eu tenho um monte, pô.
Vado: Tá colecionando tênis, velho?
Belo: Devo estar com uns trinta, trinta e cinco.
Vado: Puta que pariu, meu velho!
Belo: É...
Vado: Porra...! Tem muito tênis, meu.

Os diálogos incriminavam Belo não só quanto ao financiamento do tráfico de drogas, como também em relação à posse ilegal de armas. O problema maior é que o cantor estava muito mal assessorado e cometeu alguns equívocos. A começar por ter dito enfaticamente que a voz não era dele. Chegou a ir ao programa do Gugu Liberato onde afirmou, chorando, que tinha sido vítima, que não era culpado e não tinha envolvimento com traficantes. Uma declaração como essa em rede nacional mexe com a opinião pública e, mais especialmente, com seu imenso número de fãs. Esse emocionado depoimento na TV foi um erro, pois, de certa maneira, sugeria que a própria polícia teria participado de uma armação para incriminá-lo.

Mas o nosso laudo confirmou que a voz gravada era dele. E, por ironia, as melhores amostras de voz usadas para comparação foram exatamente as do programa do Gugu. Tratava-se de fala espontânea e com pequena diferença de tempo em relação à gravação questionada, um material confiável e adequado para os confrontos vocais.

Uma demonstração de que Belo estava mal assessorado foi o fato de ter sido grampeado mais uma vez, agora conversando com seu advogado, Sylvio Guerra, sobre um suposto pagamento de propina para o ex-chefe da Polícia Civil, Álvaro Lins, e o titular da Draco, Ricardo Hallack, encarregado do inquérito. Um desastre. A gravação vazou para a grande imprensa. Reproduzo a seguir os principais trechos:

> **Sylvio Guerra:** Alguma coisa tem que ser dada amanhã. Vê se consegue dinheiro de show.
> **Belo:** Cento e cinquenta mil para o Ricardo Hallack e 150 mil para quem? Para o Álvaro Lins?
> **Sylvio Guerra:** Belo, não fica falando nomes, já tá falado... Para todos os efeitos, tudo isso aí são meus honorários.
> **Belo:** O sistema que você fez com os caras vai dar garantia total pra gente, não vai?
> **Sylvio Guerra:** Total, Belo. Colocar seu carro à venda já acho um grande passo. Qual dos três você vai vender?
> **Belo:** O Audi TT.

Sylvio Guerra: A gravadora não vai te ajudar?
Belo: Eles estão precisando de prazo também.
Sylvio Guerra: Prazo de quanto tempo, Belo? Como é que qualquer pessoa vai acreditar que gravadora não tem dinheiro? Não tô fazendo negócio com vira-lata. É com cachorrão! Mas se eu chegar lá com o sinal bom e a minha palavra, porque quem está avalizando a minha palavra lá é uma pessoa que mais forte não poderia ser.
Belo: Eu sei, o Álvaro.
Sylvio Guerra: Pois é.
Belo: Mas ele tá na polícia ainda?
Sylvio Guerra: Não. Saiu. Entrou o Zaqueu.
Belo: O Álvaro Lins era o...
Sylvio Guerra: Onde está o Zaqueu agora, chefe de polícia. E o Ricardo Hallack, o chefe titular da Draco. Ou eu botava um bichão, querido e respeitado, que vai ser o deputado estadual mais votado do Rio [referindo-se a Álvaro Lins] para resolver, ou ia ficar difícil. Uma coisa é botar fichinha para resolver... Eu posso te garantir: te asseguro prazo necessário para outras parcelas, mas amanhã tem que arrumar o valor do Audi para ter tranquilidade de verdade. Se chegar lá com 20 mil-réis, vou ficar inseguro. Se chegar com cem, pelo menos oitenta, vinte são meus honorários, que eu tenho direito...
Belo: Quarenta para o Álvaro e quarenta para o Hallack?
Sylvio Guerra: Se eu dou um bom sinal, já é um compromisso de homem.

É evidente que o vazamento desse diálogo irritou profundamente a polícia, pois colocou na roda dois figurões da corporação. Isso redobrou o empenho da polícia em incriminar o cantor. Sobrou também para o advogado Sylvio Guerra, que foi suspenso por noventa dias pela Ordem dos Advogados do Brasil/RJ.

O que sobrou para Belo foi uma condenação por associação ao tráfico de drogas, porte ilegal de arma e formação de quadrilha. Em janeiro de 2003, pegou, por esses crimes, seis anos de prisão, em regime fechado.

Contribuir para a interrupção da trajetória de um artista no auge do sucesso não me trouxe qualquer gratificação. Mas são ossos do ofício.

Universidade Estácio de Sá e o chumbo que veio do morro

Zona Norte do Rio de Janeiro, manhã de 5 de maio de 2003. No intervalo das aulas na Universidade Estácio de Sá, campus Rio Comprido, a estudante de Enfermagem Luciana Gonçalves Novaes, de 19 anos, é subitamente alvejada com um projétil calibre 40, que estraçalha sua mandíbula e se aloja entre a terceira e a quarta vértebras. Luciana ficou tetraplégica, precisa até hoje da ajuda de aparelhos para respirar e fala com dificuldade.

O comércio da região, inclusive a universidade, tinha recebido um panfleto dos traficantes do Morro do Turano informando que todos deveriam fechar suas portas no dia 5 de maio. Embora pareça estranho, essa é uma ação recorrente por parte dos marginais, geralmente em represália a ações da polícia. O secretário estadual de Segurança Pública do Rio, Anthony Garotinho, recém-empossado por sua esposa, a governadora Rosinha Matheus, declarou que a população não deveria temer as ameaças dos marginais do Turano, porque a polícia carioca manteria a segurança do local.

A atitude de Garotinho, prometendo uma segurança que não teria como garantir de fato, acabou em tragédia. Todos os comerciantes locais, gatos já bem escaldados, fecharam as portas, menos a Estácio. A universidade tinha ciência dos riscos, uma vez que a eventual desobediência de uma determinação dos bandidos terminava sempre em uma saraivada de tiros de advertência. O paredão da Estácio de Sá, que ficava voltado para o morro, já estava marcado com diversas perfurações feitas por disparos vindos do Turano.

O Instituto de Criminalística Carlos Éboli (ICCE) foi incumbido de elaborar uma perícia para averiguar de onde saíra o disparo que vitimou Luciana. Contrariando toda lógica, o ICCE conduzia a perícia ignorando todo o contexto prévio e privilegiava a hipótese de que o tiro teria partido de dentro da própria universidade. Essa versão, obviamente, isentava de responsabilidade a Secretaria de Segurança — se o disparo não tivesse vindo do morro, não se trataria de uma questão de segurança pública. A culpa seria só da Estácio.

Nem um pouco convencido do caminho tomado pelo ICCE, o Ministério Público do Rio de Janeiro, órgão para o qual eu já tinha realizado diversos trabalhos, me chamou ao Rio para examinar o caso. Em reunião com a promotora Mônica Costa di Piero, decidiu-se que faríamos um laudo independente para o Ministério Público. A ideia, no entanto, não foi bem assimilada por Álvaro Lins, então chefe da Polícia Civil. Ele entendia que haveria um constrangimento se alguém de fora se intrometesse, o que poderia ser interpretado pela imprensa como uma fiscalização do trabalho da polícia carioca. Bem, na verdade era isso mesmo. O Ministério Público, nesse caso específico, parecia não confiar nem um pouco nos peritos da Polícia Civil.

O impasse foi resolvido com alguma habilidade política: fui "convidado" pela Polícia Civil do Rio de Janeiro para "acompanhar" seus trabalhos. Configurava-se, assim, uma situação de colaboração, embora ainda com a missão de reportar ao Ministério Público as minhas impressões.

Em 22 de maio de 2003, cheguei à sede da Polícia Civil no Rio e fui recebido por Álvaro Lins numa grande coletiva para a imprensa. A cúpula da Polícia Civil pretendia mostrar abertamente que estava "tomando todas as providências", tendo, inclusive, convidado um perito de fora para ajudar na elucidação do caso. Como sempre, a autoridade se preocupava mais com a repercussão do que com a solução.

Oficialmente, eu estava ali apenas para recuperar imagens do circuito interno da Estácio, supostamente apagadas ou destruídas. Segundo Álvaro Lins, as gravações, recebidas cinco dias depois do episódio, teriam sido adulteradas. Isso levou ao indiciamento do gerente da empresa Telesegurança, Carlos Luiz Ferreira Duarte, por crime de fraude processual. No material entregue à polícia estariam faltando 10 minutos de gravações de duas câmeras. Mas a questão das câmeras era, quase que literalmente, uma cortina de fumaça.

Nem todas as câmeras tinham registros no horário do disparo. Mas isso era irrelevante, pois as filmagens da câmera de interesse, instalada na cantina onde Luciana foi atingida, estavam íntegras. As duas câmeras cujas gravações faltavam nem ao menos poderiam visualizar o local onde Luciana se encontrava. Não tinham nenhuma importância.

Quanto à alegação de que as imagens teriam sido pioradas a pedido da direção da universidade, era outra bobagem. As imagens de metade das câmeras instaladas no campus eram em preto e branco, e de baixa resolução, ou seja, ruins mesmo. A câmera na cantina era uma dessas. O que de fato interessava para a investigação podia, entretanto, ser visto. Mas o ICCE não queria ver.

O que se viu, nesse caso, foi uma série de especulações e fantasias. A má qualidade das imagens levou a interpretações estapafúrdias. A primeira delegada do caso "viu" um fuzil na mão do faxineiro que despreocupadamente carregava uma vassoura. Um professor de jaleco branco, conversando com um grupo de alunos em frente à cantina, foi confundido com um traficante pelos peritos do ICCE. Um aluno, ao levantar o braço para arrumar sua mochila, foi identificado pelos mesmos peritos como se estivesse fazendo um disparo naquele momento. Esse aluno, assustado com a notícia veiculada nos telejornais, correu para uma delegacia a fim de se identificar e desfazer o equívoco. A pior trapalhada, divulgada em horário nobre em rede nacional de TV, confundia o branco da camisa de uma pessoa em movimento com a fumaça saindo de um cano de uma arma de fogo inexistente.

Todas essas miragens eram, em parte, decorrentes da má qualidade das gravações, mas também do amadorismo dos que conduziam a investigação e dos próprios peritos do ICCE, não acostumados, na época, com a análise de imagens de baixa resolução. Isso sem contar com uma predisposição para querer enxergar de todo modo uma arma ou um disparo, ou seja, alguma coisa para reforçar a hipótese de o tiro ter se originado dentro da própria universidade.

O que me causava estranhamento era a importância que se dava às tais imagens. Afinal, o inquérito policial acumulava dezoito depoimentos de alunos, funcionários e professores que se encontravam na cantina, próximos à vítima, todos confirmando terem ouvido duas sequências de disparos vindos do Morro do Turano. A maioria das testemunhas afirmava ter ouvido não só os disparos, mas também o ricochete das balas resvalando na estrutura metálica do prédio. O Turano dava o seu recado. Todo mundo viu e ouviu. Não precisava de filmagem nenhuma para saber o que tinha ocorrido.

Os testemunhos seriam, no meu entender, suficientes para esclarecer os fatos e encerrar o inquérito. Não havia dúvida de que os disparos partiram do morro. Mas nada parecia convencer os peritos do ICCE e o delegado encarregado do caso. Insistiam na necessidade de "recuperação" das tais filmagens supostamente apagadas e diziam que os testemunhos poderiam ter sido influenciados pela direção da Estácio de Sá. As duas alegações me pareciam absurdas. Em primeiro lugar, as imagens de maior interesse encontravam-se perfeitamente preservadas. As gravações da câmera que filmava a cantina, ou seja, o local onde Luciana fora atingida, estavam íntegras. Todas as cenas dessa câmera, antes, durante e depois do incidente, foram registradas. Quanto aos depoimentos, teríamos de aceitar uma gigantesca teoria conspiratória que envolvesse não só dezoito testemunhas como também a ausência de qualquer denúncia, ainda que anônima, afirmando que o disparo não teria vindo do Turano.

Embora não acreditasse que o exame de outras câmeras revelasse algo de interesse, fui conversar com os técnicos da área de informática da universidade. Eu queria saber se havia algum backup dos discos rígidos entregues à polícia. Não só havia como eles, sem qualquer problema, me forneceram o material.

No dia seguinte, a minha visita solitária à universidade estava no jornal *O Dia*. Eu não tinha interesse de divulgar ou esconder minha ida à Estácio de Sá; foi o jornal que me procurou, informado por alguém que me viu no local. Despreocupadamente, contei à repórter o que fora fazer lá e que estava de posse de um backup das filmagens das câmeras. Dei pouca importância ao fato. No entanto, fui surpreendido com um telefonema do delegado Luis Alberto Andrade da Delegacia de Repressão de Entorpecentes (DRE). Ele assumira o caso, após a exoneração de Renato Carvalho, primeiro delegado do caso, que respondia a uma sindicância por má condução dos trabalhos iniciais.

O delegado Andrade, enfurecido, me questionava quanto à minha visita à universidade. Dizia que era quebra de hierarquia. Eu não poderia ter ido até lá sem comunicá-lo. Respondi que não se tratava de quebra de hierarquia. Afinal, era um local público, eu não sou policial e ele não era meu chefe. Disse também que não entendia o que havia feito de errado. Fui buscar o backup de um material que já estava havia quase um mês no ICCE. Ou seja, apenas queria ter a oportunidade de periciar os dados em meu próprio laboratório, sem a vigilância dos peritos do ICCE, que só me atrapalhavam.

O que de fato incomodou a Polícia Civil do Rio foi eu ter ido sozinho ao local. Certamente pensavam que eu entraria no jogo e estava lá apenas para ratificar o laudo do ICCE. Quando falei que só permaneceria no caso se pudesse emitir um laudo independente, a coisa mudou. E o pretexto da minha visita solitária à Universidade Estácio de Sá caiu como uma luva para me afastarem: recebi um fax em Campinas informando que minha colaboração estava encerrada.

A transferência do caso para a alçada do DRE, comandada pelo delegado Andrade, foi uma determinação direta do secretário Garotinho. Estranho era que um caso, a princípio, de lesão corporal grave, de autoria desconhecida, fosse parar numa divisão de entorpecentes. Aparentemente, o objetivo da estratégia era conduzir a investigação para uma tese preconcebida: o tiro não partira do morro, mas sim de uma briga de traficantes dentro da universidade. Essa tese, ainda que absurda e sem nenhum suporte factual, não desmoralizava o neossecretário Garotinho, que havia, numa bravata, garantido a segurança da população. Ele bateu de frente com os traficantes do Turano ao recomendar a abertura do comércio local. Só que as coisas não saíram como ele esperava.

Após a minha saída do caso, as investigações continuaram do mesmo modo errático como começaram. Nada se concluía e as teses delirantes continuavam aparecendo, sempre descartando a possibilidade de os tiros terem partido do morro. O ICCE chegou a alegar que uma pistola .40 não tem precisão a mais de 50 metros e, portanto, o tiro não poderia ter partido do Turano, a cerca de 200 metros da cantina. Isso é uma falácia, pois a variável de importância não era a precisão da arma, mas sim o seu alcance, visto que se tratava de bala perdida, não de um tiro intencional dirigido a um alvo específico.

Falou-se também que o tiro seria de curta distância, pois a energia do projétil disparado a 200 metros não provocaria as lesões observadas no maxilar da vítima. Outra bobagem, pois, como demonstrei posteriormente no meu laudo, a energia de um projétil .40 a 200 metros é semelhante à de uma bala calibre 38 na saída do cano. Na verdade, as lesões mostravam que o tiro não foi a curta distância.

Acompanhei de longe o desenrolar do caso, evitando qualquer interferência. Meses depois, a Universidade Estácio de Sá me procurou. Queriam um laudo. Antes de aceitar, entrei em contato com o Ministério Público do Rio de Janeiro, que foi quem primeiro me procurou. Questionei se havia algum impedimento em ser contratado pela universidade e elaborar um laudo independente. A resposta foi muito positiva, uma vez que até então o ICCE continuava patinando. O MPRJ incentivou-me a voltar a trabalhar no caso, pois também eles queriam saber o que havia acontecido.

Pessoalmente, não via também qualquer impedimento ético. Diante de todas as evidências às quais tive acesso, eu já formara a minha convicção quanto ao principal: o tiro que vitimou Luciana partiu do morro. Além disso, em todos os meus contratos, faço questão de inserir uma cláusula que me garanta total liberdade de ação e nenhum compromisso com resultados, sejam eles favoráveis ou não ao contratante. Diante dessas condições, aceitei o caso e, durante todo o trabalho, não sofri nenhum tipo de pressão por parte da Universidade Estácio de Sá.

Visitei o local duas vezes, quando foi possível produzir vasto material fotográfico, tirar medidas, examinar computadores e qualquer outro elemento pericialmente relevante.

De início, analisamos a gravação feita pela câmera instalada na cantina. A mesa onde Luciana se encontrava sentada estava parcialmente encoberta por uma coluna metálica. Logo após o disparo que a atingiu, ela perdeu os sentidos e caiu, ficando parte do seu corpo no campo de visão da câmera. Foi possível determinar o local exato onde a vítima se encontrava.

A reação das pessoas em torno da cantina deixava claro o que ocorria: todos olhavam na direção do morro, alguns corriam e muitos apenas se escondiam atrás do balcão ou atrás das colunas metálicas, procurando sair da área que poderia ser vista do Turano. É claro que, se os disparos fossem decorrentes de um tiroteio nas imediações da cantina, como a princípio afirmara a polícia, ninguém ficaria por perto. As imagens mostravam que algumas pessoas correram na direção do local apontado pelo ICCE como a origem dos disparos, o que seria um contrassenso. Resumindo, a única preocupação de quem estava no local era sair o mais rápido possível do campo de visão de um atirador posicionado no morro e não dentro da universidade.

Além das evidências trazidas pelas imagens, a ausência de marcas de projéteis nas paredes e tapumes que cercavam aquela área revelava inequivocamente que ali dentro da universidade não houve tiroteio. Ademais, era incontestável que duas sequências de tiros foram ouvidas — nem mesmo o ICCE discutia esse ponto. Ora, se foram vários os disparos e não havia vestígios deles na universidade, isso confirmava o que já fora afirmado pelas testemunhas: os tiros partiram do morro e atingiram o telhado do prédio. Apenas um, por fatalidade, atingiu Luciana. Foi, com certeza, um disparo de intimidação, que não tinha um alvo certo e, provavelmente, nem intenção de atingir alguém, tanto que todos os outros disparos atingiram o telhado.

Outras câmeras confirmavam a nossa hipótese. Viam-se, por exemplo, no estacionamento, diversas pessoas se protegendo e, cuidadosamente, olhando para o morro. O mesmo ocorria com outras câmeras posicionadas em diversos pontos da universidade.

Havia um único local no complexo de prédios da Estácio que poderia ser a origem de um disparo compatível com a trajetória do projétil que atingiu Luciana. Tratava-se de uma passagem entre dois prédios, junto à saída de um dos elevadores, no segundo andar. Por sorte, havia uma câmera monitorando essa região. As gravações dessa câmera estavam perfeitas e não mostravam ninguém passando por ali no momento dos disparos. Diversas outras câmeras foram examinadas e nenhuma mostrava alguém tentando se evadir do campus, o que seria de esperar caso tivesse ocorrido um tiroteio provocado por traficantes no campus.

Não faltavam imagens. As gravações não foram manipuladas. Os fatos se ajustavam aos depoimentos das testemunhas. A trajetória do disparo indicava que a origem era mesmo o morro. Não havia marcas de tiros nas paredes do prédio. Só restava uma conclusão: o tiro que atingiu Luciana partiu do Turano.

Para além das lesões irreversíveis na jovem estudante, o mais lamentável nesse caso é a sequência de equívocos. Tudo começa com a imprudência do secretário Garotinho, que, sem avaliar devidamente a gravidade da situação, recomendou a abertura do comércio local, apesar das ameaças dos traficantes. Continua com a imprudência da própria universidade, que acreditou na Secretaria de Segurança Pública do Rio de Janeiro. Lamentável também foi o atendimento dado a Luciana — registrado pela mesma câmera da cantina —, incompatível com os mínimos critérios de primeiros socorros para uma situação como essa. A vítima tinha sido atingida na cabeça e a probabilidade de um dano cervical era grande, não poderia ser descartada. De fato, Luciana tinha uma bala alojada entre a terceira e a quarta vértebras. No entanto, foi carregada sem imobilização e sem maca, dependurada pelos braços e pernas, com a cabeça balançando.

Para piorar, pelo menos uma vez, as imagens mostram a vítima caindo das mãos daqueles que a carregavam. É claro que isso tudo pode ter agravado o quadro clínico da jovem.

Os peritos do ICCE nada mais fizeram do que contribuir para essa série de trapalhadas. A insistência em uma tese factualmente insustentável só pode ter tido motivação política. Esse caso é emblemático e espelha bem as dificuldades que podem surgir quando o Estado é parte interessada nos resultados. Peritos oficiais são policiais hierarquicamente subordinados ao secretário de Segurança. A experiência tem demonstrado que em situações assim a neutralidade da perícia "oficial" fica comprometida.

Para a Justiça, não há mais dúvidas quanto à origem do disparo. No entanto, a universidade foi condenada a pagar uma indenização a Luciana, por entender o juízo que "houve falha da entidade em proteger a integridade física dos estudantes". Ou seja, mesmo se tratando de uma bala perdida, a responsabilidade da instituição não diminui. Afirmou a sentença judicial: "Seria previsível que os marginais, em represália à conduta da ré em manter o campus aberto, tomassem uma atitude mais grave, como a que ocorreu."

O que na época era uma quadra esportiva hoje deu lugar a um prédio de seis andares cuja face voltada para o Morro do Turano não tem janelas, criando assim um escudo protetor. O campus da Estácio é hoje um lugar mais seguro, mas é vergonhoso que seja preciso tomar medidas tão extremas, como criar uma barreira física, para proteger os alunos dos disparos vindos do morro.

Vale registrar o destino de Álvaro Lins, o chefe da Polícia Civil carioca que me afastou da equipe de peritos. Soterrado por uma avalanche de denúncias de corrupção, teve seu mandato de deputado estadual cassado em 2008. Em 2009, foi demitido, "a bem do serviço público", do cargo de delegado de polícia. Ficou detido no presídio de segurança máxima Bangu 8 até maio de 2009, quando conseguiu liberdade provisória. Em agosto de 2010, a 4ª Vara Federal Criminal o condenou a 28 anos de prisão por formação de quadrilha armada, corrupção passiva e lavagem de bens.

PCC versus PM: o dérbi da barbárie

O período de 12 a 21 de maio de 2006 ficará para a história como um dos mais sangrentos do estado de São Paulo. Tempos de guerra? Sim, por que não? Afinal, será que os distúrbios na Faixa de Gaza, nas ruas de Belfast, nas praças do Cairo, nos subúrbios de Paris ou o combate ao narcotráfico no norte do México e nas florestas da Colômbia alguma vez registraram centenas de mortes em nove dias?

Pois foi o que aconteceu, durante uma verdadeira guerra entre integrantes da facção criminosa Primeiro Comando da Capital (PCC) e a Polícia Militar do Estado de São Paulo. O crime organizado vitimou 41 pessoas: 24 policiais militares, oito policiais civis, três guardas municipais e seis agentes penitenciários. O estado precisou agir. Mas o fez da pior maneira. Em resposta aos atos do PCC, a PM paulista matou 492 pessoas, todas vítimas de armas de fogo. Havia algo mais em comum em todas as mortes: a origem socioeconômica das vítimas. Praticamente todas as ocorrências se deram nas regiões mais pobres da Grande São Paulo e do interior.

O comando da polícia paulista estava nas mãos de um polêmico secretário de Segurança Pública: Saulo Castro de Abreu Filho. Já em 2002, quando assumiu a secretaria, a polícia paulista matou 610 civis, 32,8% a mais que no ano anterior. Em 2003, foram 868 mortes. O comentário do secretário parecia uma comemoração: "Graças a Deus; ainda bem que a polícia está sabendo se defender."

Um dos episódios exemplares do caráter polêmico do secretário ficou conhecido como Operação Castelinho e aconteceu na rodovia Senador José Ermírio de Morais, a Castelinho, no município de Sorocaba, a 100 km de São Paulo. Em 5 de março de 2002, a polícia interceptou, no pedágio, um ônibus que estaria transportando criminosos do PCC, os quais, segundo a PM, se preparavam para assaltar um avião pagador com 28 milhões de reais na região. No entanto, o Departamento de Aviação Civil (DAC) se manifestou, na época, dizendo que não pousava nenhum avião pagador na região de Sorocaba havia mais de dois anos. Tudo indicava uma grande armação. O resultado dessa operação foi a morte de doze supostos integrantes do PCC que estavam no ônibus. Na versão do secretário Saulo, a PM apenas reagiu, embora nenhum policial tenha saído ferido.

O Ministério Público apurou que a operação teria contado com a colaboração de pelo menos dois presos. Em conluio com a PM, o presidiário Ronny Clay Chaves deu uma informação falsa aos criminosos, atraindo-os para o assalto a um avião que não existia. Ronny disse que colaborou — como gratificação — para a polícia matar dois inimigos seus que estavam no ônibus. Após o evento, o presidiário enviou carta à Ordem dos Advogados do Brasil (OAB) contando detalhes da operação, pois estava com medo de ser morto devido às ameaças que vinha sofrendo.

Convocado a dar explicações na Assembleia Legislativa do Estado de São Paulo, o secretário Saulo não perdeu o estilo: "Não quero ficar nessa lenga-lenga aqui. Tenho mais o que fazer", disse em seu depoimento. Na plateia, mais de cem policiais armados ovacionavam o tempo todo o secretário. Do lado de fora, mais de quarenta viaturas estacionadas.

Quatro anos depois, a relação entre a PM e o PCC ficou ainda mais tensa. O PCC matou 41 policiais e a PM respondeu com 492 mortes.

Uma comissão independente, formada para investigar o que aconteceu naqueles nove dias do mês de maio de 2006, encaminhou 124 laudos necroscópicos do Instituto Médico Legal para análise em nosso laboratório. Esses casos foram selecionados porque o relatório policial apontava resistência seguida de morte. Desde o início, tal relato causou estranheza, visto que, apesar das 492 mortes, nenhum policial foi morto ou sequer ferido. Os Boletins de Ocorrência falavam sempre a mesma coisa, como se um tivesse sido copiado do outro. Havia um padrão: sempre existia perseguição, seguida de uma troca de tiros, nunca iniciada pelos policiais.

A grande maioria dos laudos que analisei não apontava características de confronto. Para melhor ilustrar o ocorrido, usamos no laudo um croqui-padrão, utilizado em exames necroscópicos do IML, mas acumulando em um único corpo todos os disparos relatados nos laudos. Assim, teríamos uma só imagem mostrando a concentração das perfurações de entrada dos projéteis (ver imagens 3 e 4 do encarte).

O que chamou imediatamente atenção foi o fato de a maior parte dos tiros se concentrar na cabeça e na região do tórax. Além disso, a média de cinco perfurações de entrada por vítima, nos casos mais suspeitos, é bem superior à esperada em situações de troca de tiros. O grande número de ferimentos em regiões letais, somado à trajetória das balas, muitas de cima para baixo, deixava claro o que houve: pelo menos 70% dos casos analisados eram evidentes execuções.

Se tivesse havido resistência seguida de morte, como alegado nos Boletins de Ocorrência, supõe-se que as vítimas também atiraram. Mas, como já comentado, as ações terminaram sempre com todos mortos de um lado e nenhum policial ferido.

Numa troca de tiros, a probabilidade maior é a ocorrência de trajetórias quase horizontais. No entanto, havia muitas trajetórias de cima para baixo. Algumas vítimas tinham perfurações no topo do crânio. O corpo de uma das vítimas apresentava 21 balas. Nada disso se ajusta a um quadro de confronto. Como já comentado, classificamos 70% dos casos, no mínimo, como execução. Os BOs relatando resistência seguida de morte eram totalmente fictícios.

Por que os laudos do IML não enxergaram o óbvio? Em parte, porque tais questões nem sequer são colocadas explicitamente para o legista. O principal problema é que o formulário a ser preenchido propõe questões que permitem respostas por demais genéricas. Para se ter uma ideia do quão surreal é a situação, a primeira pergunta a ser respondida pelo legista no laudo necroscópico (do grego *Nékros* = morto) é: "Houve morte?" A segunda pergunta é: "Qual agente provocou a morte?" A resposta é, invariavelmente, "agente perfurocontundente", e isso vale tanto para um tacape indígena quanto para um projétil de AR-15. Não se exige do legista (embora nada o impeça de fazê-lo) que detalhe aspectos importantes, tais como a distância do disparo e a possibilidade de uma execução sumária. O pior é que, aparentemente, em casos nos quais a autoridade policial é alvo da investigação, é conveniente para o legista — também ele um policial, vale lembrar — simplesmente ater-se ao pouco que lhe é perguntado. Sem contar as eventuais pressões quando, como no caso ora discutido, a repercussão atinge diretamente a própria Secretaria de Segurança e, por extensão, o governo do estado.

A repercussão, como esperado, não foi pequena. Em 23 de setembro, o jornal britânico *The Times* deu página inteira para uma matéria sem papas na língua: centenas foram mortos em ação da polícia de São Paulo em uma onda de violência para revidar a morte de policiais e agentes penitenciários. Em novembro, dei uma entrevista à BBC de Londres, que também noticiou o fato e o resultado de nossa análise.

A questão dos direitos humanos era central nesse episódio. Mas não sejamos ingênuos. Motivações políticas, de ambos os lados, não faltavam. Tratava-se, afinal, de um ano com eleições majoritárias. O saldo político foi ruim para o PSDB paulista, que pretendia lançar o secretário Saulo Castro de Abreu Filho como candidato a prefeito de São Paulo. O episódio fritou Saulo, mas não o queimou totalmente. Retornou em 2011 como secretário estadual de Transportes (governo Alckmin), depois de alguns anos de molho durante a gestão de José Serra no governo paulista. Em 2015, homem de confiança de Alckmin, foi nomeado secretário de governo, pasta criada logo após a reeleição do governador.

Caso Eloá-Lindemberg: vítima da incompetência

Onze anos depois do Caso Osvaldo, um novo incidente revela o despreparo das forças policiais para situações em que se faz necessária uma ação rápida, articulada e sem risco para os envolvidos. Em 13 de outubro de 2008, o jovem Lindemberg Fernandes Alves, de apenas 22 anos, invadiu o apartamento da adolescente Eloá Cristina Pimentel, com apenas 15 anos de idade. Eloá tinha rompido o namoro com o rapaz que, inconformado, tentou, sem sucesso, forçar uma reaproximação.

Lindemberg, aparentemente, já previa um desfecho trágico, pois naquela tarde de outubro chegou ao apartamento de Eloá armado. A ex-namorada estava com colegas fazendo trabalhos escolares. Todos foram feitos reféns, mas após algum tempo foram libertados, restando na casa apenas Eloá e sua amiga Nayara Silva.

Foram longos quatro dias de negociação com polícia, familiares e Ministério Público, tudo com grande cobertura ao vivo pelos principais veículos de comunicação. O Brasil parou para ver o drama de Lindemberg e Eloá. Os apresentadores dos programas sensacionalistas estavam felizes. Audiência garantida.

Surpreendentemente, o próprio sequestrador acompanhava a "novela" ao vivo pela TV. Virou estrela e parecia estar gostando do sucesso. Nenhuma ação foi tomada para evitar que Lindemberg acompanhasse os movimentos da polícia pelas informações na TV, o que teria sido simples: bastava desligar o sinal da antena ou a energia elétrica. Ninguém pensou nisso.

A jornalista Sonia Abrão, da RedeTV!, chegou a fazer uma entrevista ao vivo, por telefone, com Lindemberg e Eloá. Sem dúvida um furo jornalístico, mas que em nada contribuiu para o sucesso das negociações.

Em vários momentos, Lindemberg apareceu na janela do apartamento empunhando o revólver, que mais tarde usaria para atingir as vítimas. Chegou mesmo a disparar na direção de policiais e jornalistas. Nayara, no meio das negociações, foi libertada pelo rapaz — mas, em uma ação inexplicável dos negociadores, foi orientada a voltar ao cativeiro para tentar convencer Lindemberg. Isso mesmo: a refém, após ser libertada, foi mandada de volta ao apartamento, onde, mais tarde, viria a ser atingida no rosto por um disparo. Não morreu por sorte. Mandar refém de volta para o algoz chega a ser surreal. Tem coisas que só acontecem no Brasil!

Mas o tempo passava e nada se resolvia. A imprensa não tinha nenhuma pressa. Pelo contrário, a audiência estava lá em cima. O sequestrador virou astro, acostumou-se a ser manchete. Quatro longos dias e nenhuma ação efetiva da polícia. De repente, ouve-se uma forte explosão e um grupo de policiais, desordenadamente, tenta arrombar a porta que não havia sido derrubada pelos explosivos. E não caiu porque Lindemberg colocara uma pesada mesa atrás da porta, já prevendo uma iminente tentativa de arrombamento. O resultado da ação desastrada da PM foi a morte de Eloá e um ferimento no rosto de Nayara, causados por disparos da arma de Lindemberg, que atirou alguns segundos depois da explosão frustrada da porta.

Toda a ação foi filmada. A câmera de uma emissora de TV gravou áudio e vídeo, desde os momentos que antecedem a invasão até a captura do sequestrador. Diante da tragédia, o Grupo de Ações Táticas Especiais (Gate) da PM alegou que a invasão foi motivada por um disparo feito dentro do apartamento. Essa justificativa não parecia razoável. A instalação de explosivos para arrombar uma porta é um processo demorado. Tudo já estava preparado muito tempo antes da explosão. Ademais, não seria muito inteligente preparar um arrombamento e esperar que algo acontecesse lá dentro para então invadir o imóvel. Se era essa a ação planejada, a ideia, é óbvio, era surpreender o sequestrador. O que não estava nos planos era a porta do apartamento não cair logo após a explosão. E não havia um plano B.

Chega a ser grotesco ver nas imagens gravadas um bando de PMs amontoados em torno da porta tentando derrubá-la no braço. Em outro ponto, um policial usa uma escada curta demais para invadir o apartamento pela janela do quarto. Quando, com muito esforço, consegue completar a desafortunada escalada, Lindemberg já estava saindo pela porta principal, preso pelos PMs. A cena é de pastelão. Pelo que se sabe, a escada teria sido emprestada por um pintor que fazia um serviço nas imediações. O Gate, mesmo após quatro dias, não tinha sequer uma escada apropriada para a invasão. Além disso, como se sabe, o método correto para esse tipo de ação é o rapel, ou seja, um policial vindo de cima para baixo, rapidamente, por meio de uma corda.

Mas a PM insistia na história de que a ação, embora malsucedida, teria sido emergencial, deflagrada por um disparo prévio de Lindemberg. O repórter César Tralli, da TV Globo, não estava muito convencido e nos procurou para analisar a gravação das cenas de modo a verificar se, pelo registro de som, houve de fato um disparo anterior à explosão. Havia a necessidade de detectar no sinal de áudio a cronologia dos eventos. O áudio era confuso, muito barulhento, repórteres e populares falando e gritando logo após a ação da polícia. Mas o que nos interessava, particularmente, eram os momentos que antecediam a explosão. Nesse trecho, havia pouco ruído e foi possível fazer uma análise acústica segura: ao contrário do que afirmou o comando da PM, não houve disparo de arma de fogo antes da invasão do apartamento.

Disparos de arma de fogo deixam um registro espectrográfico muito característico: uma barra vertical tomando quase toda a faixa de frequência. Seria impossível ter havido um disparo sem que o som fosse registrado pelo microfone da câmera da emissora de TV. Tanto é assim que os tiros deflagrados dentro do apartamento após a explosão, apesar do intenso ruído de fundo, foram também todos gravados e aparecem nitidamente no espectrograma (ver imagem 5 do encarte).

Em certo momento, a PM alegou que o primeiro tiro não teria sido captado pelo microfone da câmera da emissora de TV porque a porta ainda estava fechada. Os policiais, sim, teriam ouvido por estarem mais perto da porta. Tal justificativa não se sustenta. Aquele tipo de construção popular usa paredes finas, sem o menor tratamento acústico. O ruído de alta intensidade de um disparo de arma de fogo teria facilmente atravessado essas paredes. Além disso, havia uma janela voltada para o lado, onde se encontrava a câmera. Não houve tiro algum antes da explosão da porta.

Fizemos o laudo pedido pela TV Globo atestando que o disparo alegado pela PM não existiu. A matéria foi veiculada pelo *Jornal Nacional*. A única pessoa que poderia confirmar o que afirmávamos no laudo era Nayara, que estava dentro do apartamento com Eloá e Lindemberg. Porém ela estava hospitalizada e impossibilitada de falar em função do ferimento no rosto. Foram dias de aflição para o repórter César Tralli; afinal, ele se expôs muito ao contradizer a versão oficial da PM. Nesse período, me ligou várias vezes, preocupado: "Molina, e se a Nayara disser que houve um tiro antes da invasão?" Eu respondia: "Nesse caso, Tralli, ela estaria mentindo, pois não tenho dúvida sobre o resultado da análise que fizemos."

Alguns dias depois, Nayara teve alta e já na porta do hospital confirma, para toda a imprensa, e para tranquilidade de César Tralli, que todos os disparos feitos por Lindemberg ocorreram depois da explosão da porta.

Mais uma história com final triste, mais um refém morto. Novamente, vemos aqui o despreparo das autoridades para lidar com esse tipo de situação. Uma negociação que se estende por mais de 100 horas tende, obviamente, a não acabar bem. O sequestrador fica cada vez mais tenso e um desfecho trágico é, a cada minuto que passa, mais provável. Lindemberg apareceu mais de uma vez na janela e fez um disparo na direção de policiais e jornalistas, fato que, em outros países, já teria sido suficiente para a imediata intervenção de um atirador de elite. Aparentemente, as autoridades evitam as consequências de uma ação radical contra o delinquente, colocando, assim, a vítima em risco. Prende-se o delinquente, mas a vítima morre. Falta inteligência.

Impossível não recordar o caso do ônibus 174, ocorrido em junho de 2000 no Rio de Janeiro e transformado, em 2002, em um premiado documentário pelo cineasta José Padilha. Também lá havia um bandido armado que por várias vezes se expôs na janela do ônibus, dando oportunidade para uma ação efetiva da polícia, que preferiu não agir na hora certa. O resultado é conhecido: uma refém morta (a professora Geísa Firmino Gonçalves) e o bandido (Sandro Barbosa do Nascimento, sobrevivente da chacina da Candelária) assassinado pelos policiais dentro do camburão. Tudo errado.

Pó em Itu

Numa quinta-feira, 25 de setembro de 2003, o site da Secretaria de Segurança Pública do Estado de São Paulo anunciou, com alarde: "Denarc prende chefe do Cartel de Cali em Itu".* A notícia dava conta de que um "Membro do comando das Farc (Forças Armadas Revolucionárias da Colômbia) e ligado ao Cartel de Cali, o colombiano Juan Carlos Parras Arcila, de 36 anos, foi preso na tarde de ontem por policiais do Denarc (Departamento de Investigações Sobre Narcóticos), na região de Sorocaba. Na operação, também foi preso o empresário e piloto franco-canadense Pierre Jacques Hernandes Delanoy, de 60 anos, no Aeroporto de Itu, quando pousou com um Cessna 210, carregado com aproximadamente 200 quilos de cocaína". O copiloto, Mário de Jesus Alves da Silva, também foi preso em flagrante.

Estranhamente, ao apresentar a droga apreendida, o delegado Robert Leon Carrel, que chefiava a equipe responsável pela apreensão, afirmou ter encontrado no avião Cessna usado pelos traficantes apenas 98 quilos da droga, pouco menos da metade da quantidade divulgada oficialmente no site da secretaria. Mais uma daquelas operações em que nunca se explica como a polícia, milagrosamente, estava no lugar certo e na hora certa. A droga apreendida, como habitualmente, foi apresentada com toda a pompa à imprensa.

Depois de amargar um tempo na cadeia, o copiloto Mário de Jesus mandou uma carta para o diretor do presídio denunciando que a carga era de 300 quilos, ou seja, muito maior do que a declarada oficialmente pelo Denarc. Mário morreu misteriosamente na cadeia alguns meses depois de escrever a carta.

O Ministério Público já suspeitava que 98 quilos seriam uma quantidade muito pequena para tráfico internacional, pois não

---

* A notícia ainda está na internet: <http://www.ssp.sp.gov.br/noticia/lenoticia.aspx?id=17137>.

era economicamente viável. A denúncia do copiloto e a sua misteriosa morte na cadeia acenderam um sinal de alerta no Grupo de Ação Especial de Repressão ao Crime Organizado (Gaeco) do MP paulista.

O promotor José Reinaldo Guimarães Carneiro queria esclarecer o caso. Afinal, a divergência era muito grande. Se o copiloto dizia a verdade, mais de 200 kg de cocaína pura teriam sido desviados pelos policiais do Denarc. Uma grana preta. Mas, em 2008, cinco anos após a apreensão, como seria possível obter uma prova técnica sobre a verdadeira quantidade transportada? Por um golpe de sorte, a TV Globo, no dia da apreensão da droga, fez uma matéria na qual por alguns segundos o cinegrafista captou uma imagem do interior do avião, ainda no aeródromo de Itu, antes da cocaína ser retirada. O que se via, embora de relance, era um amontoado de fardos empilhados na cabine, atrás das poltronas dos pilotos. O Cessna usado tem uma configuração para seis lugares, mas, para liberar mais espaço, quatro poltronas foram retiradas.

O MP nos procurou para que estimássemos, com base nas imagens da Globo, a real quantidade de cocaína e, se possível, elaborássemos um laudo técnico.

A missão não era muito fácil. A primeira dificuldade era encontrar um avião idêntico ao usado pelos traficantes. De novo a sorte nos ajudou. Entrei em contato com o Aeroclube dos Amarais, em Campinas, e quase não acreditei quando o diretor me disse que havia um Cessna idêntico encostado no aeródromo. A aeronave, uma das preferidas para esse tipo de transporte, também tinha sido apreendida numa operação de combate ao tráfico de drogas. Estava lá, abandonada, já havia alguns anos.

Para simular a mesma situação, montamos seis fardos de 50 quilos, cada um com cinquenta sacos de 1 quilo de farinha de trigo. Embora a cocaína seja normalmente transportada prensada, o que faz com que o volume se reduza um pouco, nossa simulação nunca poderia errar para menos, já que a farinha de trigo produziria um volume levemente maior que o da cocaína prensada.

Chegamos ao aeroclube acompanhados por uma equipe da Globo que, obviamente, queria exclusividade da matéria por ser a detentora das imagens originais que possibilitariam a comparação. O avião estava numa área abandonada, no meio de um matagal, e, por também ter sido usado para tráfico, as poltronas dos passageiros também haviam sido retiradas. Só havia um pequeno problema: uma imensa casa de marimbondos bem na porta do avião. Depois de muitos tubos de inseticida, conseguimos remover esse obstáculo.

Arrumamos os fardos na mesma disposição vista nas imagens da matéria da TV Globo. Dentro das expectativas, nossos fardos de farinha pareciam um pouco maiores que os de cocaína prensada. Mas, ainda assim, conseguimos colocar folgadamente os seis fardos simulando a situação original.

Observamos também que não faria o menor sentido usar um avião daquele porte para carregar apenas 98 quilos. Tal quantidade representaria apenas dois fardos, que poderiam ser facilmente transportados sem a retirada das poltronas. As imagens da Globo mostravam que, na data da apreensão, toda a parte de trás da cabine estava ocupada com fardos de cocaína. Tudo indicava que o copiloto não estava inventando, havia mesmo muito mais droga do que a declarada pelo Denarc. Atuei nesse caso como assistente técnico do Ministério Público e o laudo concluiu que haveria, no mínimo, 200 quilos da droga na aeronave.

Em 2008 o episódio levou para a cadeia o delegado Robert Leon Carrel, chefe da equipe que apreendeu a droga, o também delegado Luiz Henrique de Moraes e os investigadores Ricardo Ganzerla e Cleuber Gilson Bueno. Saíram 24 dias depois por meio de um *habeas corpus*.

A reação ao nosso laudo veio rapidamente. O Instituto de Criminalística de São Paulo preparou um laudo assinado pelos peritos Osvaldo Negrini e Marcelo Voloch no qual tentavam desqualificar nosso trabalho, mais com palavrório vazio do que com provas técnicas. Não fizeram nenhuma simulação; se tivessem feito, chegariam à nossa mesma conclusão. Os peritos do IC se restringiram a dizer que seria "impossível" determinar o volume da droga apenas por meio da análise das imagens. Pura bobagem. Tal afirmação não tem nenhuma sustentação científica. Tivemos acesso a um avião idêntico, utilizamos fardos semelhantes aos do material apreendido e nos valemos de imagens de referência feitas com uma câmera igual à usada no dia do ocorrido. A margem de erro era mínima.

A ferocidade com a qual os peritos do IC atacaram nosso trabalho nos chamando até de "irresponsáveis" denunciava uma carga emocional incompatível com a atividade pericial. Chega a se entender o motivo de o Gaeco ter nos procurado em vez de o IC — órgão oficial que, a princípio, deveria ser o instrumento de apoio técnico natural nesses casos. Porém, não se pode esquecer, e o MP sabe disso, que quando a própria polícia é investigada o corporativismo pode prejudicar a objetividade. Afinal, peritos do IC também são policiais. Este é um problema crônico no Brasil, ao qual já nos referimos: policial não deve investigar policial.

Em 2010, também a pedido do Ministério Público, o Núcleo de Criminalística da Polícia Federal de São Paulo fez um novo laudo, estimando em cerca de 156 quilos o volume real da droga apreendida. Estava comprovado que houve desvio de droga após a apreensão da carga. Se a quantidade exata eram 200 ou 156 quilos, não vem ao caso. O laudo da Polícia Federal não contradizia nossas conclusões: a quantidade transportada era bem maior que a declarada. Penso que a PF avaliou um pouco para menos, para não ficar tão mal para os policiais que desviaram a droga.

Em 2013, o delegado Carrel e os investigadores Bueno e Ganzerla foram condenados a cinco anos de prisão pelo juiz da 29ª Vara Criminal de São Paulo. O outro envolvido, o delegado Luiz Henrique, não teve tempo de ser condenado — morreu antes. Nesse mesmo ano, outro enorme escândalo envolveria todo o Denarc: treze agentes foram presos com acusações de extorsão, tortura e sequestro de traficantes. O escândalo foi de tal porte que um decreto reformulou totalmente o órgão, mudando inclusive o seu nome. Embora a sigla continue a mesma, passou a se chamar Departamento Estadual de Prevenção e Repressão ao Narcotráfico. (Acrescentou-se, sensatamente, o termo "Prevenção" ao nome do órgão.) Além disso, reduziu-se o número de delegacias, de dez para seis, e o de funcionários, de 400 para 220. Talvez a lógica por trás dessa ação seja esta: um Denarc menor, um mal menor.

O Aeródromo de Itu tem um histórico complicado. Anos depois do caso Denarc, o mesmo aeródromo voltou à baila no caso Gil Rugai. Uma das testemunhas-chave da acusação dirigiu-se à delegacia "espontaneamente", contando uma história muito inverossímil sobre supostas confissões que o pai de Gil Rugai lhe teria feito. Tratava-se de um rapazote de 22 anos, instrutor de voo e filho do diretor do famigerado aeródromo, sendo que este já tinha tido problemas por ter alugado um hangar, a preço de banana, para supostos traficantes. Tudo muito estranho. Mas essa história vai ser contada mais adiante, no capítulo 11.

3

PC Farias — Lado A

Suzana e o sussurro

Voz feminina: Eu liguei pra você, é Suzana, pra dizer que nunca vou esquecer você, tenho certeza que eu vou lhe encontrar... em algum lugar... te adoro, beijo.
Voz masculina ao fundo: Que cê tá fazendo...? Te arruma!
Voz feminina: *Se* arrumo...

No domingo, 23 de junho de 1996, as mortes de Paulo César Farias (o PC) e Suzana Marcolino, sua namorada, pararam o Brasil. O trecho acima era a primeira de três mensagens deixadas por Suzana na caixa postal do celular do dentista Fernando Colleoni na madrugada em que ocorreram as mortes, mais precisamente às 3h54. Ela voltou a ligar às 4h58 e 5h01.
    Ela estivera em Santo André, município da grande São Paulo, hospedada na casa de uma prima, que indicou o dentista Fernando. Suzana esteve no consultório apenas duas vezes: para uma consulta, na quinta-feira, 20 de junho, e para uma radiografia, na sexta. Nesse dia, jantaram em um restaurante sofisticado no bairro de Higienópolis, em São Paulo. Pelo menos essa foi a versão do dentista. No sábado, ela retornou para Maceió, onde morreu na madrugada de domingo.

O dentista, Fernando Colleoni, é filho de família tradicional de alta classe média de Santo André. Em depoimento, admitiu ter trocado uns beijos com Suzana, mas disse que não passou disso. Não havia namoro ou envolvimento emocional. Durante o jantar, ela teria dito que "tinha um namorado, mas não era nada sério". Falaram sobre uma viagem que ela fez à Europa, marcas de vinho e champanhe importados, o que, segundo o dentista, passou-lhe a impressão de Suzana ser um pouco esnobe.

O clima no restaurante era romântico. Funcionários relataram que Fernando e Suzana trocaram carícias durante o jantar. À meia-noite e meia, o segurança afirmou ter visto os dois se beijando na boca ao entrarem no carro. Segundo Fernando, rodaram pela cidade passando em frente a restaurantes chiques e do Parque do Ibirapuera. Depois, às 2h45, ele a deixou no apartamento da prima, em Santo André. Um prolongado *city tour*, convenhamos, para quem jantou entre carinhos e beijos.

Tudo indica que esse foi mesmo o primeiro encontro entre os dois. O que ocorreu de fato, nessa noite, nunca saberemos. Porém, tudo era ainda muito incipiente para motivar um crime. Mesmo os três telefonemas que Suzana fez para o dentista na madrugada em que ela e PC morreram não faziam sentido. Segundo Colleoni, o breve e superficial contato com Suzana não combinava com o tom íntimo e confessional das mensagens.

Suzana voltou para Alagoas no sábado, dia seguinte ao encontro com Fernando. Chegou a Macció, visitou a mãe e foi ao cabeleireiro. No final do dia, foi para a casa de praia de PC, em Guaxuma. Chegando lá, encontrou PC e seus irmãos Augusto, com a namorada, e Cláudio, com a esposa.

PC Farias era bom de copo. Segundo depoimento dos funcionários que serviam a casa naquele dia, entre 13h e 16h do sábado, ele tomou três garrafas de champanhe. Durante o almoço, abriu uma garrafa de vinho francês, safra 1989, comeu frango ao molho pardo, cozido com farofa de ovos, arroz e feijão. Depois do almoço, finalizou a garrafa de vinho. Foi descansar um pouco e dormiu das 18h às 19h30, quando acordou e matou a sede com água mineral Perrier. Às 20h30, pronto para outra, abriu uma garrafa de uísque Johnny Walker Blue Label para acompanhar petiscos de queijo provolone importado e castanha.

Mais tarde, já na companhia de Suzana e de Augusto Farias e da namorada, PC fez sua última refeição: camarões fritos de tamanho médio, verduras, salada de batatas cozidas com atum e queijo e arroz à grega. Quando o irmão foi embora, o Blue Label estava pela metade. De manhã, a garrafa estava vazia e PC e Suzana foram encontrados na cama, mortos, cada um com um tiro.

Em 1994, bem antes disso, a morte da mulher de PC, Elma Farias, já levantara suspeitas. Quando o marido foi preso, Elma disparou: "O que o Paulo César fez foi conseguir fundos de empresários para a campanha de Collor. Por que só o Paulo César? Ele não agiu sozinho. Tem alguém que mandou, e o chefe maior foi quem mandou." Elma estava inconformada com o fato de PC ser o único acusado pelas falcatruas em torno da arrecadação de fundos para a campanha presidencial de Fernando Collor de Mello. Ela insistia que ele precisava contar os segredos que guardava: "Paulo, você tem que tocar fogo neste país, entregar todo mundo."

Pouco tempo após mostrar sua indignação, em 20 de julho de 1994, Elma Farias morre de causas misteriosas e seu corpo é cremado, ritual que não era comum na família, mas que elimina qualquer possibilidade de uma futura exumação para apurar as causas da morte. Dois anos depois, Paulo César Farias, arquivo vivo do maior escândalo político do país, que culminou com o impeachment do presidente da República, virou arquivo morto.

A polícia alagoana queria fechar o inquérito o mais rápido possível e a tese do crime passional, homicídio seguido de suicídio, era perfeita. Suzana teria matado PC e depois se matado: fim de caso. A Secretaria de Segurança de Alagoas e o próprio governo do estado pareciam ter muito interesse nessa tese, pois assim se encerrava o assunto como um evento doméstico, sem qualquer conotação política.

Mas a opinião pública não estava disposta a aceitar passivamente essa história. Parecia algo muito banal para um personagem tão importante. Além disso, era difícil engolir que a cena do crime tivesse sido rapidamente destruída: o colchão e os lençóis foram queimados, e o piso, meticulosamente lavado com detergente. Qual o motivo da pressa?

Nesse cenário, o legista alagoano Gérson Odilon foi uma voz dissonante. Embora fizesse parte do corpo de legistas do Instituto Médico Legal de Maceió, Gérson desconfiou da versão que lhe foi imposta e, acompanhando a investigação desde o início, teve acesso a fotografias das vítimas na cena dos crimes. Como bom aluno, levou as fotos ao seu professor, George Sanguinetti, que se notabilizou por contestar frontalmente a versão oficial.

Gérson pagou caro por essa atitude. Segundo a revista *IstoÉ*, ele "foi chamado pelo coronel Amaral [secretário de Segurança], que o ameaçou com a abertura de um inquérito policial caso não afirmasse publicamente que Sanguinetti havia roubado as fotografias". Ainda segundo a revista, Gérson foi também obrigado a assinar o laudo oficial. Não podia haver sequer uma voz destoante, especialmente de dentro do IML de Maceió. Gérson nunca mais falou nada.

Sanguinetti, por sua vez, com base nas fotos, concluiu que a trajetória do projétil interno que atingiu PC Farias só seria possível se o atirador estivesse flutuando sobre a cama. Na versão oficial, Suzana teria feito o disparo em pé, do lado da cama onde PC estava deitado. O projétil atingiu-o na altura do ombro esquerdo e rompeu a artéria aorta, provocando morte quase imediata. Essa trajetória seria incompatível, segundo Sanguinetti, com um atirador postado ao lado da vítima. Seu questionamento fazia sentido. Tudo indicava que não apenas as peças principais foram eliminadas como também os corpos foram manipulados, de modo a tentar compatibilizar as imagens com a versão de homicídio seguido de suicídio. Sanguinetti fez várias observações pertinentes na época e tinha razão em muitos pontos. No entanto, perdeu parte de sua credibilidade por ter se atirado muito rapidamente nos braços da mídia.

Porém, por mais que a cena do crime tivesse sido maquiada, de modo quase hollywoodiano, ainda assim havia uma série de evidências que não deveriam passar despercebidas para um perito competente. Além do inusitado trajeto do projétil no corpo de PC, o exame residuográfico nas mãos de Suzana não encontrou vestígios de pólvora, apesar de ela, como se alegava, ter desferido dois disparos sequenciais. Outro ponto a se explicar era a altura da entrada do projétil na parede, depois de atravessar o corpo de Suzana. Ela teria de estar em movimento, levantando-se, para que a marca na parede fosse compatível, o que, obviamente, é impossível — ninguém se mata com um tiro no peito e se levanta ao mesmo tempo. Mais estranho ainda era o fato de os seguranças particulares, na verdade policiais militares, familiarizados com armas de fogo, não terem ouvido dois disparos desferidos a poucos metros de onde estavam, vindos de uma casa pré-fabricada, com paredes de madeira fina, sem qualquer isolamento acústico. Pela versão oficial, os corpos só foram encontrados pela empregada, quando foi servir o café da manhã.

As dúvidas eram muitas e a opinião pública estava descontente com as explicações oficiais. Nesse momento, a Unicamp foi chamada numa tentativa de emprestar credibilidade à tese de crime passional. O caso começava a adquirir sua real importância. O ministro da Justiça Nelson Jobim e o governo de

Alagoas solicitaram os serviços do Departamento de Medicina Legal da Unicamp. Como não sou médico-legista, deixei claro desde o primeiro momento que a minha participação se resumiria à análise das gravações dos telefonemas e que o laudo do Laboratório de Fonética, por mim coordenado, seria entregue separadamente.

Assim que chegou a solicitação da perícia fonética, acionei imediatamente a Telesp, consultando-a sobre a possibilidade de ter acesso aos arquivos originais com as gravações. Como é sabido, as mensagens de celular ficam armazenadas na operadora por algum tempo. Na época, a Telesp mantinha por 120 horas as mensagens. Foi decepcionante descobrir que os arquivos originais tinham sido apagados pela operadora. O delegado Naief Saied Neto, a quem o dentista Fernando Colleoni apresentou as gravações, não teve o cuidado de pedir a preservação dessas gravações junto à Telesp. Em vez disso, o delegado apressou-se em convocar a imprensa para divulgar as mensagens de Suzana. O problema é que o material apresentado na delegacia já era uma gravação de terceira geração: a primeira, já apagada, era a original, digitalizada no banco de dados da Telesp; a segunda, também perdida, é a que poderia ser ouvida diretamente do celular de Fernando; a terceira, que efetivamente Fernando apresentou ao delegado, era uma cópia em fita microcassete feita por contato, ou seja, encostando o microfone embutido do gravador no fone do celular. Gravações realizadas desse modo degradam consideravelmente a qualidade do som.

Não só a atitude do delegado foi pouco cautelosa como é também inexplicável que a própria Telesp não tivesse tomado a iniciativa de preservar os arquivos originais diante da enorme repercussão do caso. A Telesp, questionada quanto a isso, justificou-se alegando que, caso tivesse preservado as gravações sem a autorização explícita do usuário ou sem uma ordem judicial, estaria quebrando a privacidade do cliente. Uma justificativa pouco razoável, uma vez que o próprio cliente já tinha divulgado o conteúdo integral das mensagens para toda a mídia.

A cópia em fita microcassete feita pelo dentista era de terceira geração. Essa fita é a que foi encaminhada para o Instituto de Criminalística de São Paulo. O que chegou até nós para análise era uma cópia dessa fita, quarta geração, captada pela câmera de uma emissora de televisão que registrara na delegacia a reprodução da fita microcassete que o dentista apresentou ao delegado.

Começamos a trabalhar imediatamente com essa gravação de quarta geração. A transcrição das falas de Suzana Marcolino não apresentou grandes dificuldades. O curioso é que as três mensagens deixadas por Suzana na caixa postal do celular do dentista não faziam muito sentido. Vejamos abaixo a transcrição integral das gravações:

Primeiro telefonema, às 3h54

> **Voz feminina:** Eu liguei pra você, é Suzana, pra dizer que nunca vou esquecer você, tenho certeza que eu vou lhe encontrar... em algum lugar... te adoro, beijo.
> **Voz masculina ao fundo:** Que cê tá fazendo...? Te arruma!
> **Voz feminina:** *Se* arrumo...

Segundo telefonema, às 4h58

> **Voz feminina:** Alô, Fernando, é Suzana... Eu queria dizer pra você que foi muito bom conhecer você e que... eu não ia acreditar, sabia?... que eu ia conhecer alguém igual a você, tão humano, tão profundo, tão lindo, eu tenho certeza que vou lhe encontrar... em algum lugar...

Terceiro telefonema, às 5h01

> **Voz feminina:** Sou eu novamente, eu queria dizer que... tão pouco tempo, um dia só, um momento que eu lhe conheci... mas eu amo você, eu nunca vou esquecer você, espero um dia encontrar você, nem que seja... na eternidade, em algum lugar... do outro mundo... eu encontro você, eu tenho certeza absoluta... e você é tudo... tudo de mais profundo que eu já conheci... em muito pouco tempo, você me falou muito pouco...

Esses telefonemas tornam o caso ainda mais enigmático. Vejamos:

1) No primeiro telefonema, de quem seria a voz masculina ao fundo que manda Suzana se arrumar? Embora fosse possível escutar algumas palavras, a qualidade da gravação não permitia identificar o falante.
2) Para que se arrumar às 3h54 da madrugada? E por que ela concordou em se arrumar?
3) Por que três telefonemas para alguém que ela conhecia havia tão pouco tempo?
4) Se Suzana tivesse de fato matado PC, por que deixar mensagens para alguém que estava tão distante e que não poderia ajudar em nada?
5) Há um lapso de uma hora entre o primeiro e o segundo telefonemas. O que Suzana fez nesse intervalo? Teria telefonado para outras pessoas? Não há informação sobre isso. O que se sabe é que o celular de Suzana nunca foi encontrado.
6) Suzana, no segundo e terceiro telefonemas, expressa o desejo de reencontrar o dentista, mesmo que seja "em algum lugar", "na eternidade", em "outro mundo". Muitos interpretaram essas falas como sendo de alguém com a intenção de se matar. Porém, se estivesse certa disso, ela não diria "nem que

seja na eternidade". Essa expressão mostra que Suzana não sabia o que iria acontecer. Suas dúvidas eram em relação ao suicídio ou temia ser morta por alguém? Hoje se sabe que ela não se matou, como veremos adiante.

7) O conteúdo dos dois últimos telefonemas é praticamente o mesmo. Por que Suzana, uma hora depois do primeiro telefonema, teria deixado duas mensagens repetitivas num intervalo de apenas 3 minutos? Isso apontaria alguma mudança na situação? E por que as mensagens dizem tão pouco?

8) Por que o tom de voz e o próprio conteúdo das mensagens não parecem compatíveis com alguém que, ao lado do amante que acabara de matar, pretende cometer suicídio em seguida?

9) Por que as mensagens expressam mais um romantismo pueril do que a verdadeira dramaticidade da situação?

10) Por que Suzana estava de sutiã e camisola na cama? Segundo depoimento de sua irmã, ela nunca dormia de sutiã. Suzana estaria preparada para dormir ou para se retirar do local?

O grande nó

O grande nó dessa história é a tal voz masculina ao fundo, que manda Suzana se arrumar enquanto ela deixa a primeira mensagem. Maria Teresa Pacheco, diretora do Departamento de Polícia Técnica do IML da Bahia e uma das maiores autoridades do país em medicina legal, verificou nos exames das vísceras que Suzana estava sem nenhum vestígio de alimento em seu estômago. Já PC tinha pedaços inteiros de camarões e arroz no aparelho digestivo. Como os dois tinham jantado juntos e o estágio da digestão é um dos melhores indicadores do momento da morte, era certo que PC tinha morrido horas antes de Suzana, pouco tempo depois do jantar. O horário mais provável era entre

1h30 e 2h da manhã. Mas se PC morreu nesse horário, quem falava com Suzana às 3h54?

O laudo oficial passou solenemente por cima da sólida evidência médico-legal com base no tempo de digestão e fixou o horário da morte como tendo ocorrido após as 4h. Embora esse horário tardio conflitasse com o exame das vísceras, a tese de homicídio seguido de suicídio só se sustentaria se fosse de PC a voz masculina ao fundo. Portanto, às 3h54, PC ainda tinha de estar vivo. Mas o que fazer com uma evidência tão forte como o exame realizado pela doutora Maria Teresa Pacheco, que assegurava um horário bem anterior?

Diante desse impasse, argumentou-se que PC teria feito uma "boquinha" no meio da madrugada. Bem, esse é o tipo de argumento especulativo que não se consegue contestar nem provar. Acredita quem quiser. Particularmente, acho improvável que alguém que consumiu uma enorme quantidade de álcool durante um jantar que acabou pouco depois da meia-noite tivesse condições de acordar algumas horas depois com disposição para fazer uma "boquinha". Ainda mais de camarões com arroz.

O passeio da fita

Para complicar mais o caso, nem ao menos se tinha certeza de que a voz feminina era mesmo de Suzana. Além disso, como os telefonemas partiram de um celular, também não era possível confirmar se a origem da ligação tinha sido o interior da casa de PC. Solicitei à polícia de Alagoas algum material de vídeo no qual Suzana aparecesse. Assim poderíamos extrair amostras de voz para confronto. Enviaram-nos uma gravação em vídeo de uma festa na casa de PC. Suzana aparecia algumas vezes, mas não abriu a boca durante toda a gravação. Até hoje não entendo por que a tal fita foi remetida. Parece piada.

Procuramos então outros indícios e eles apareceram na análise de sons de fundo. Em dois dos telefonemas, percebia-se um ruído semelhante a um rangido de madeira. Ao confrontarmos esse ruído com gravações feitas no local do crime, constatou-se que o rangido só era produzido quando se andava no corredor da casa, cujo piso era de tábua corrida. A comparação espectrográfica não deixou dúvidas: quem deu os telefonemas estava mesmo no interior da casa. Só podia ser Suzana.

Embora continuássemos trabalhando dia e noite na gravação de quarta geração, esperávamos ansiosamente pela liberação da fita que estava com o Instituto de Criminalística de São Paulo. Fizemos uma solicitação formal para que a fita nos fosse enviada com urgência. Não havia motivos para o IC reter o material, visto que o primeiro procedimento nesse tipo de análise é o da digitalização, ou seja, criar um arquivo de áudio que possa ser reproduzido no computador. Tínhamos certeza de que o IC fizera isso.

Mas a fita não chegava nunca. Eu estava preocupado, pois no dia 5 de julho tinha de voar para Wiesbaden, na Alemanha, onde apresentaria um trabalho na Conferência Anual da Associação Internacional de Fonética Forense (IAFP). Nesse mesmo dia, finalmente, a fita chegou às minhas mãos depois de um inexplicável périplo. No dia 1º de julho, seguiu do IC de São Paulo para Maceió, onde o delegado Cícero Torres a aguardava com esta determinação: enviá-la imediatamente para a Unicamp. No dia 4 de julho, o material seguiu para Campinas. A razão de a fita ter viajado 4.811 km (SP-Maceió-Campinas) e não apenas os 100 km que separam as cidades de São Paulo e Campinas também não conseguimos explicar.

A fita chegou às minhas mãos, em Campinas, cerca de 3 horas antes do meu embarque em Guarulhos. A expectativa era de que essa gravação, de terceira geração, fosse melhor do que aquela com a qual eu estava trabalhando, de quarta geração. Consegui ouvir a fita apenas uma vez antes de viajar, mas logo percebi que havia algo estranho. A gravação que viera do IC estava muito pior do que a minha. Havia mais ruídos e a fala de Suzana era menos inteligível. O que seria fisicamente impossível, pois uma gravação de terceira geração nunca será pior do que uma de quarta, independentemente dos equipamentos que as produziram. Alguma coisa aconteceu no longo caminho percorrido pelo material.

Não dava para acreditar que o IC de São Paulo tivesse feito uma transcrição a partir daquele material. Tudo indicava que a gravação fora adulterada. Onde e quando não se sabe, mas seria ingenuidade não considerar a hipótese de que havia interesses em não nos disponibilizar uma gravação com melhor qualidade. Já havíamos nos deparado com a também surpreendente atitude da Telesp, que não preservou as gravações originais. E então a gravação que, teoricamente, apresentaria as melhores condições fora praticamente destruída.

Sobrou a gravação que já tínhamos, feita por uma emissora de TV. Foi a que levei, devidamente digitalizada, para Wiesbaden, onde fica a sede do BKA (Bundes Kliminal Amt), o FBI alemão. Aproveitaria a viagem para examinar a gravação em um dos mais conceituados institutos de criminalística do mundo. Hermann Künzel, coordenador do setor de Fonética Forense do BKA, era um velho amigo e não colocaria dificuldades para que eu fizesse uso do seu laboratório. Conversando com uma de suas assistentes, Angelika Braun, no primeiro dia do congresso, contei estar trabalhando em um caso muito complexo e com muitas implicações políticas no Brasil. Angelika, imediatamente, mostrou-me a revista *Focus*, de grande circulação na Alemanha, com uma enorme matéria sobre a morte de PC Farias. Isso dá uma medida da repercussão internacional do caso.

Ao chegar no hotel em Wiesbaden, outra surpresa. A recepcionista informou que havia um homem, brasileiro, me esperando.

A primeira coisa que me passou pela cabeça é se eu estaria sendo vigiado ou coisa pior. Diante dos fatos estranhos que cercavam o imbróglio PC Farias, tudo podia acontecer. Quem estaria me procurando na Alemanha? E para quê? Fui ao encontro do tal brasileiro. Felizmente, era um jornalista. Tratava-se do correspondente da *Folha de S.Paulo* Igor Gielow. A primeira pergunta foi minha: "Como você me descobriu aqui neste fim de mundo?"

Um jornalista da *Folha* em Campinas descobriu, sei lá como, onde eu estaria hospedado e acionou o correspondente na Europa. Igor pegou o primeiro voo de Londres e instalou-se no mesmo hotel. Ficou por lá uns quatro dias, tentando, de qualquer jeito, obter uma novidade, a partir das análises que eu faria no laboratório do BKA.

Mesmo com o apoio de dois profissionais que Künzel me disponibilizou, não houve progressos na análise da gravação. O fato é que o laboratório de fonética do BKA não era em nada superior ao nosso, nem em equipamento, nem em know-how. Evidentemente, ainda que eu tivesse obtido alguma informação nova, ela não seria passada com exclusividade para o correspondente brasileiro. Depois de alguns dias com jantares e cervejas na agradável companhia de Gielow, e ciente de que eu não lhe daria uma notícia em primeira mão, ele pediu que eu intermediasse uma entrevista com Hermann Künzel. Isso justificaria para a *Folha* seus dias na Alemanha (e nossos jantares).

A exumação

De volta ao Brasil, sem obter progresso significativo no laboratório do BKA na análise da gravação, a novidade **era** a exumação dos corpos de PC Farias e Suzana Marcolino, realizada em 17 de julho pelo legista Fortunato Badan Palhares, também da Unicamp.

A exumação é uma aberração e já foi praticamente banida nos países mais desenvolvidos, só sendo realizada em casos excepcionais. Enterrar um corpo para depois de um mês desenterrá-lo, já em decomposição, sendo que se teve a oportunidade de realizar um exame logo após a morte, é um atestado de incompetência, uma estupidez. A prática nos países do Primeiro Mundo é preservar o corpo no necrotério e só enterrá-lo após a definição da *causa mortis*. Como o mundo inteiro viu, o corpo do astro Michael Jackson só foi liberado após semanas de seu falecimento, depois de todos os exames necessários. No Brasil, Michael Jackson seria enterrado no dia seguinte e até hoje se estaria especulando sobre a verdadeira causa da sua morte. Exumação é atraso.

Raramente a exumação traz de fato alguma informação relevante. É mais um show pirotécnico do que uma imposição técnica. No caso específico de PC e Suzana, virou, literalmente, um show de TV. Dias depois da exumação, as cenas da autópsia estavam sendo veiculadas no programa *Comando da Madrugada*, de Goulart de Andrade, na TV Manchete. Mais absurdo ainda era a comercialização de uma fita VHS contendo imagens da autópsia. Sim, acreditem: Goulart de Andrade oferecia no programa cópias da fita para quem pagasse alguns trocados.

Por motivos óbvios, tornar públicas imagens de autópsia é uma infração ao Código de Ética Médica. Vender essas imagens, além de ilegal, é uma ofensa à família do morto. Tanto é assim que a família Farias acionou a emissora para evitar novas transmissões das cenas e interromper imediatamente a venda da fita.

Mas há uma explicação para as imagens terem ido parar nas mãos de Goulart de Andrade. Ele era um velho conhecido do Departamento de Medicina Legal da Unicamp. Como outros jornalistas, ele estava sempre rondando atrás de notícias. Não seria diferente num caso com tantos ingredientes para o tipo de programa sensacionalista que Goulart fazia na época.

O equipamento de vídeo da Unicamp era grande e pesado, pouco apropriado para registrar uma exumação que podia durar muitas horas. Mas Goulart foi muito prestativo e emprestou um equipamento de boa qualidade, porém leve e portátil. Esse foi o equipamento usado para filmar a exumação. Não é de se admirar que as imagens das autópsias de PC e Suzana tenham ido parar, com exclusividade, no programa de Goulart de Andrade. Uma mão lava a outra. Aliás, não foi o único vazamento de informação privilegiada. Uma semana antes da entrega do laudo coordenado por Badan Palhares, a revista *Veja* publicou matéria de capa com fotos exclusivas, constantes no laudo. Os demais veículos da imprensa só tiveram acesso a essas imagens depois da entrega oficial do laudo em Maceió.

Como a *Veja* conseguiu as fotos do laudo é um mistério até hoje. Ao ser perguntado sobre como teve acesso ao laudo, em entrevista dada ao *Observatório da Imprensa* em 2005, Joaquim de Carvalho, repórter responsável pela matéria, afirmou: "É algo que nunca vou revelar, para preservar minhas fontes. *Off* é sagrado para o jornalista tanto quanto o segredo de confessionário o é para o padre. A polícia tentou arrancar essa revelação, ao me interrogar por 4 horas. Perda de tempo. Na escola em que fui formado, aprendi que certos princípios éticos são inegociáveis e inquebrantáveis." Bem, para o jornalista podem ter sido preservados os "princípios éticos". Não se poderia dizer o mesmo de quem forneceu a ele a informação sigilosa. Fui testemunha de que Joaquim de Carvalho frequentou com bastante assiduidade o Departamento de Medicina Legal da Unicamp e esteve por lá cerca de uma semana antes da entrega do laudo. As fotos e as informações do laudo médico-legal eram guardadas a sete chaves. Nem eu tinha acesso ao material, pois estava trabalhando apenas com as gravações. Joaquim de Carvalho obteve as informações, com certeza, de alguém diretamente ligado à equipe que elaborava o laudo. O jornalista, por ética, manteve o sigilo da fonte. A fonte, por sua vez, não teve a ética de preservar as informações até a conclusão dos trabalhos.

Mas a exclusividade obtida pela *Veja* teve um preço alto e comprometeu a revista com a tese do crime passional, que não convenceu nenhum outro órgão de imprensa. A frase "Caso encerrado", estampada na capa da revista, não permitia retomar esse assunto com espírito mais crítico. Na verdade, após o furo jornalístico de Joaquim de Carvalho, a *Veja* nunca mais se empenhou em defender abertamente a tese de crime passional no caso PC Farias.

O que foi feito na exumação não trouxe nenhuma novidade. O que gerou polêmica foi o que deixou de ser feito. O vídeo da necropsia em nenhum momento mostra a aferição da altura de Suzana Marcolino, algo que também não consta, por incrível que pareça, no laudo de Badan Palhares. O legista alega que teria sido um "erro de datilografia" e jura que tirou as medidas. Mas verbalmente ele afirmava que Suzana teria 1,68 m.

Genival Veloso de França, talvez o mais respeitado médico--legista do Brasil, declarou à *Folha de S.Paulo* ter visto o vídeo e que não há medição durante a autópsia. Donato Pasqual Júnior, cinegrafista da Unicamp, afirmou ter gravado todos os procedimentos da exumação, não tendo havido nenhuma descontinuidade. Se a medição tivesse sido feita, haveria seu registro. Num primeiro momento, não se deu a devida importância para a altura de Suzana Marcolino. Mas logo se percebeu que esse era um aspecto crucial para a determinação da trajetória do projétil que a vitimou. Apesar da exumação, as dúvidas permaneciam no ar.

Em 1997, a Justiça de Alagoas solicitou um segundo laudo aos legistas Genival Veloso de França (Universidade Federal da Paraíba) e Daniel Romero Muñoz (Universidade de São Paulo), e ao especialista em balística Domingos Tochetto (Escola Superior da Magistratura do Rio Grande do Sul) e ao perito Nicholas Soares Passos (Secretaria de Segurança de Alagoas). Foi realizada nova exumação e, considerando o tamanho da tíbia e do fêmur, estimou-se a altura de Suzana em 1,57 m (margem de erro entre 1,541 e 1,599 cm).

A pressão para que a versão oficial prevalecesse era muito grande. Os resultados obtidos pelos legistas Genival França e Daniel Muñoz foram contestados sob a alegação de que as estimativas teriam sido feitas com base em tabelas internacionais de tamanho de ossos, não válidas para o nosso biotipo. O que se via, na verdade, era um grande bate-boca entre médicos-legistas. Ninguém apresentava uma prova concreta quanto à altura de Suzana. Essa questão só foi esclarecida dois anos depois, mas isso é assunto para o capítulo 5.

4

Ossadas de Perus na Medicina Legal

O trabalho dos outros: eu fora disso

Em setembro de 1990, mais de mil ossadas foram encontradas em uma vala comum no Cemitério Dom Bosco, em Perus, na grande São Paulo. Em dezembro do mesmo ano, as ossadas foram enviadas para o Departamento de Medicina Legal da Unicamp para que fossem identificadas, pois acreditava-se que dentre elas houvesse pelo menos seis desaparecidos políticos: Dênis Antônio Casemiro, Dimas Casemiro, Flávio Carvalho Molina, Francisco José de Oliveira, Frederico Eduardo Mayr e Grenaldo de Jesus da Silva.

Suspeitava-se que o Cemitério Dom Bosco, construído pela prefeitura de São Paulo em 1971, na gestão de Paulo Maluf, recebia, além de cadáveres de indigentes, também vítimas da repressão política. Em 1990, a então prefeita de São Paulo Luiza Erundina criou uma comissão especial para a investigação dessas ossadas. Os familiares dos desaparecidos políticos exigiram a transferência das ossadas para a Unicamp, alegando que no Instituto Médico Legal de São Paulo ainda atuavam legistas que, segundo os familiares, teriam assinado laudos falsos mascarando a *causa mortis* de presos políticos torturados durante o regime militar.

Tentar identificar alguns desaparecidos políticos em meio a 1.049 ossadas sempre me pareceu algo insensato ou, no mínimo, uma tarefa que o Departamento de Medicina Legal da Unicamp não teria estrutura para assumir. Infelizmente, meus temores foram comprovados no desenrolar do trabalho. Mas, além da pressão política e da sociedade, a projeção na mídia que o caso proporcionava certamente pesou mais que a avaliação técnica como fator de decisão para aceitar a hercúlea missão. Recusar o caso poderia parecer politicamente incorreto para a opinião pública. A universidade não queria assumir esse ônus e preferiu arriscar.

Naquele momento, faltava estrutura física e pessoal especializado para a execução adequada de um trabalho de tal porte. Mas não faltou apoio financeiro para suprir algumas necessidades. A universidade sabia da repercussão positiva dessa iniciativa e investiu pesado no caso. O prédio do departamento foi ampliado, equipamentos caros foram comprados, funcionários e professores foram contratados, enfim, um grande esforço foi despendido para atender a uma demanda tão complexa. Para coordenar toda essa parafernália, a reitoria designou o legista Badan Palhares.

Apesar do investimento que se fez necessário, a tarefa assumida se mostrou, com o tempo, muito mais complicada do que se supunha a princípio. O material a ser analisado estava em péssimas condições. As ossadas, acondicionadas em sacos plásticos — muitos deles rompidos —, já haviam sido exumadas em 1975 e, um ano depois, enterradas na vala clandestina. Havia conjuntos de ossos que sequer permitiam compor um esqueleto completo. Outros ossos foram encontrados fora dos sacos plásticos. Vale lembrar que estamos falando de um universo de 1.049 ossadas.

As primeiras medições efetuadas já indicavam que, em muitos casos, ossos ensacados juntos pertenciam, de fato, a mais de uma pessoa. Tanto assim que, anos depois, uma das ossadas foi enviada para a Universidade Federal de Minas Gerais (UFMG) para exame de DNA. A ossada supostamente seria de um dos desaparecidos, Flávio Molina (o nome é mera coincidência, não tenho qualquer parentesco com ele). Surpreendentemente, a UFMG constatou quatro padrões de DNA diferentes na ossada enviada para análise, o que provocou a indignação de Gilberto Molina, irmão de Flávio, que declarou à *Folha de S.Paulo*: "Ou a UFMG se atrapalhou e não consegue fazer o exame de DNA de forma correta, ou a Unicamp se embaralhou e não conseguiu montar um esqueleto com a mesma ossada. Ou seja, usou quatro esqueletos para montar um só, o que é um negócio ridículo."

Outra trapalhada envolvendo identificação de desaparecidos políticos ocorreu com o caso de Maria Lucia Petit da Silva. Morta na guerrilha do Araguaia, seu corpo foi exumado em Xambioá, no Pará, em abril de 1991. A ossada foi examinada pelo legista da Unicamp encarregado do caso e, num primeiro momento, não foi identificada como sendo de Maria Lucia. Sua irmã, Laura Petit, no entanto, estava convicta de que era ela. Durante anos insistiu em aprofundar os exames, chegando a disponibilizar fichas odontológicas para que fossem comparadas com a arcada dentária da ossada, um método frequentemente usado nesses casos. Em nenhum momento suas solicitações foram atendidas. Nunca houve interesse, por parte da chefia do Departamento de Medicina Legal na época, de identificar Maria Lucia Petit.

Uma inesperada reviravolta, no entanto, ocorreu em 1996. O jornal *O Globo* teve acesso a fotos até então preservadas em arquivos secretos do Exército e estampou uma delas na primeira página. A foto foi imediatamente identificada pela família Petit como sendo do corpo de Maria Lucia. Mostrava o rosto, os detalhes da roupa, do cinto de couro com fivela e um paraquedas de náilon do Exército. Não podia haver dúvidas: todos esses elementos foram também encontrados na exumação feita em Xambioá, em 1991. Só faltava o RG. Aquela ossada só podia ser de Maria Lucia Petit. Não há explicação razoável para esse corpo não ter sido identificado já em 1991. Na verdade, segundo Laura Petit, durante a exumação em Xambioá, informaram-lhe que o corpo seria de alguém ligado à guerrilha e morto na região do Araguaia. Afinal, além do cadáver envolto em um paraquedas, as perfurações no corpo tinham sido provocadas por armas de uso militar. Mas a identidade do corpo não era confirmada, apesar de todos os indícios.

Em depoimento ao *Jornal da Unicamp* em março de 2001, Laura Petit revelou que as informações dadas em 1991 foram logo negadas e uma nova e falsa versão foi adotada. Ou seja, o corpo nem ao menos seria o de uma guerrilheira. O fato é que se o jornal *O Globo* não tivesse publicado a foto de Maria Lucia Petit em 1996, a verdade nunca seria restabelecida.

Essa brusca mudança de versão certamente escondia pressões políticas obscuras. Estávamos no início do primeiro governo civil com eleição direta após o período militar. O presidente da República era Fernando Collor de Mello, um até então desconhecido que criou um micropartido e chegou ao poder com o apoio de forças políticas até hoje nebulosas. Uma *Blitz-Karriere* para ninguém botar defeito. Quem realmente colocou o "caçador de marajás" no Palácio do Planalto? Quais interesses ele defendia?

Nos dias de hoje, a parcela mais jovem da população não consegue imaginar que em 1991 ainda havia fortes resistências a se apurar o que de fato ocorreu durante a ditadura militar. A nova Constituição havia sido promulgada havia apenas três anos, em 1988. Começou aí uma nova era na qual os direitos humanos assumiriam um papel central, não só no Brasil, mas também no cenário político mundial. A típica morosidade brasileira, no entanto, arrastou essa questão durante muito tempo. Apenas em 2012 o governo federal instalou uma Comissão da Verdade para examinar e esclarecer violações de direitos humanos no Brasil, com foco nos crimes políticos.

Em 1991, assumir que uma jovem de 22 anos havia sido metralhada pelas forças do Exército durante a guerrilha do Araguaia não era palatável para alguns setores das forças armadas. Na época, muitos militares diretamente envolvidos com a repressão nos anos da ditadura ainda estavam na ativa, com grande poder e influência política. Cabe lembrar que Collor teve o cuidado de manter Romeu Tuma como diretor-geral da Polícia Federal, cargo para o qual fora nomeado em 1983, no governo de João Baptista Figueiredo, o último do período militar.

Romeu Tuma sempre foi um personagem polêmico, tendo sido, muitas vezes, acusado de ter participado ativamente na ocultação de cadáveres de militantes políticos assassinados sob tortura e do falseamento de informações que poderiam levar à localização dos corpos dos desaparecidos políticos. O que sabemos é que Tuma foi mantido à frente da Polícia Federal por três governos sucessivos (João Figueiredo, José Sarney e Fernando Collor) que nunca se empenharam em vasculhar os porões da ditadura.

A longevidade de Romeu Tuma junto ao poder central não é um mero acaso. Ele não apenas sabia muito, como também era habilidoso no trato de questões delicadas. Tive a oportunidade de interagir com ele quando corregedor do Senado, em casos para os quais fui nomeado perito. Ele sempre agiu corretamente e jamais quis interferir nos resultados do meu trabalho. Tuma era um homem afável e cordial, nunca se exaltava e para mim sempre se apresentou como o oposto da imagem demonizada que prevaleceu na opinião pública. Mas seria ingênuo acreditar que Tuma não tenha sido um agente importante para a execução de algumas ações repressivas durante a ditadura.

É possível que Tuma tenha exercido algum tipo de pressão para que, no caso Maria Lucia Petit, a verdade não viesse à tona já em 1991. Isso explicaria as versões contraditórias do mesmo legista que fez a exumação: em Xambioá, era o corpo de uma guerrilheira;

porém, numa declaração em São Paulo, poucos dias depois, o corpo exumado era o de uma prostituta. Entre as duas declarações, um encontro do famigerado legista com Tuma, em Brasília.

Todo o imbróglio envolvendo as ossadas de desaparecidos políticos poderia ter sido evitado se a Unicamp, ao aceitar um caso com tantas implicações políticas e dificuldades práticas, tivesse imposto como condição a elaboração prévia de um detalhado projeto técnico, com um planejamento delimitando claramente o método científico, os aportes financeiros, o espaço físico e os recursos humanos necessários. Nada disso foi feito. As ossadas foram simplesmente descarregadas no Departamento de Medicina Legal e submetidas a procedimentos caóticos e exames pseudocientíficos que acabaram sendo muito pouco producentes.

O fracasso dessa empreitada repercutiu até mesmo dentro da própria universidade. Em março de 2001, o ex-diretor do Instituto de Filosofia e Ciências Humanas (IFCH), João Quartin de Moraes, em edição especial do *Jornal da Unicamp*, afirmou: "A Unicamp não fez tudo que poderia fazer. Foi até omissa. Isso é uma tristeza. Eu, como professor da Unicamp, que passei boa parte da minha vida aqui, lamento que a Unicamp não tenha feito tudo que podia."

Maria Amélia de Almeida Teles, da Comissão de Familiares dos Mortos e Desaparecidos Políticos, mostrou sua indignação em depoimento nessa mesma edição do jornal: "A Unicamp tem responsabilidade nisto. Não quero com isso desmerecer os 3 mil professores da universidade, mas ela tem sua responsabilidade. É lamentável que tenha acontecido isso dentro de uma universidade e num período pós-tortura e pós-ditadura. Lamentamos que isso aconteça. Sabemos que a Unicamp tem bons professores, alunos e funcionários, mas não podemos deixar de falar da irresponsabilidade nesse caso. A minha esperança agora é muito pequena em recuperar alguma coisa."

Ítalo Cardoso, ex-vereador e presidente da Comissão de Direitos Humanos e Cidadania da Câmara Municipal de São Paulo, também lamentava: "Demos todo o nosso apoio, mas infelizmente não foi preciso muito tempo para percebermos que havia um grande jogo de cena [...] Desde então, estamos denunciando. Num primeiro momento, a morosidade. Depois, a tentativa criminosa de obstruir de todas as formas que essas ossadas pudessem ser identificadas... Tínhamos fortes desconfianças de que alguns casos precisariam só de uma avaliação técnica. Não foram concluídos."

Eu com isso

Em junho de 1997, fui eleito chefe do Departamento de Medicina Legal (DML) da Unicamp e, consequentemente, herdei essa caótica situação provocada pela má gestão do caso das ossadas de Perus. As ossadas estavam depositadas numa enorme sala vazia do primeiro andar, projetada para funcionar como sala de necropsia, embora nunca tenha sido utilizada para esse fim. Antes de serem colocadas nessa área, as ossadas vagaram por diversos locais do prédio do DML. Como não sou médico-legista nem participei dos trabalhos relacionados com esse caso, só quando assumi a chefia do DML tive de me deparar com o problema. E que problema! Não fui o responsável pelo descaso com que as ossadas foram tratadas em gestões anteriores. Por outro lado, não queria me arriscar a tomar qualquer iniciativa sem o acompanhamento dos familiares, das autoridades e das comissões relacionadas com a questão dos desaparecidos políticos.

Propus fazer um inventário e catalogar as ossadas para que fossem armazenadas dentro de caixas individuais e em condições mais adequadas. Mas a ideia não teve respaldo por parte da reitoria, cuja única disposição era de transferir o problema o mais rápido possível para outra instituição. Já a partir de 1998, o reitor Hermano Tavares entendia que esse caso não era mais de responsabilidade da Unicamp e sim da Secretaria de Segurança Pública. A batata estava quente: começavam a surgir denúncias sobre supostas irregularidades no uso dos recursos repassados pela prefeitura de São Paulo e pelo governo do estado para as perícias nas ossadas de Perus.

De fato, havia alguma coisa mal explicada no uso dos recursos. Reagentes destinados a exames de DNA em tecidos mortos, como é o caso de ossadas, foram comprados, mas nunca usados. E por uma razão simples: a Unicamp não possuía know-how nessa área, tanto que o único exame de DNA realizado foi pelo laboratório da UFMG, que se colocou à disposição para colaborar gratuitamente. Também foi comprado um caríssimo aparelho de raios X que continuou embalado durante anos em uma sala revestida de chumbo, especialmente construída para o uso desse equipamento. O que justificava esse tipo de investimento?

Já em 1997, eu havia encaminhado um ofício ao reitor apresentando deficiências no relatório que encerrava as análises no caso Perus. O relatório foi elaborado por José Eduardo Bueno Zappa, que substituiu o legista anterior, Badan Palhares, afastado do caso a pedido dos familiares dos desaparecidos. Dentre as deficiências, destaquei a falta de detalhamento na aplicação dos recursos financeiros. Nenhuma ação foi tomada pela reitoria.

Finalmente, em 20 de abril de 1999, após reunião entre os secretários estaduais de Justiça e Segurança Pública, a reitoria da Unicamp, deputados estaduais e familiares de desaparecidos políticos, decidiu-se que as ossadas seriam transferidas para a USP e ficariam sob a responsabilidade do legista Daniel Muñoz. Mas apenas no final de 2000 as ossadas foram efetivamente retiradas da Unicamp, mas não para a USP. Foram provisoriamente para o IML de São Paulo e dali transferidas de forma gradual para o Cemitério do Araçá, na região central da cidade. Um jogo de empurra.

O jornalista Ivan Seixas, membro da Comissão de Familiares de Mortos de Desaparecidos Políticos e filho de Joaquim Alencar de Seixas, morto durante a Operação Bandeirante em 1971, estima que, no mínimo, deve haver entre as ossadas os restos mortais de 37 opositores do regime militar.

Acredito que a probabilidade de se ter sucesso em novas identificações é pequena. Erros básicos, muitos deles insanáveis, foram cometidos já no início dos exames. Motivações políticas distorceram e direcionaram o desenvolvimento de trabalhos técnico-científicos. As ossadas de Perus transcendem a dimensão científica. Tornaram-se um símbolo. E símbolos não desaparecem facilmente.

5

PC Farias — Lado B

Cai o laudo oficial

> "A altura de Suzana é fundamental. Estando errada, estará errado o resto — a começar pela trajetória do tiro e por sua projeção em relação à parede trespassada pela bala. [...] Tudo se alteraria, desde a curva feita pela arma em seu movimento de recuo (e nele, a distância e a forma em que a arma foi encontrada) até o tamanho e a forma das gotas de sangue encontradas na cama."
>
> Trecho de carta de Fortunato Badan Palhares
> à *Folha de S.Paulo*, publicada em 21 de setembro de 1997.

O jornalista Mário Magalhães, da *Folha de S.Paulo*, mesmo não sendo um especialista, após examinar diversas fotos de Suzana Marcolino não se convenceu de que ela tivesse 1,67 m, como afirmara Badan em seu laudo. Mário nos procurou na Unicamp solicitando uma análise técnica que demonstrasse a verdadeira altura de Suzana.

A questão da altura já fora contestada em 1997 pelos legistas Genival França e Daniel Muñoz, com base no comprimento de ossos, mas os resultados restaram controversos pois alegou-se que as tabelas não se aplicavam ao Brasil, como já comentamos no capítulo 3.

Mário Magalhães disponibilizou um conjunto de fotos nas quais Suzana aparecia sozinha ou em companhia de outras pessoas com alturas conhecidas, como sua irmã Ana Luiza e PC Farias. PC media 1,63 m, e a irmã de Suzana, 1,67 m. Tínhamos, pois, um referencial seguro para avaliar a altura de Suzana.

Um dos complicadores era o fato de Suzana, regularmente, usar saltos muito altos. Não raramente sapatos que combinavam salto alto e plataforma. Era preciso avaliar a influência dos sapatos na altura medida. Como não encontramos estudos específicos, montamos, nós mesmos, um experimento que demonstrasse objetivamente o efeito dos calçados na altura final. Os resultados do experimento foram tabulados e serviram como fator de correção na altura medida nas fotos.

O mais importante é que Suzana, mesmo usando saltos altíssimos, sempre aparece nas fotos com altura menor do que PC (1,63 m) e sua irmã (1,67 m). Em uma das fotos, Suzana está na Europa, exatamente ao lado de sua irmã Ana Luiza. Suzana calça um sapato plataforma com salto 10, e sua irmã, uma bota de neve com sola lisa, sem salto. Ainda assim, Suzana aparece mais baixa do que a irmã.

Após todos os exames, aplicando o fator de correção de calçado, pudemos concluir com segurança que a altura de Suzana, obrigatoriamente, ficaria na faixa entre 1,53 m e 1,57 m, altura bem abaixo da assumida na versão oficial que foi de 1,67 m.

Mas por que a altura de Suzana é fundamental como o próprio Palhares afirmara na carta publicada pela *Folha de S.Paulo*? A tese de suicídio só se sustentaria se Suzana tivesse mais de 1,65 m. O orifício de entrada do projétil na parede não seria compatível com uma pessoa muito baixa. Se Suzana tinha cerca de 1,55 m, ela precisaria estar se levantando no momento em que recebeu o disparo.

Mas ninguém consegue se matar com um tiro no peito, segurando a arma com as duas mãos, ao mesmo tempo que se levanta.

O que ocorreu foi que alguém colocado ao pé da cama apontou e disparou contra o peito de Suzana. Num movimento de autodefesa, ela se levantava quando foi atingida. Só assim faria sentido a trajetória do projétil que transfixou o corpo e a parede de madeira do quarto. Foi homicídio, não suicídio.

Dúvidas quanto ao alegado suicídio de Suzana já tinham sido levantadas antes. O legista Genival França, vice-presidente da Sociedade Brasileira de Medicina Legal, afirmou em 1997: "Não existe suicídio com alguém em movimento e Suzana se erguia num instinto de defesa." Outro renomado legista, Daniel Muñoz, da USP, confirmava: "No momento em que Suzana foi atingida, sua postura era dinâmica, a posição era instável, ela não tinha equilíbrio."

No entanto, a tese do homicídio só se sustentaria após a confirmação científica da altura de Suzana. Nosso trabalho, com base nas fotos fornecidas pela *Folha*, provou, de forma incontestável, que Suzana era muito baixa e que a altura de 1,67 m assumida no laudo oficial era um imperdoável equívoco.

Causa imensa estranheza que um legista experiente cometesse erro tão básico e com tão graves consequências. Em 31 de março de 1999, a *Folha de S.Paulo* publicava: "Em 1 hora, 59 minutos e 58 segundos de imagens contidas na fita enviada por Badan à Justiça de Alagoas e anexada aos autos do inquérito que investiga as mortes de PC e Suzana, não houve medição da altura ou de qualquer órgão do corpo na necropsia."

O fato é que a baixa altura de Suzana exclui a tese de suicídio, não poderia haver erro quanto a esse aspecto.

O legista Genival França resume bem o que a comunidade científica especializada achava do caso. Em entrevista ao jornal *O Norte*, de João Pessoa (PB), em 2 de maio de 1999, afirmava sem rodeios: "Acredito que as únicas dúvidas restantes são relativas às autorias. As provas são evidentes de duplo homicídio."

Se Suzana foi morta, começa a fazer sentido aquela voz misteriosa que, em seu primeiro telefonema para o dentista, sussurra ao fundo: "Que cê tá fazendo...? Te arruma!" A versão oficial atribuiu essa voz a PC Farias, mas todos os outros especialistas em Medicina Legal afirmaram categoricamente que PC não poderia estar vivo no horário do telefonema. Quem falava com Suzana, provavelmente, era seu algoz.

Mais esquisitices

Em junho de 1997, a irmã mais velha de Suzana deu um depoimento ao Ministério Público dizendo que uma prima vira a caseira da residência onde aconteceu o crime chorar e "conversar" com Suzana ao lado do caixão. A caseira teria "dito" para Suzana que um segurança sabia de tudo o que tinha acontecido. Nem irmã, nem prima, nem caseira foram procuradas novamente pelo Ministério Público ou pela polícia.

Outra informação nunca investigada, presente nesse depoimento da irmã de Suzana, é que a caseira se queimou ao deixar cair água fervente na própria barriga, por volta das 7h da manhã do dia do crime. O motivo do acidente teria sido o susto com o barulho de um tiro — o que teria matado Suzana?

Tudo isso foi negado posteriormente. Procurada pela *Folha de S.Paulo* em 1999, a caseira, ainda funcionária da família Farias, dizia não ter nada para declarar e que só daria entrevista na presença de seu advogado. Sobre a conversa à beira do caixão, afirmou que nem tinha ido aos velórios e, como todos os funcionários que estavam na casa, ao ser ouvida no inquérito disse que não ouviu barulho de tiros. Ficou sabendo das mortes apenas pelo marido, às 11h da manhã, depois que os seguranças arrombaram a janela do quarto. Depois disso, achou a bala que matou Suzana e atravessou a parede.

A tese do crime passional era reforçada por um suposto envolvimento de PC com a socialite Cláudia Dantas, que em 1996 foi apresentada pela polícia de Alagoas como pivô das mortes de PC e Suzana. A versão sustentava que PC trocaria Suzana por Cláudia, por isso a primeira, não admitindo perder o namorado rico, o teria matado e cometido o suicídio. Nunca se demonstrou, entretanto, que PC e Cláudia tivessem algum relacionamento ou que Suzana estivesse prestes a ser abandonada. Afinal, na noite dos crimes, Suzana jantou com PC e seus familiares.

O decorador e paisagista Gilson Lima, que havia oito anos trabalhava com carteira assinada para PC, foi à casa de praia, no dia anterior aos crimes, para trocar as capas dos sofás. PC teria dito que, se Suzana não aprovasse, Gilson seria novamente chamado para que ela fizesse outra escolha. Mais um indício de que PC não pensava em abandonar Suzana.

O delegado de Cruz das Almas, distrito responsável pela praia de Guaxuma, foi proibido de entrar na casa e afastado das investigações pelo secretário de Segurança de Alagoas, José Amaral, que designou o delegado Cícero Torres para presidir o inquérito. Torres não convocou nenhum parente próximo de Suzana para depor. No primeiro dia, já propalava não acreditar que PC e Suzana tivessem sido assassinados por uma terceira pessoa.

O delegado era um velho amigo da família Farias. Segundo a revista *IstoÉ* de 15 de novembro de 1999, Cícero Torres prestava "assessoria à Tigre Vigilância Patrimonial de Alagoas Ltda. Oficialmente, a empresa pertence a Marcos Maia, mas aparece na lista telefônica de Maceió com o mesmo endereço e o mesmo número de telefone da casa de Augusto Farias". Nesse mesmo ano, Torres foi preso, acusado de tráfico internacional de armas.

No rol dessas esquisitices, cabe registrar a defesa inabalável que a família de PC fazia do laudo oficial. Dois dos irmãos, o deputado Augusto Farias e o médico Luiz Romero, insistiam que havia "provas cabais" de que Suzana havia matado PC e cometera suicídio logo em seguida. Essa posição era tão veementemente defendida que o procurador Delson Lyra da Fonseca, que acompanhava o inquérito, assinalou o seguinte: "Curiosa foi a atitude de alguns veículos de comunicação, autoridades, técnicos e, principalmente, dos irmãos de Paulo César. Ao reagirem a qualquer opinião contrária, procediam de uma energia tal que transformaram, em certos momentos, o debate em confronto: era como se nenhuma outra hipótese possível pudesse ser sequer ventilada."

Havia uma enorme resistência a qualquer aprofundamento das investigações. Quando, em 1997, o juiz Alberto Jorge Correia de Barros Lima encomendou uma "manifestação técnica" (não um laudo) ao legista George Sanguinetti, atendendo a um pedido da promotora Failde Mendonça, o deputado Augusto Farias criticou a decisão: "Esse juiz não poderia ter aceitado o pedido dessa louca." A postura do irmão de PC contraria a lógica: a família sempre quer que se investigue até o fim. Augusto Farias aceitou muito rapidamente uma versão definitiva para um caso com tantas questões não esclarecidas.

Mortes muito mal explicadas rondam o caso. Além daquelas que ocorreram antes do assassinato de PC, como a da sua esposa Elma — que ele nunca aceitou como motivada por causas naturais —, outros envolvidos também morreram misteriosamente, quando não violentamente. A mulher de PC morreu de embolia pulmonar. A questão é que uma simples injeção intravenosa de 20 mililitros de ar pode causar esse tipo de morte sem deixar rastros. E, para deixar essa história ainda mais misteriosa, o corpo dela foi cremado — o que não era costume na família.

Rinaldo Lima, sargento da Polícia Militar que estava trabalhando na casa como segurança particular no dia da morte do empresário, foi assassinado no início de 1999. Ele era irmão de Reinaldo, chefe da equipe que dava proteção a PC, e saiu de casa, na periferia de Maceió, na companhia de seu cunhado para tomar vinho na casa de sua irmã. Depois de caminharem um pouco, foram abordados por um grupo de cinco ou seis pessoas, houve uma discussão, o cunhado deu um soco em um dos provocadores, Rinaldo levou três tiros nas costas e caiu morto. O delegado Alcides Andrade, que investigava a morte do segurança, dizia-se surpreso com o assassinato: "Pelo que sabemos, o Rinaldo era um homem que não costumava se meter em encrencas e um policial bastante esperto. É estranho que tenha caído numa dessas."

Quatorze dias antes, por volta de 1h da manhã, José Miguel Dantas trafegava com sua mulher na estrada que liga Maceió a Jaramataia quando uma rajada de tiros, proveniente de outro carro, foi desferida contra o casal. Ele perdeu a direção e capotou. Os dois foram executados com diversos tiros de pistola 380 e carabina calibre 12. Ele era pai da socialite Cláudia Dantas.

Os assassinatos de Rinaldo, José Miguel e de sua esposa aconteceram quando as investigações estavam sendo retomadas, os laudos oficiais sendo contestados e o processo, que não havia sido encerrado, tomando novos rumos. Esses crimes até hoje não foram devidamente elucidados.

Repercussões

Antes mesmo da entrega do nosso laudo demonstrando a verdadeira altura de Suzana Marcolino, a indignação era geral, até dentro da própria Unicamp. Se a população estava surpresa e ansiosa por novidades no caso, por notícias confiáveis, parte da comunidade acadêmica se manifestava revoltada. Francisco Foot Hardman, coordenador da pós-graduação do Instituto de Estudos da Linguagem (IEL) da Unicamp, publicou sua opinião na *Folha de S.Paulo* em 17 de abril de 1999: "Com efeito, megalomanias à parte, a própria administração central da Unicamp foi em parte responsável pelos efeitos de espetacularização das atividades do legista, numa concepção deformada dos valores acadêmicos e universitários, que tem confundido divulgação da ciência e prestação de serviços à sociedade com populismo barato e show mercadológico na mídia. Do lamentável episódio, desmascarado graças ao bom jornalismo investigativo desta *Folha*, resulta perplexidade e indignação de parte considerável, felizmente, da comunidade acadêmica da Unicamp, para a qual se tornam urgentes: a) internamente, a apuração em profundidade, pela direção da Faculdade de Medicina e reitoria, das irregularidades que teriam sido cometidas pelo professor dr. Badan Palhares no exercício das suas funções como docente da Unicamp; b) externamente, por parte do governo federal, o esclarecimento em definitivo do 'caso PC', dada sua relevância nacional, antes que soçobre no esquecimento como mais um 'mistério amoroso' alagoano."

Dois anos depois, no próprio *Jornal da Unicamp*, o professor João Quartin de Moraes, ex-diretor do Instituto de Filosofia e Ciências Humanas (IFCH), declarou: "Aquele laudo que ele [Badan Palhares] deu no caso PC Farias é ridículo. Ele deve ter tido algum motivo especial, extracientífico, para querer nos fazer engolir sua explicação de que aquilo havia sido um drama passional entre PC Farias e sua acompanhante."

Mas nem todos agiram assim. Outra ala da universidade, ainda que não se atrevesse a defendê-lo publicamente, comportou-se de forma corporativa, tentando blindar o citado legista. Fui muitas vezes "aconselhado", principalmente no âmbito da Faculdade de

Ciências Médicas, a relaxar um pouco minha postura crítica em relação à versão oficial. Diziam-me que a controvérsia era prejudicial à imagem da universidade. Sempre entendi o contrário: a multiplicidade de opiniões é a essência do pensamento universitário. A diversidade de ideias é comum e saudável em qualquer área do conhecimento. A divergência enriquece. A universidade está repleta de pesquisadores com teses conflitantes que convivem naturalmente com isso, uma vez que têm consciência de que a diferença contribui para o desenvolvimento de cada um. Por que deveria ser diferente com laudos?

Novas investigações

Mesmo no meio policial, apesar das pressões, surgiam vozes dissonantes. No final de abril de 1999, os delegados Antônio Carlos de Azevedo Lessa e Alcides Andrade de Alencar assumiam o caso, interessados em novos depoimentos. Descartavam a hipótese de que Suzana tivesse cometido suicídio. "Não conseguimos entender por que esse inquérito foi enviado à Justiça sem indiciar ninguém. Se os tiros tinham que ser ouvidos, se havia outras pessoas no quarto, se o revólver não tinha digitais, os seguranças, o caseiro e o vigia tinham de se explicar melhor", dizia Alcides Andrade. Os dois delegados queriam ouvir, além dos seguranças que estavam na casa, Cícero Torres (primeiro delegado do caso), Anita Gusmão, Nivaldo Cantuária e Horácio Brasileiro (três peritos alagoanos que fizeram o primeiro laudo), e Gerson Odilon (legista), que, por desconfiar desde o início da versão oficial, teria entregue fotos da cena do crime para George Sanguinetti, seu ex-professor.

Faltavam respostas para alguns dos principais mistérios do caso, entre eles: o sumiço do telefone celular de Suzana; a falta de sangue na arma; a ausência de medição da altura de Suzana; e a não realização do exame residuográfico (que identifica se há resíduos nas mãos de quem usou uma arma de fogo) nas pessoas que estavam na casa.

A pedido dos delegados, o professor da Escola Superior da Magistratura do Rio Grande do Sul, Domingos Tochetto, especialista em balística, elaborou um estudo para verificar a possibilidade de alguém efetuar dois disparos consecutivos e não reter nas mãos resíduos químicos característicos. Ele produziu uma simulação na qual uma mulher atirava com arma igual à que matou PC. Uma câmara de alta resolução gravou os testes. A análise das imagens em câmara lenta mostra claramente uma nuvem de pó indo em direção à mão da atiradora. Depois de recolhido material das mãos com procedimento similar ao que os peritos usaram em Alagoas, concluiu-se que, se Suzana tivesse dado pelo menos um tiro, haveria vestígios de chumbo, bário, antimônio, cobre ou zinco em uma de suas mãos.

Em 2 de junho 1999, os quatro seguranças particulares que trabalhavam para PC foram presos por trinta dias, a pedido dos delegados. Porém advogados contratados por Augusto Farias entraram com *habeas corpus* no Tribunal de Justiça de Alagoas para anular a prisão temporária. Novamente, o clã Farias, ao contrário do esperado, esforçava-se para evitar qualquer aprofundamento da investigação. A tese de duplo homicídio era veementemente rejeitada; acreditavam, *a priori*, na inocência dos seguranças, tanto que custeariam a defesa deles. Diante dessa postura, o delegado Andrade comentou: "Não é comum que uma pessoa proteja aqueles que são suspeitos de matar seu próprio irmão."

O delegado Lessa afirmava: "Com base em dados da perícia técnica e nas falhas que encontramos no laudo, descartamos qualquer hipótese de homicídio seguido de suicídio." Ele ainda iria mais longe. Depois de seis meses de investigação, chegou a dizer: "Não há dúvida de que o deputado [Augusto Farias] comandou toda a operação."

Em março de 2000, o ministro Sepúlveda Pertence, do Supremo Tribunal Federal (STF), atendendo a pedido do procurador-geral da República, Geraldo Brindeiro, determinou à Polícia Federal que investigasse se o deputado Augusto Farias teve alguma interferência no resultado do laudo oficial. Brindeiro acreditava haver indícios de participação do deputado na alteração da cena do crime.

Em uma surpreendente reviravolta, em novembro de 2001, quarenta dias antes de Augusto Farias perder a imunidade parlamentar, pois não se reelegera deputado, o mesmo Geraldo Brindeiro recomendou ao STF o arquivamento do inquérito criminal que apurava a participação do parlamentar no assassinato de seu irmão PC Farias. Por essas e outras, Brindeiro acabou recebendo o apelido jocoso de "engavetador-geral da República".

O caso PC voltou à tona no bojo da CPI do narcotráfico, instaurada no final de 1999. O mesmo legista responsável pelo polêmico laudo foi então acusado de emissão de outros laudos supostamente fraudulentos. A CPI levantou suspeita de associações com o crime organizado. Uma testemunha-chave na CPI, Jorge Meres, motorista do empresário William Sozza, declarou que seu chefe mantinha, na periferia de Campinas, uma oficina de desmonte de caminhões roubados. A denúncia foi confirmada, e as carcaças, descobertas. Para espanto geral, dentre os destroços de carrocerias foi encontrado um pacote com fotos da exumação dos corpos de PC e Suzana, fato até hoje nunca explicado. Sozza, o principal acusado dessa CPI e o único que não era parlamentar, foi condenado a dezesseis anos de prisão.

PC: um caso nada encerrado

Os jornalistas Mário Simas Filho e Mino Pedrosa, em matéria da revista *IstoÉ* de abril de 1999, resumem bem por que ninguém acreditava na versão oficial. Para que fosse verdadeira, "coisas sobrenaturais teriam de ter ocorrido na madrugada de 23 de junho de 1996. A pessoa que atirou em PC deveria estar flutuando sobre a cama. O empresário, depois de baleado, teria se deitado, puxado o lençol e morrido bem-arrumadinho. Suzana, por sua vez, teria atirado em PC, vestindo luvas, atirado contra o próprio peito em pé sobre a cama, tirado e escondido as luvas, lavado o revólver e depois deitado para morrer ao lado do namorado". Nem Shakespeare teve tanta imaginação quando escreveu a tragédia amorosa de Romeu e Julieta.

A lista a seguir apresenta os principais erros, dúvidas e contradições que pairam até hoje sobre o caso:

- A altura de Suzana era muito menor do que a considerada no laudo oficial, o que invalida a tese do suicídio;
- Suzana foi encontrada de sutiã, peça que ela só vestia publicamente quando estava de roupas transparentes e, segundo sua irmã, que não usaria em nenhuma hipótese para dormir;
- A voz que se ouve ao fundo da primeira ligação feita por Suzana para o dentista de São Paulo, às 3h54, mostra que havia outra pessoa no quarto. Mas, no entanto, segundo a maioria dos especialistas em medicina legal, PC já estava morto nesse horário;
- Embora houvesse sangue nos braços, nas pernas, no pescoço, nas roupas, na parte da cama à frente do corpo e respingos numa colcha e no criado-mudo, não há sangue de Suzana na arma supostamente usada para o suicídio;

- O revólver usado não tinha impressões digitais. Uma reconstituição com outras vinte pessoas, dezessete mulheres e três homens, registrou impressões dos dedos dos atiradores em todos os testes;
- Não havia resíduos de elementos metálicos nas mãos de Suzana. Testes de laboratório mostraram que após dois disparos seria altamente improvável que tais resíduos não fossem detectados;
- Nenhum segurança ou funcionário da casa diz ter ouvido o barulho dos dois tiros. No entanto, todos que participaram do teste de audibilidade, no mesmo local e com a mesma arma, ouviram o som dos disparos;
- Por que o celular de Suzana nunca foi encontrado?;
- Por que a cena do crime foi totalmente destruída, com queima do colchão e lavagem meticulosa do piso?;
- O que motivou tantas mortes misteriosas associadas ao caso?

Na verdade, tudo o que se relaciona com o caso PC é nebuloso, esquisito. Talvez isso explique por que até hoje a opinião pública se recusa a acreditar na história oficial. Com frequência sou abordado na rua por conta desse assunto. O povo não engole a tese de crime passional. Ninguém aceita que o personagem central na armação financeira que derrubou o governo Collor poderia morrer de forma tão prosaica.

Independentemente das dúvidas que pairam sobre o caso, está consolidada na percepção popular a certeza de que foi uma queima de arquivo. Na dimensão histórica, ainda se trata de um fato muito recente, mas acredito que é essa a versão — e não a do laudo oficial — que vai prevalecer nos livros daqui a cem anos.

O julgamento

Com um enorme atraso, em maio de 2013, quatro seguranças de PC Farias foram julgados em júri popular. É evidente que um julgamento realizado dezessete anos depois do crime terá enormes dificuldades para avaliar fatos tão remotos. As inúmeras versões que já tinham circulado tendiam a confundir os jurados e a opinião pública. Mesmo assim, a tese do Ministério Público de que PC e Suzana foram assassinados prevaleceu.

Embora nenhum dos réus tenha sido condenado, mais por falta de provas do que por convicção, o importante nesse julgamento é a consolidação jurídica da tese de duplo homicídio. Em outras palavras, para o júri, a versão "homicídio seguido de suicídio" não se sustentava. Para todos os efeitos, agora, oficialmente, confirma-se o que já sabíamos desde o começo: PC e Suzana foram executados.

6

Tem político na fita

Compra de votos para a reeleição

Se na área policial o ano 1997 começou agitado (vide o caso Osvaldo e o caso Rambo, no capítulo 2), na área política não demorou também para esquentar. Em 13 de maio, a *Folha de S.Paulo* publicou trechos da transcrição de duas gravações e deu a notícia em página inteira: governadores do Acre e Amazonas negociaram pagamento a políticos para aprovação da reeleição de Fernando Henrique Cardoso. Os deputados federais Ronivon Santiago e João Maia revelavam um esquema para garantir a aprovação da emenda da reeleição.

Em uma das gravações, Ronivon Santiago dizia que os cinco deputados pelo Acre teriam recebido 200 mil reais do governador daquele estado, Orleir Cameli, para votar a favor da emenda da reeleição de FHC: na véspera da votação, o governador teria levado cheques de 200 mil da empresa de seu irmão Eládio Cameli. No dia da votação, ele foi encontrar Ronivon e trocou os cheques por dinheiro. Ronivon reclamava, na gravação, que tinha recebido apenas 100 mil reais. O restante seria pago por uma empreiteira. Afirmava também que quem tinha repassado o dinheiro para Orleir Cameli fora o governador Amazonino Mendes, do Amazonas.

Os outros deputados citados negavam. A deputada Zila Bezerra chegou a afirmar que iria votar contra a emenda por estar insatisfeita com o governo. Pediu uma audiência com o presidente, mas não foi atendida. Queria a implantação de uma zona de livre comércio no Acre, lei de sua autoria. Com a ajuda do ministro do Planejamento Antônio Kandir, foi recebida no Palácio do Planalto: "Meia hora antes da votação o presidente me chamou no Planalto. Se não chamasse, eu votaria contra." E concluiu: "Não fui pedir nada, nem o presidente me prometeu nada. Ele é um gentleman." Sobre o deputado Ronivon, Zila dizia que ele era doido e extremamente brincalhão.

Outro deputado citado, Francisco Brígido, disse que Ronivon chegou a ligar informando que o governador Cameli queria conversar e pedir o seu voto a favor da reeleição. Brígido declarou ter mudado seu voto pelos interesses do Acre: "Votei a favor para ser bondoso com o meu estado."

O deputado Osmir Lima, também citado nas gravações, dizia que a conversa de Ronivon era uma brincadeira de mau gosto: "Mudei porque o meu estado vem antes das minhas convicções pessoais e ideológicas" — disse, justificando seu voto a favor da reeleição.

Já o deputado João Maia, embora interlocutor em uma das gravações, afirmava ter votado a favor da emenda por convicção.

O governador Orleir Cameli, no jornal *Folha de S.Paulo*, negava tudo: "Se ainda tivesse sido outro o acusador... Mas o Ronivon todo mundo sabe que é louco, maluco, débil mental." O governador Amazonino Mendes, citado como um dos envolvidos, estava na Ucrânia. Lupércio Ramos, presidente da Assembleia Legislativa do Amazonas e governador em exercício, era enfático: "Confesso, pela pureza da minha alma, que jamais ouvi falar nisso." Todo mundo tirava o corpo fora.

Depois que perdeu uma eleição em 1982 para a Câmara dos Deputados, José Edmar Santiago de Melo resolveu, em 1986, incorporar o apelido Ronivon, grafado desta maneira, ao seu nome. O cabelo comprido teria sido o motivo para ganhar o apelido, evocando um dos maiores ídolos da Jovem Guarda. Da beleza e do talento do Ronnie Von original não havia qualquer vestígio, mas em 1997 o Ronivon falsificado já estava no seu segundo mandato na Câmara.

O deputado João Maia aparecia em destaque no dia seguinte, em outra reportagem exclusiva da *Folha*, reproduzindo outros trechos gravados. A novidade na conversa de João Maia era o envolvimento de outros três nomes, que se entrelaçavam ao de Amazonino Mendes: o deputado Pauderney Avelino, o então presidente da Câmara, Luís Eduardo Magalhães, e o ministro das Comunicações, o então todo-poderoso Sérgio Motta.

Na gravação, Ronivon Santiago dizia: "Era deputado toda hora ligando, era senador ligando, era ministro ligando..." Ele e o deputado João Maia revelavam, em gravações diferentes, os mesmos nomes e a mesma história: o ministro Sérgio Motta liberou o dinheiro para Amazonino, que o repassou ao governador do Acre. Porém, como o governador do Acre devia aos deputados por conta de outro compromisso, preferiu usar o dinheiro para quitar sua dívida pessoal também, matando dois coelhos com uma cajadada. Dando a impressão de que o recurso era seu, entregou cheques da empresa do irmão para depois trocá-los por dinheiro vivo. Com isso, quitava seus compromissos antigos com os deputados do seu estado; mas os deputados reclamaram, alegando que aqueles 200 mil reais eram da "cota federal", especificamente pelo voto a favor da emenda da reeleição. João Maia ficou indignado com o seu governador: "O Serjão já tinha acertado. Mas, como ele soube, [...] acabou pegando o dinheiro do Amazonino para pagar o cheque dele. [...] no fundo, a gente dançou em duzentos paus aí nessa brincadeira."

Dois dias depois das notícias veiculadas pela *Folha*, em 14 de maio de 1997, fomos procurados para periciar as fitas. O pedido partiu do corregedor-geral da Câmara dos Deputados, Severino Cavalcanti, de Pernambuco, que também coordenava uma comissão de sindicância criada para apurar as denúncias. Cavalcanti recebeu as fitas de uma representante da *Folha* e veio para Campinas especialmente para entregar o material.

Tratava-se de conversas gravadas a partir de contatos pessoais e não por telefone. Conversações ambientais, em geral, trazem mais dificuldades para o perito. Vale lembrar ainda que, na época, inexistiam os sofisticados gravadores digitais de hoje. As conversas tinham sido gravadas com um primitivo gravador analógico de fita microcassete, em velocidade lenta, o que só piora as coisas.

Já em uma primeira análise, observamos que existia uma série de cortes nas gravações. Apenas as vozes dos deputados estavam preservadas. O interlocutor não aparecia, suas falas foram todas cortadas pela *Folha* de modo a manter em sigilo a fonte. Ao todo, verificamos 136 cortes na gravação. Nas matérias, a *Folha* identificava o misterioso interlocutor meramente como "Mister X".

Alertamos Severino Cavalcanti quanto à fragilidade daquela gravação. Do ponto de vista estritamente técnico-pericial, uma conversação na qual a fala de um dos interlocutores foi inteiramente suprimida *a posteriori* não seria aceita como prova em um contexto judicial. Mas a *Folha* não abria mão da preservação da identidade da sua fonte. No entanto, para a comissão de sindicância, o que importava era a identificação das vozes de Ronivon Santiago e de João Maia. Os inúmeros cortes na gravação, portanto, não eram relevantes.

O caráter político da investigação prevalecia sobre qualquer argumento técnico ou jurídico. O jogo político esquentou. O governador Mário Covas partiu para a defesa do ministro Sérgio Motta, mas à moda Covas — uma no cravo, outra na ferradura: "Eu conheço alguns corruptores, pelo menos de nome, de informação... O corruptor é sempre uma figura melíflua, sub-reptícia, atua muito discretamente, muito caladamente, não aparece. Serjão é o oposto disso. Serjão é um cara que dá a cara pra bater. Que briga, discute, que fala demais, às vezes fala o que não deve."

Em Brasília, o deputado Severino Cavalcanti dizia querer chegar ao fundo do poço, mas era pressionado pelo presidente da Câmara, Michel Temer, para concluir os trabalhos com rapidez. Severino pediu a prorrogação do prazo, pois queria ouvir os outros três deputados citados nas gravações, além dos governadores Orleir Cameli (AC) e Amazonino Mendes (AM), que não aceitaram o convite para depor na comissão. Os dois, usando de suas prerrogativas, apenas falariam à comissão nos seus estados. A comissão, entretanto, não insistiu e se recusou a ir até Rio Branco e Manaus.

Enquanto isso, a comissão de sindicância da Câmara recebia uma carta do ex-deputado Narciso Mendes, apontado como suposto autor das gravações, na qual ele se negava a prestar depoimento porque "nada teria a oferecer no sentido de enriquecer o relatório" que a comissão elaborava. Sergio Motta sinalizava que aceitaria depor em seu gabinete, no ministério, depois de se recusar a falar diante da comissão. Isso reforçava os argumentos a favor da instauração de uma CPI. Nesses momentos, sempre aparece alguém querendo uma CPI.

Em 20 de maio, divulgamos o resultado da perícia. Acima de qualquer dúvida razoável, as vozes eram mesmo de Ronivon Santiago e João Maia. Apesar dos cortes feitos pela *Folha*, não havia montagem nas falas dos dois deputados. Era isso o que importava para a Comissão de Sindicância.

O laudo revelava também dois nomes que até então não haviam sido citados: Célia e Almir. Em um dos trechos da gravação, Ronivon dizia: "Ah, tava tranquilo, não, mas eu acho que não. O Almir disse que recebeu. Falou ontem pra Célia, na minha frente." O trecho tinha péssima qualidade de áudio, foi preciso usar uma série de filtros para torná-lo inteligível. Certamente, a *Folha* não conseguiu escutar essa fala, caso contrário a teria cortado, visto que o nome "Célia" obviamente se referia à deputada pelo Acre Célia Mendes, esposa do ex-deputado Narciso Mendes, principal suspeito de ter realizado as gravações. Assim, tudo virou um segredo de polichinelo: "Mister X" era mesmo Narciso Mendes.

A crise política estava instaurada. Luís Eduardo Magalhães tentava convencer o ministro Sérgio Motta a depor, pois setores do PFL acreditavam que só assim a instauração de uma CPI seria esvaziada. O autor das gravações, o "Mister X", ameaçava divulgar outra fita para "ajudar a CPI a pegar no tranco".

No intervalo do depoimento à comissão, Ronivon bradava: "Vou explodir isso aí." Luís Eduardo, Sergio Motta e Benito Gama eram os principais alvos de sua ira. Ronivon não queria pagar esse pato sozinho.

Nas fitas, o ministro Sérgio Motta foi citado várias vezes pelo deputado João Maia. Com direito a algumas frases assertivas sobre a sua participação: "[...] E que esse dinheiro do Amazonino era o dinheiro que já estava aí. Você entendeu? Que o Serjão já tinha acertado." Já o deputado Ronivon estava entre cauteloso e indeciso: "Mas quem deu o dinheiro foi o Sérgio Motta ao Amazonino, parece. Sérgio Motta, parece, sei lá."

A oposição se agitava. O jornal *O Estado de S.Paulo* noticiava que os partidos da oposição entregaram ao presidente da Câmara um pedido para instauração de CPI com 217 assinaturas, 46 a mais do que o necessário. Por outro lado, os líderes dos partidos que formavam a base de sustentação do governo recomendavam que seus deputados retirassem as assinaturas, que somavam 114 do total. Para a instalação de uma CPI em caráter de urgência, os deputados favoráveis precisariam arregimentar 257 votos no plenário. A ofensiva do governo contra a CPI era forte, envolvendo os líderes aliados e o presidente da Câmara. Um dos argumentos, muito usado até hoje, é que uma CPI paralisaria o Congresso por seis meses, atrasando as reformas. Michel Temer lutava tenazmente para preservar FHC. Hoje é vice de um governo petista. Coisas da política.

Apesar das gravações, a pressão do Planalto e a habilidade de Antônio Carlos Magalhães, então presidente do Senado, fizeram com que a emenda da reeleição fosse aprovada no Senado. O presidente da República Fernando Henrique Cardoso, em cerimônia no Palácio do Planalto, fez elogios em público, no dia 22 de maio, ao presidente da Câmara dos Deputados Michel Temer, por apurar as denúncias de compra de votos, e a ACM pela aprovação da emenda. Segundo matéria da *Folha*, "a plateia aplaudiu ACM, que fez pelo menos duas reverências com a cabeça em sinal de agradecimento". Nesse mesmo evento, o ministro Sérgio Motta não só compareceu como ocupou posição de destaque, bem atrás do presidente da República. Mostrou-se agitado e conversou com pelo menos quatro ministros durante o discurso de Fernando Henrique. Só ficou quieto quando FHC falou sobre as investigações em curso, ameaçando demitir os comprovadamente culpados. Motta só balançou a cabeça, afirmativamente.

Em 23 de maio, quando o relatório da comissão de sindicância foi publicado na íntegra pelo jornal *Folha de S.Paulo*, Ronivon e João Maia já haviam renunciado a seus cargos de deputado a fim de evitar a cassação; seus gabinetes estavam vazios e os apartamentos funcionais já haviam sido desocupados. A comissão pediu a cassação dos outros três deputados citados, Osmir Lima, Zila Bezerra e Chicão Brígido (absolvidos pela CCJ da Câmara, que teve um deputado governista como relator), e recomendava ao Ministério Público que apurasse o envolvimento dos dois governadores, do Acre e do Amazonas, e do ministro das Comunicações.

Conforme recordou o jornalista Fernando Rodrigues, em post publicado no seu blog em 16 de junho de 2014,* esse caso contou com três operações "abafa", ou seja, três iniciativas cujo objetivo era não dar continuidade às investigações:

1) Em 21 de maio de 1997, oito dias depois de o caso ter sido publicado pela *Folha*, Ronivon e João Maia enviaram ofícios idênticos ao presidente da Câmara, renunciando aos cargos. Alegaram "motivos de foro íntimo".
2) Em 22 de maio de 1997, tomam posse como ministros Eliseu Padilha (Transportes) e Iris Rezende (Justiça), ambos do PMDB, partido que mais ajudou a impedir a instalação de uma CPI para apurar a compra de votos.
3) Apesar da quantidade de provas, o procurador-geral da República Geraldo Brindeiro não acolhe nenhuma representação que lhe pedia o envio de uma denúncia ao Supremo Tribunal Federal. Indicado pelo presidente Fernando Henrique, em 27 de junho Brindeiro toma posse para seu segundo mandato como procurador-geral: ficou oito anos na função, de 1995 a 2003.

---

* Disponível em: <fernandorodrigues.blogosfera.uol.com.br>.

O caso se tornou muito popular. Ao custo de 2 reais por minuto, a *Folha* anunciava um número de telefone para os curiosos ouvirem trechos das gravações com Ronivon Santiago e João Maia. Alguns disseram que tudo não passara de bravata de ambos. Mas o que é certo é que a emenda passou e FHC foi reeleito.

Prefeitos e vereadores também vão às compras

Batata quente em Bauru

Escândalos envolvendo gravações não pipocavam só em Brasília. Em novembro de 1997, mesmo ano da denúncia sobre a compra de votos para a reeleição de FHC, o vereador Hélio Pires, de Bauru (SP), foi acusado de corrupção e falta de decoro parlamentar.

Duas fitas gravadas pelo vereador José Carlos Batata, que incriminavam o vereador Pires, chegaram até nós. A novidade nesse caso foi a reação do advogado de Pires, Marco Antônio Martins Ramos, que solicitou a perícia. Ele indicou um técnico para acompanhar os trabalhos, que veio até o laboratório e ouviu todas as nossas explicações sobre os procedimentos acerca do trabalho realizado. Como o laudo era desfavorável ao acusado, o advogado simplesmente sustou o cheque que havia deixado para efetuar o pagamento dos serviços solicitados à Unicamp.

Para completar, o advogado que defendia Pires, vereador do PPB, denunciado por Batata, vereador do PT, chegou ao ponto de declarar que eu, o perito que não fez o laudo com as conclusões que ele gostaria, teria relações com o Partido dos Trabalhadores. Esse tipo de acusação leviana não é incomum em casos com conotação política. Como cidadão, não sou e nunca fui filiado a qualquer partido. Como perito, realizei laudos que prejudicaram ou ajudaram homens públicos ligados a diversos partidos. Alguns laudos foram favoráveis ao PT (caso da compra de votos, primeiro deste capítulo) e outros desfavoráveis (caso Waldomiro Diniz, capítulo 8).

É importante que fique claro que muitos laudos que realizo atendem a pedidos da imprensa, muitas vezes procurada por quem detém informações comprometedoras para o governo, seja ele qual for. Quem governa administra recursos públicos, define prioridades, distribui cargos e verbas — portanto, está no centro das atenções. A imprensa apenas cumpre seu papel de investigar e denunciar eventuais irregularidades. Alguns políticos entendem melhor isso, outros se sentem perseguidos e mergulham em delírios conspiratórios. Como perito, cumpro uma função meramente técnica, independentemente das consequências políticas do laudo que elaborei.

Renan Filho

Em outubro de 2004, Renan Calheiros Filho (PMDB) foi candidato à prefeitura do município de Murici (AL) e ganhou a eleição. No bojo dessa verdadeira guerra que toma conta dos pequenos municípios durante uma eleição para prefeito, não é raro que o próprio candidato ponha a mão na massa e saia às ruas para um corpo a corpo com a população em busca de votos. Só que Renanzinho apelou para métodos pouco ortodoxos: foi flagrado passando cédulas de 10 reais para populares. Uma câmera de vídeo registrou a ação do candidato em detalhes. É quase certo que a arapuca foi armada por algum oponente político. Mas o fato é que Renan Filho entregou cédulas de 10 reais diretamente para as mãos de potenciais eleitores.

Em novembro, com Renan Filho já eleito, uma coligação política local nos solicitou a elaboração de um laudo para verificar a autenticidade da gravação e destacar os momentos mais relevantes nos quais a suposta ação fraudulenta aparecia com clareza. Na sequência de capturas de tela vistas na imagem 6 do encarte, são destacados os principais frames do vídeo periciado.

Com base na denúncia de compra de voto, a promotoria da 9ª Zona Eleitoral de Alagoas instaurou uma ação de investigação judicial eleitoral. Caso a Justiça entendesse que houve compra de voto, Renan Filho seria cassado e o município teria uma nova eleição em 2005, sem a sua participação.

A fita de vídeo era a principal prova. No entanto, o próprio promotor, mesmo admitindo que a fita mostrava inequivocamente a entrega de dinheiro vivo, ressaltou que seria preciso comprovar que houve um pedido explícito de voto por parte do candidato.

Nossa participação no caso restringiu-se a verificar a autenticidade das imagens. Mas, cá entre nós, como sempre, tudo é muito estranho na República das Alagoas. Provavelmente, em outras partes do mundo, uma gravação desse tipo derrubaria qualquer político, mas Renan Calheiros Filho caiu para cima: cumpriu seu mandato de prefeito de Murici e, na sequência, foi eleito deputado federal (2011-2014).

Não se pode esquecer que Renan Calheiros, o pai do candidato, já havia sido ministro da Justiça e estava no segundo mandato de sua longa carreira de senador. Logo depois do episódio, em fevereiro de 2005, mostraria sua força política assumindo a presidência do Senado pela primeira vez. Seu segundo mandato na presidência da casa teve início em fevereiro de 2013. Renan Filho continuou subindo: em janeiro de 2015, assumiu o governo do estado de Alagoas.

O pau come em Paulínia

Paulínia, cidade da região metropolitana de Campinas (SP), sempre foi cobiçada pelos políticos locais. Não é para menos: a cidade tem uma das maiores rendas *per capita* do país. A briga pela prefeitura é feroz, implacável.

Em 1989, José Pavan Júnior (PFL) assume seu primeiro mandato como prefeito, cargo ocupado por seu pai entre 1983 e 1985. Pavan Júnior ficou no cargo até 1992. Seu principal adversário, Edson Moura (PMDB), assume em janeiro de 1993, cumpre o mandato até dezembro de 1996 e faz o seu sucessor, Adelsio Vedovello (PMDB). A hegemonia peemedebista é mantida: Edson Moura é novamente eleito em 2001 e, com a emenda constitucional da reeleição já aprovada, permanece no cargo também no período 2005-2008. A coisa começa a esquentar quando José Pavan Júnior, agora no DEM, é eleito para o mandato que se iniciou em janeiro de 2009. Vejam a dança das cadeiras:

> José Pavan Júnior (DEM): 1º de janeiro de 2009 – 20 de julho de 2009
> *Prefeito eleito cassado por decisão judicial*
>
> Marcos Roberto Bolonhezi (PP): 21 de julho de 2009 – 22 de julho de 2009
> *Presidente da Câmara no cargo de prefeito*
>
> José Pavan Júnior (DEM): 22 de julho de 2009 – 31 de dezembro de 2012
> *Prefeito reempossado judicialmente*
>
> José Pavan Júnior (PSB): 1º de janeiro de 2013 – 15 de julho de 2013
> *Prefeito empossado por decisão judicial*

Edson Moura Júnior (PMDB): 16 de julho de 2013 – 11 de abril de 2014
Prefeito eleito empossado após decisão judicial

Marcos Roberto Bolonhezi (PP): 11 de abril de 2014 – 15 de abril de 2014
Presidente da Câmara no cargo de prefeito

Edson Moura Júnior (PMDB): 15 de abril de 2014 – 30 de novembro de 2014
Prefeito reempossado judicialmente

Marcos Roberto Bolonhezi (PP): 1º de dezembro de 2014 – 1º de dezembro de 2014
Presidente da Câmara no cargo de prefeito

Edson Moura Júnior (PMDB): 1º de dezembro de 2014 – 4 de dezembro de 2014
Prefeito reempossado judicialmente

Marcos Roberto Bolonhezi (PP): 4 de dezembro de 2014 – 10 de dezembro de 2014
Presidente da Câmara no cargo de prefeito

Edson Moura Júnior (PMDB): 11 de dezembro de 2014 – 3 de fevereiro de 2015
Prefeito reempossado judicialmente

Sandro Caprino (PRB): 4 de fevereiro de 2015 – 6 de fevereiro de 2015
Presidente da Câmara no cargo de prefeito

José Pavan Júnior (PSB): 6 de fevereiro de 2015
Atual prefeito empossado por decisão judicial

Na eleição municipal de 2008, a disputa da prefeitura foi acirrada: 44% para José Pavan Júnior (DEM) e 40% para Dixon Carvalho (PT). O candidato petista já tinha contra si um processo que corria em segredo de Justiça no qual era acusado de pedofilia. Essa acusação favorecia, obviamente, seus adversários políticos. Vários CDs com fotos que supostamente mostrariam o candidato Dixon em atos explícitos de pedofilia foram distribuídos pela cidade.

Depois de perder a eleição por poucos votos, Dixon contra-ataca e apresenta gravações que comprometeriam o prefeito eleito Pavan Júnior em atos relacionados à compra de votos. Fiz dois laudos por solicitação do candidato petista, um envolvendo uma gravação de áudio, em novembro de 2008, e outro uma gravação de vídeo, entregue em janeiro de 2009. Em decorrência dos processos, Pavan foi cassado em 20 de julho de 2009, mas rapidamente reconduzido ao cargo dois dias depois, ficando até o fim do mandato, dezembro de 2012. As turbulências estavam só começando.

As eleições de 7 de outubro de 2012 foram marcadas por uma grande confusão armada por Edson Moura. Sem condições de concorrer em virtude de processos anteriores, que o enquadraram na Lei da Ficha Limpa, Moura faz campanha e deixa para a última hora uma manobra inusitada: renuncia à candidatura um dia antes do pleito e é substituído por seu filho, que tem o mesmo nome, Edson Moura Júnior. A esperteza da jogada política é que não houve tempo para atualizar a foto do candidato mostrada na tela da urna eletrônica. Ou seja: a maioria dos eleitores pensava estar votando em Edson Moura, o pai, mas acabou elegendo seu filho, Edson Moura Júnior, que amealhou 41% dos votos.

O Tribunal Eleitoral, no entanto, entendeu haver irregularidades na troca, anulando todos os votos recebidos por Edson Moura

Júnior. Na recontagem, José Pavan Júnior foi o mais votado, com 59% dos votos. Mas Pavan ficou pouco mais de seis meses no cargo: após nova decisão judicial, Moura Júnior foi empossado, em 16 de julho de 2013. Nesse meio-tempo, Pavan, que já tinha sido atacado em 2008 por Dixon Carvalho com base em dois laudos elaborados por nosso laboratório, veio me procurar com uma gravação de vídeo bombástica na qual Edson Moura aparece protagonizando um dos atos de compra de votos mais explícitos já vistos no Brasil.

Em uma armação profissional, uma câmera de vídeo foi escondida no cômodo de uma casa de um suposto aliado político. Lá o candidato recebia, um a um, correligionários e eleitores, entregando mil reais para cada, exatamente em vinte cédulas de cinquenta reais. Em um dos momentos, Moura se aproxima da câmera e é possível vê-lo contando o maço de cédulas. A essa altura, não interessava mais a Pavan queimar Edson Moura, que deixara o pleito na última hora, e sim seu filho, o candidato eleito.

Em um dos momentos da gravação, Edson Moura Júnior está dentro do quarto quando o pai está passando um maço de notas para uma das pessoas. Esse é o ponto crítico, pois configura uma cumplicidade do filho na compra de eleitores. Com a manobra na véspera da eleição, houve uma longa briga judicial, cheia de recursos e chicanas jurídicas, que ocasionaram a dança das cadeiras do quadro aqui já exposto. De julho de 2013 a fevereiro de 2015, ou seja, em cerca de dezoito meses, a rica Paulínia trocou de prefeito nove vezes, com enorme prejuízo para a administração municipal. O assunto foi notícia nacional e, em setembro de 2014, as imagens do polêmico vídeo foram divulgadas no programa *Fantástico*, da TV Globo (ver imagem 7 do encarte).

Em 6 de fevereiro de 2015, José Pavan Júnior assume, finalmente, a prefeitura de Paulínia, cargo no qual, espera-se, ele deve permanecer até 2016. Mas em Paulínia nunca se sabe...

Embora sem relação com compra de votos, a mesma eleição de 2012 foi marcada também pela volta das acusações sobre pedofilia envolvendo o candidato petista Dixon Carvalho. Como já dissemos, desde 2008 corria um processo em segredo de Justiça sobre esse assunto. O estranho agora é que o próprio diretório estadual do PT é que atacava seu candidato Dixon. Não se sabe o motivo, mas o PT queria tirar Dixon do jogo. Fui procurado por um advogado, representando o diretório do partido, que me trouxe fotos nas quais uma pessoa, supostamente Dixon Carvalho, praticava atos de pedofilia. Analisei as imagens e logo percebi que se tratava de uma montagem. Pesquisando um pouco mais, descobri que um laudo do Instituto de Criminalística, de 2011, já havia comprovado a não autenticidade dessas imagens. Mesmo assim, o PT queria requentar um caso encerrado para queimar o seu próprio candidato. Quando demonstrei minha opinião, o tal advogado desapareceu e nunca mais entrou em contato. Ainda assim, Dixon foi expulso pelo diretório estadual do PT, mesmo com a certeza de que as tais fotos não eram autênticas.

Dixon processou o diretório do Partido dos Trabalhadores e tem uma decisão judicial a seu favor que determina que lhe sejam pagos 100 mil reais de indenização por danos morais. Hoje, filiado ao PSDB, é novamente um potencial candidato para as eleições de 2016. Se a tradição prevalecer, as eleições de 2016 em Paulínia serão novamente palco de muitas emoções.

Aluízio de Castro: negócios na Alerj

Em 1998, recebi uma solicitação do então presidente da Assembleia Legislativa do Estado do Rio de Janeiro (Alerj), Sérgio Cabral Filho, para periciar uma fita cassete contendo conversação entre o deputado Aluízio de Castro (PPB) e alguns colegas deputados. O tema era a privatização da Companhia Estadual de Água e Esgoto (Cedae). Os parlamentares já tinham aprovado um projeto que retirava a Cedae do programa estadual de privatização, mas o governador Marcello Alencar derrubou a decisão vetando o projeto. A decisão inicial poderia prevalecer, caso a Alerj derrubasse o veto do governador por maioria simples, ou seja, 36 votos.

Castro trabalhava para que o veto de Alencar fosse mantido, permitindo a privatização, oferecendo em troca uma quantia em dinheiro. A gravação foi feita no próprio escritório de Aluízio de Castro. Quatro deputados, entre eles Ary Brum (PSBD), que portava o gravador, participaram da conversa. A análise da gravação demonstrou claramente que se tratava de uma armadilha. Percebia-se, até mesmo pela entonação da voz, que os deputados estimulavam Castro a fazer uma proposta concreta. O que impressiona é que um deputado experiente tenha caído em uma armação desse tipo.

O resultado foi um dos mais explícitos diálogos gravados envolvendo atos de suborno e corrupção. Castro solta o verbo. Em um determinado trecho, Ary Brum age como se estivesse interessado na proposta e tenta negociar os valores, em milhares de dólares:

Brum: Você não acha que dá para eles chegar aí nuns cem paus?
Castro: Não, cem não dá, mas uns oitenta, eu digo é 90%. Os setenta tá acertado.

Após a divulgação da gravação, como é habitual, Castro negou sua autenticidade, afirmando que a fita seria montada e que a voz não era dele. A perícia, portanto, era fundamental. Castro chegou a ceder amostras de voz para confronto, embora isso nem fosse necessário, visto que, tratando-se de um deputado estadual, havia muito material pré-gravado à disposição. O laudo concluiu que não havia montagem e a voz era mesmo de Castro. Fizemos também uma detalhada transcrição das conversações, tarefa árdua devido à distância que o interlocutor principal, Castro, estava do gravador. O laudo não foi contestado.

A Alerj derrubou o veto do governador por esmagadora maioria. É óbvio que o alvo não era Aluízio de Castro, peixe muito pequeno. O trecho a seguir sugere um envolvimento de Marco Aurélio Alencar, filho do governador, no esquema:

Brum: O Marco Aurélio nessa não vai furar, não é?
Castro: Não mando vocês voltarem lá sem primeiro o dinheiro estar comigo. Terminou, nós vamos juntos buscar na minha casa... Mas vai ter de votar.
Brum: Eu voto... o voto é secreto, ninguém vai saber nada.

Os interesses do Executivo e do Legislativo nem sempre caminham em sintonia e para afinar o diálogo entre os poderes muitas vezes os procedimentos são reprováveis. Nos grandes projetos de privatização, assim como na gestão das principais empresas públicas, quase sempre nos deparamos com os interesses particulares à frente dos interesses públicos.

Sucessão à bala em Alagoas: caso Ceci Cunha

A deputada federal por Alagoas Ceci Cunha estava reeleita quando foi assassinada na casa da irmã, em Maceió, em 16 de dezembro de 1998, juntamente com o marido, Juvenal Cunha da Silva, a sogra, Ítala Neyde Maranhão Pureza, e o cunhado, Iran Carlos Maranhão Pureza. O crime teria motivação política. Talvane Albuquerque, primeiro suplente de Ceci, era o principal suspeito de ser o mandante da chacina.

Cerca de um mês antes das mortes, entre os dias 11 e 12 de novembro, o deputado Augusto Farias gravou ligações telefônicas entre Talvane e o pistoleiro Maurício Novaes, conhecido como Chapéu de Couro. Augusto Farias disse que teria planejado a gravação para provar que Talvane tinha contratado o pistoleiro para matá-lo. Farias disse também que nada sabia sobre as intenções de Talvane com relação a Ceci Cunha.

Augusto Farias afirmava que procurou o pistoleiro quando soube que Talvane também encomendara sua morte. Astutamente, fez um acordo com Chapéu de Couro a fim de obter gravações telefônicas entre o pistoleiro e Talvane que revelassem o plano macabro. Segundo Farias, o pistoleiro resolveu que não o mataria por não querer envolvimento com um crime que fatalmente seria investigado pela Polícia Federal. Pode até ser, mas, provavelmente, o que pesou mais na avaliação do pistoleiro foi o poder de fogo dos deputados em questão. Augusto Farias era o lado mais forte.

Em depoimento à Polícia Federal (PF), Chapéu de Couro confirmou que Talvane foi o mandante do assassinato da deputada Ceci Cunha. Já Augusto alegava que soube da encomenda da sua morte por intermédio do deputado Júnior

Leão, o qual foi informado por um policial, a quem o próprio pistoleiro revelou toda a trama. Uma intrincada rede de relações e informantes.

A versão de Farias foi questionada pela mãe de Talvane, Diva Albuquerque. Em carta à imprensa, ela questionava o deputado Augusto Farias. Acusava-o de ser omisso por saber de uma trama para assassiná-lo e não ter comunicado o fato à polícia: "É estranho que o deputado tenha conseguido informações valiosas de um bandido, que mata por dinheiro, sem ter gasto nada com esse pistoleiro."

Talvane defendia-se junto ao deputado Severino Cavalcanti, então corregedor da Câmara, dizendo ter provas de que sua colega Ceci Cunha vinha sendo ameaçada por agiotas por causa de uma dívida de 600 mil reais e que essa seria a razão do crime.

Diante das versões conflitantes e, por que não dizer, estranhas, a Câmara Federal abriu uma comissão de sindicância para apurar o caso e decidiu encaminhar a gravação para a nossa análise. Talvane Albuquerque e Augusto Farias poderiam ser cassados por falta de decoro parlamentar, mesmo que não tivessem participação direta nos crimes. As conversas mantidas com um conhecido pistoleiro de aluguel já justificariam a perda dos cargos.

Em 8 de janeiro, a polícia anunciou ter provas de que Talvane era o "autor intelectual" do crime. Três de seus assessores, foragidos desde que tiveram a prisão preventiva decretada em 18 de dezembro, também teriam participado. Segundo o delegado da Polícia Civil de Alagoas, Arnaldo Carvalho, os assessores, "no mínimo, estiveram no local no momento do crime", pois foram reconhecidos por testemunhas.

No dia 12 de janeiro, divulgamos o laudo confirmando a voz de Talvane Albuquerque nas ligações. O deputado alegava que tinha sido suprimido um trecho da gravação no qual o pistoleiro se oferece para matar Augusto Farias, mas Talvane teria se recusado a contratá-lo. Porém os exames mostraram que a conversa estava íntegra, sem cortes, não houve tentativas de edição ou montagem. O que identificamos, além da voz de Talvane, foi o fato de que, na gravação, feita no escritório de um irmão de Augusto Farias, alguém aparece ao fundo dando sugestões ao pistoleiro de como encaminhar a conversa, de modo a evidenciar a intenção de Talvane.

Obviamente insatisfeito com a nossa conclusão, Talvane contratou o legista alagoano George Sanguinetti para realizar um laudo paralelo. Mesmo sem experiência na área, Sanguinetti afirmava em seu laudo que os dois momentos de descontinuidade em uma das gravações, já apontados por nós, não foram decorrentes de problemas de linha telefônica, mas de cortes voluntários de edição, ou seja, interrupções fraudulentas. Estava claro, entretanto, que não havia montagem. As pequenas falhas observadas ocorriam em um diálogo irrelevante para o contexto do caso. Ademais, não havia perda de continuidade na conversação e, na nossa opinião, o que se tentava era desviar o foco da discussão.

Fomos a Brasília entregar nosso laudo. Não era a primeira vez que a Corregedoria da Câmara me encaminhava pedidos desse tipo. O mesmo Severino Cavalcanti, que me recebeu, foi quem trouxe as gravações da compra de votos para a reeleição de FHC, cerca de um ano e meio antes. No imenso gabinete do corregedor, fui conduzido por ele até sua sala privativa. Severino dizia querer me apresentar alguém. Chegando lá, senti-me protegido pela imensa fotografia na qual Severino, em

Roma, beija a mão do papa João Paulo II. A grande surpresa foi que sentado ao fundo da sala estava quem Severino queria me apresentar: nada menos que o próprio Talvane Albuquerque. Alguns minutos depois, estava marcada uma coletiva em que eu apresentaria o laudo que o incriminava. Até hoje não entendo a intenção de Severino Cavalcanti, que saiu da sala logo após a apresentação. Lá fiquei, com o laudo na mão, entre o papa e o acusado da chacina. Foram momentos, no mínimo, de muito constrangimento.

Talvane foi cassado. Na Justiça comum, o caso se arrastou por catorze anos. Em janeiro de 2012, o juiz federal André Luiz Maia Tobias Granja anunciou a sentença: Talvane Albuquerque foi condenado a 103 anos e quatro meses de reclusão; os assessores Jadielson Barbosa e José Alexandre dos Santos (autores materiais) foram condenados a 105 anos de prisão cada um; o terceiro assessor, Alécio César Alves Vasco, foi condenado a 87 anos e três meses de prisão; apontado como o quarto participante do crime, Mendonça Medeiros da Silva foi condenado a quinze anos e sete meses de prisão. O juiz recomendou o cumprimento das penas em regime fechado para todos os réus.

Pensei que a minha participação no caso teria terminado em 1998. No entanto, quatro dias antes do júri, recebi um telefonema da Polícia Federal de Alagoas que, a pedido do juiz, perguntava se eu teria uma cópia da gravação da conversa de Talvane com o pistoleiro, peça fundamental para o julgamento. Espantei-me com a solicitação e com o curtíssimo prazo que me foi dado para localizar o material. Felizmente, as gravações já digitalizadas estavam preservadas em backup. Enviei-as prontamente para a PF alagoana.

Mas a situação era inacreditável. Como seria possível que uma das provas mais importantes do envolvimento do acusado não estivesse anexada ao processo? Cada uma das vias do laudo que entreguei em 1998 trazia um CD-ROM com cópia das gravações. Além disso, as fitas originais foram devolvidas. O fato é que, não se sabe como e quando, todo o material gravado desaparecera. Coisas da República das Alagoas.

7

2001: um ACM no espaço

A fita destruída

No início de março de 2001, a revista *IstoÉ* trazia entrevista do repórter Andrei Meireles com o procurador Luiz Francisco Fernandes de Souza. O procurador tinha gravado uma conversa com o senador Antônio Carlos Magalhães (PFL-BA) e seu assessor Fernando César Mesquita. O conteúdo era bombástico. Na gravação, assim era alegado, ACM admitia ter lido a lista de votos do painel do Senado. Tratava-se da votação da cassação do senador Luiz Estevão (PMDB-DF), em virtude do seu envolvimento com o juiz Nicolau dos Santos Neto, o Lalau, no esquema de desvio de verbas das obras de construção do Tribunal Regional do Trabalho em São Paulo. Segundo a matéria da *IstoÉ*, ACM teria dito que Heloísa Helena, então senadora pelo PT, surpreendentemente, votara contra a cassação.

Não importava muito em quem Heloísa Helena tinha de fato votado, a não ser para alimentar a fábrica de fofocas de Brasília. Na verdade, a senadora negou veementemente que tivesse votado a favor de Estevão e chegou a chamar ACM de "canalha" em plenário. O fato grave era ACM ter lido a tal lista, visto se tratar de informação sigilosa à qual nenhum parlamentar pode ter acesso.

A fita, com quase 60 minutos de conversa, foi ouvida por Andrei Meireles na presença do procurador Luiz Francisco. O repórter anotou tudo o que entendeu importante para a matéria, mas não se preocupou em fazer uma cópia da gravação. A matéria revelando a violação do painel do Senado teve enorme repercussão. ACM prontamente negou que aquela conversa existira. Dizia que tudo era uma armação da revista e que iria processá-la por calúnia e difamação. Para a revista, seria simples defender-se dos ataques de ACM, bastava apresentar a fita com a gravação. Mas aí começou a encrenca.

O problema é que além de Luiz Francisco, ACM e seu assessor, outros dois procuradores também estavam presentes na reunião gravada: Guilherme Schelb e Eliana Torelly. Ambos acusavam Luiz Francisco de ter feito a gravação sem seu consentimento. Para piorar, ACM era padrinho de casamento de Eliana Torelly. Quando soube da gravação, indignada, pediu a Luiz Francisco que lhe entregasse a fita, o que, inadvertidamente, ele fez. Segundo Luiz Francisco, tão logo apossou-se da fita, Eliana surtou e imediatamente pisoteou-a, para depois queimá-la, sob o olhar atônito do procurador. A fita havia sido totalmente destruída. Sem possibilidade de recuperação.

Ao tomar conhecimento da destruição da fita, a *IstoÉ* percebeu que estava diante de um impasse: tinha produzido uma reportagem com imprevisíveis consequências políticas, mas não tinha como provar a autenticidade das informações. A força da reação de ACM poderia, literalmente, acabar com a revista.

Mas havia uma segunda fita. Com receio dos modos meio atrapalhados de Luiz Francisco, Mino Pedrosa, também da *IstoÉ*, que o convencera a fazer a gravação, me disse que, por precaução, colocara um segundo gravador na antessala da reunião, sobre a mesa da secretária. Pela porta entreaberta, esse gravador também registrou a conversa. Mas, pensando ter nas mãos a solução, a

IstoÉ surpreende-se quando, ao tentar ouvir a segunda fita, nada encontra além de um ruído de fundo constante, do início ao fim da gravação — nenhuma palavra era audível.

Tanto a *IstoÉ* quanto a Corregedoria do Senado tinham interesse em periciar essa segunda fita de modo a que se tentasse recuperar seu conteúdo. Recebi um pedido formal do senador Romeu Tuma nesse sentido. Paralelamente, Mário Simas, então editor da *IstoÉ*, com quem já tinha realizado diversos trabalhos, telefonou-me preocupado: "Molina, você é a nossa última esperança. Temos de recuperar essa gravação!"

Não o animei muito. Na maioria dos casos, o máximo que se consegue é uma filtragem para redução do ruído de fundo, aumentando a inteligibilidade do diálogo em primeiro plano. Mas, no caso em questão, parecia só haver ruído de fundo, nenhum diálogo. Todas as filtragens que tentamos resultaram infrutíferas.

Mas ainda restava outra possibilidade, ainda que remota. Gravadores microcassete, tais como o usado na gravação de ACM, podem ser bastante sensíveis à variação do ângulo da cabeça gravadora, o assim chamado azimute. Caso haja uma diferença muito grande entre os azimutes do gravador que fez a gravação e do gravador que a reproduz, o resultado pode ser uma degradação significativa da qualidade do som. Mas essa era uma hipótese remota, visto que nunca tínhamos visto uma diferença de azimute provocar o total desaparecimento do conteúdo de interesse de uma gravação.

Ninguém sabia onde estava o gravador original; não havia como testar a fita no mesmo aparelho que fez a gravação, o que poderia resolver uma eventual defasagem de azimute. Tentamos reproduzir a fita em diversos gravadores, mas o resultado era sempre o mesmo: não se ouvia uma palavra. Finalmente, encontramos a solução. Na verdade, uma solução muito simples

— tão simples que hoje me pergunto por que não nos ocorreu no primeiro momento.

Os gravadores microcassete possuem um pequeno parafuso de ajuste de azimute. Reproduzindo a fita em um gravador, ajustamos, cuidadosamente, a inclinação da cabeça reprodutora. Como um milagre, os diálogos começaram a surgir. Embora com baixo volume, devido à distância em que foi feita a gravação, a maior parte das conversas poderia ser transcrita.

Trabalhávamos contra o tempo, pois já estava agendado um depoimento no Senado onde seria apresentada a transcrição. A pressão política era enorme. Mas precisávamos de mais tempo, a gravação era extremamente difícil. De qualquer modo, fomos à sessão no Senado e apresentamos o que tínhamos até então: mais de sessenta páginas de transcrição. Mas faltava o principal: ainda não tínhamos localizado o trecho onde ACM afirma ter tido acesso à lista secreta. No entanto, esse primeiro depoimento foi importante por ter convencido os senadores da existência de uma segunda fita que provava ter havido a reunião, sempre negada por ACM.

Voltei ao laboratório com Andrei Meireles e, agora com sua ajuda, mergulhei novamente na gravação. Afinal, ele e o procurador Luiz Francisco eram os únicos que tinham ouvido a primeira fita, a de boa qualidade, pisoteada e destruída pela afilhada de ACM. Felizmente, Andrei tinha na memória grande parte da conversação. Embora fosse uma gravação muito longa, com quase uma hora de duração, a prioridade era, obviamente, achar o trecho no qual ACM teria dito que teve acesso ao resultado da votação. Tinha certeza que se localizássemos o trecho uma oitiva cuidadosa seria capaz de recuperar o diálogo. Andrei me indicou com segurança o ponto exato: "Foi aqui nesse ponto, Molina, tenho certeza absoluta!"

Eu e outros dois peritos de nosso laboratório, todos com bastante experiência em transcrição, dedicamo-nos à análise do trecho indicado. Finalmente, chegamos a uma conclusão: todos ouviram ACM dizer "Lemos a lista... Heloísa Helena votou nele". Não havia dúvidas. O trecho ocorria aos 55 minutos de gravação, ou seja, bem próximo do fim da fita, que durava uma hora. Por pouco ACM não foi salvo pelo gongo.

A segunda ida ao Senado

Voltamos ao Senado em 18 de abril de 2001 para enfim mostrar a transcrição completa ao Conselho de Ética, incluindo o trecho polêmico. A gravação era ruim. Eu sabia que dependeria de alguma boa vontade e de bons equipamentos para que os senadores conseguissem ouvir o trecho.

Pedi aos técnicos de som do Senado que montassem um aparato capaz de conectar uns dez ou quinze fones de ouvido para que os senadores pudessem ouvir a gravação na sala onde transcorreria a sessão. Apesar dos esforços, boa vontade era algo que não havia por parte da tropa de choque de ACM: os senadores aliados a ele afirmavam não ouvir nada. Além disso, o ruído ambiente atrapalhava, pois havia muitas pessoas no local: jornalistas, senadores, assessores, técnicos... todo mundo falando ao mesmo tempo.

Solicitei que se formasse uma comissão com três senadores. Falei com os técnicos para usarmos o estúdio do Senado, que eu já conhecia e sabia que era muito bom, com proteção acústica e equipamentos de qualidade. Depois da comissão, os outros senadores interessados poderiam ouvir a gravação também em condições adequadas. Não queria esconder nada, apenas organizar a apresentação para que todos pudessem ouvir.

Lembro-me de dois senadores que foram ao estúdio: Eduardo Suplicy e Ney Suassuna. Usaria uma técnica para ter certeza de que eles realmente estavam ouvindo o trecho. Pedi que marcassem com a mão, batendo na mesa, as sílabas tônicas, enquanto ouviam a gravação em looping: "Lemos a lista... Heloísa Helena votou nele." Ney Suassuna teve alguma dificuldade para cumprir a tarefa, mas garantia que estava ouvindo claramente o trecho. Suplicy bateu exatamente no ritmo já na primeira tentativa.

Voltando à sala do conselho, a comissão confirmou a fala de ACM. Nem foi necessário exibir o material para os outros. A brigada de ACM continuou protestando, mas a maioria dos senadores estava convicta da veracidade de nossa transcrição. ACM ficou furioso com o laudo e chegou a fazer um discurso no Senado me difamando, uma atitude desesperada e injusta, pois eu não tinha direito de resposta na mesma tribuna.

Depois que a casa caiu, em 19 de março, dia seguinte ao meu depoimento na Comissão de Ética do Senado, Regina Peres Borges, ex-diretora do Serviço de Processamento de Dados do Senado (Prodasen), foi depor pela terceira vez diante do Conselho de Ética. Acuada, resolveu admitir que violou o painel eletrônico e entregou todo o esquema. Declarou ter sido chamada à casa do senador José Roberto Arruda na noite do dia 27 de junho, onde recebeu ordens para obter a lista da votação da sessão secreta que cassou o mandato de Luiz Estevão. Segundo Regina, Arruda dizia estar agindo a pedido do senador Antônio Carlos Magalhães, então presidente do Senado. Regina Borges dizia também que ACM telefonou para ela na noite do dia 28 de junho, "agradecendo pela lista" dos votos secretos. Para provar isso, a própria Regina sugeriu a quebra do seu sigilo telefônico.

Além desse depoimento, na semana seguinte, Regina estaria frente a frente com o senador Arruda numa acareação perante o

Conselho de Ética. Arruda já havia subido à tribuna para negar tudo. Ele apresentou fotos e declarações por escrito, além do testemunho verbal de dois senadores, atestando sua presença em locais públicos desde o fim da tarde do dia 27 de junho de 2000 até o início da madrugada do dia 28. Mas era tudo uma farsa. No fim, em uma cena patética, Arruda, chorando, acabou admitindo que mentira, cena repetida à exaustão pela TV.

ACM e Arruda renunciaram para evitar a inevitável cassação. Na eleição seguinte, ACM se reelegeria senador, mas nunca mais desfrutou do poder que tinha antes do episódio. Apenas dois meses depois de empossado estava de novo às voltas com o Conselho de Ética do Senado. Os jornalistas Luiz Cláudio Cunha e Weiller Diniz, da *IstoÉ*, fizeram uma série de reportagens sobre uma rede de grampos telefônicos que teria sido instalada na Secretaria de Segurança Pública da Bahia. As escutas teriam atingido mais de duzentas pessoas em cinco estados, entre as quais jornalistas, advogados, empresários, o líder do PT na Câmara de Salvador, Nelson Pellegrino, e até a ex-amante de ACM, a advogada Adriana Barreto. A Polícia Federal investigava ACM como sendo o responsável por esses grampos.

ACM entregara aos dois jornalistas um dossiê com transcrições de telefonemas grampeados envolvendo informações que prejudicariam seus inimigos políticos, mas não queria aparecer como autor dos grampos. Porém Luiz Cláudio Cunha, ardilosamente, telefonou para ACM pedindo autorização para publicar o material — diálogo que ele gravou. Na conversa, o senador, ingenuamente, sugere ao repórter que publique sem informar que se trata de gravações, ou seja, acaba admitindo que elas foram realizadas. Procurado pela *IstoÉ*, periciei também a gravação do diálogo entre Cunha e ACM. A seguir, reproduzimos alguns trechos:

Antônio Carlos Magalhães: Alô...
Luiz Cláudio Cunha: Senador Antônio Carlos?
ACM: Alô...
LCC: Luiz Cláudio Cunha...
ACM: Oi, Luiz...
LCC: Ó... seguinte... um fato novo aí, essa coisa da *Época*, acho que é mais cabeluda do que a gente imagina, porque agora há pouco ligou pra cá um repórter da *Tarde*. O Noblat tá com essa informação da *Época* de que eles vão dar amanhã matéria dizendo que existe um grampo generalizado na Bahia e que as pessoas grampeadas foram o Waldir e o Geddel, entre outras pessoas lá da Bahia que eu não sei quem são, e fazendo carga pra cima do senhor... por isso...
ACM: Já lhe disse que tudo é mentira e isso já tá eficientemente provado, eu não vou criar...
LCC: Certo... sei, porque o seguinte, naquele...
ACM: Não adianta, eu não vou lhe autorizar a publicar...
LCC: Aquele material?
ACM: Não... não lhe autorizo.
LCC: Mas por que o senhor não autoriza? Porque é a maneira da gente partir pra ofensiva...
ACM: Não é. Porque então eu vou dizer que teve gravação, porra?! Ah!
LCC: Mas não é uma gravação que compromete o Geddel?
ACM: É isso, mas a gravação é ilicitude.
LCC: Sim, mas maior ilicitude que isso é o fato que ele prova na fita que o senhor mandou gravar, não é uma coisa mais grave?
ACM: Ele não prova na fita que eu mandei gravar, não...
LCC: Não?
ACM: Ao contrário.
LCC: Por quê?

ACM: Porque não tem nenhuma prova de que foi gravado... muito menos por mim...
LCC: Ah, é?
ACM: Ora!
LCC: Não, ó... agora o seguinte...
ACM: Agora, vocês botando isso é que vai provar.
LCC: Não, mas é o seguinte, se a gente tiver algum pedaço daquele depoimento que o senhor me passou, a gente pode transcrever algum trecho comprometedor, alguma coisa mais grave...
ACM: Você pode fazer isso sem dizer que foi gravação, pô!
LCC: Não, mas é porque isso dá mais força pra denúncia, o senhor não acha?
ACM: Pode fazer. Agora, você perde a minha confiança total, e eu nego. Eu digo que não tem nada e que você não viu nada. Pronto!
LCC: Mas o seguinte, tudo bem que não tem mais o CD e tal, mas se tiver pelo menos uma fita, alguma coisa que a gente pudesse usar, o senhor não acha que...
ACM: Eu não tenho a fita, rapaz!
LCC: Sim, mas a gente não pode dar algum pedaço, alguma coisa que o senhor [...]
ACM: Não tem fita nenhuma [...]
LCC: Sei. Agora, como é que o senhor acha que eu posso tratar aquele material, senador?
ACM: Você pode tratar o material que na hora... na campanha...
LCC: Ahã...
ACM: ...surgiram rumores que foram enviados pro governo federal através de fax... entendeu?
LCC: Mas aí eu digo que rumores de que foram enviados ao governo federal, por que área, por que setor? Eu posso dizer que...

ACM: Por parlamentares...

LCC: Sim.

ACM: ...que tiveram notícia através do próprio gabinete de Geddel...

LCC: Certo.

ACM: ...que Geddel falou pra todo mundo...

LCC: Certo, mas não pode citar em nenhum momento que aquilo é produto de gravação?

ACM: Não, não pode dizer que é produto de gravação.

LCC: E eu posso em algum momento dizer que entre esses parlamentares e tal o senhor estava... é... fazia parte?

ACM: "Acredita-se... acredita-se que entre esses parlamentares estivesse o senador... o ex-senador Antônio Carlos Magalhães" [...]

LCC: Quando aquele pessoal destruiu o material, eles deixaram garantido e seguro que não tinha lá material nenhum, mais nada?

ACM: Claro.

LCC: Tá.

ACM: Eu até queria. Fiquei irritado porque destruíram.

LCC: É, não... tudo bem.

ACM: Fiquei irritadíssimo porque destruíram. Porque aquilo não precisava destruir...

LCC: Pois é, pois é.

ACM: ...dizia que não tinha, pronto!

LCC: Porque se a gente tivesse aquilo era bom porque a gente partia pra ofensiva, né? Era um ataque...

ACM: Evidentemente pra mim era bom por causa do Fernando Henrique e outros. Entendeu?

LCC: ...que aquilo que era devastador, aí, pra gente, era bom... Bom, qualquer coisa, eu dou uma ligadinha pro senhor aí?

ACM: Tá bom.

LCC: Tá bom? Um abraço... Tchau, obrigado.

A velha raposa da política nacional tinha de fato perdido sua argúcia: mais uma vez fora apanhado numa gravação. Embora tenha ficado claro o envolvimento do senador em mais essa "ilicitude", desta vez o processo não progrediu no Comitê de Ética. Mas ACM, politicamente, foi definhando aos poucos. Paulo Souto e Rodolpho Tourinho, seus candidatos ao governo do estado e ao Senado, não se reelegeram em 2006. ACM morreu em julho de 2007, um ano e meio antes de completar seu mandato de senador.

Quanto a Arruda, em que pese o escândalo da violação do painel do Senado, sua popularidade no Distrito Federal garantiu a eleição para governador em 2006, já no primeiro turno. Mas Arruda nunca mais teve paz.

Em agosto de 2012, a Justiça Federal condenou-o por improbidade administrativa no caso da violação do painel. Arruda teve os direitos políticos suspensos por cinco anos, e deve pagar uma multa de cem salários de senador, além de estar proibido de ter contratos com o poder público ou receber dele algum benefício. Embora esse tenha sido um golpe duro, Arruda provavelmente terá problemas bem maiores nos processos, bem mais complexos, relacionados ao Mensalão do DEM. Nessa história ele foi vítima de gravações feitas por uma pessoa muito próxima, Durval Barbosa, como veremos no final do próximo capítulo. Desde 1992, no caso Magri, gravadores ocultos têm feito parte da indumentária de alguns assessores "de confiança", mas parece que os políticos nunca aprendem.

8

Mais políticos na fita

Hay que endurecerse, pero sin perder la propina

Pizza Uruguaia: José Luis Ovalle

Em março de 1996, a administração nacional dos portos do Uruguai fez uma licitação para privatizar um terminal de contêineres. Participaram cinco consórcios e apenas três foram qualificados.

Em 8 de dezembro de 1997, José Luis Ovalle, que havia ocupado o cargo de ministro de Transporte e Obras Públicas (1990-1995), teve uma conversa com Jimmy Rohr, presidente de um dos consórcios participantes da licitação. Rohr gravou a conversa na qual Ovalle dizia ter influência no governo para direcionar o resultado da licitação. Para isso pediu 2 milhões de dólares. Em 16 de dezembro, Ovalle telefonou duas vezes para Rohr insistindo na intermediação.

Posteriormente, surgiram elementos que demonstraram que Ovalle tinha contado com a colaboração de Osvaldo Risi e Jorge Giachino, pessoas muito próximas ao presidente da República, Julio María Sanguinetti. Algumas suspeitas chegaram a recair sobre Ernesto Laguardia, secretário especial da presidência. Informes das operadoras de telefonia mostravam um número muito grande de ligações entre Ovalle e os assessores do presidente nos dias que precederam a licitação, que ocorreu em janeiro de 1998.

O juiz uruguaio José Balcaldi solicitou ao nosso laboratório na Unicamp a elaboração de um laudo de transcrição, autenticidade e identificação da voz do ex-ministro Ovalle. Seguindo as normas da International Association of Forensic Phonetics and Acoustics (IAFPA), solicitamos ao Judiciário uruguaio que enviasse um falante nativo do espanhol uruguaio, de modo a auxiliar na compreensão dos diálogos e na classificação dialetal. Por coincidência, a professora de linguística Virginia Orlando, da Universidad de la República, de Montevidéu, fazia pós-graduação no Brasil e se dispôs a colaborar no laudo. Além da professora Virginia, contamos também com o engenheiro eletricista Alvaro Tuzman, da mesma universidade. A participação dos dois foi fundamental para o sucesso do trabalho.

Embora tenhamos demonstrado que a gravação era autêntica e a voz era mesmo de Ovalle, ele não foi condenado porque a promotoria entendeu que o ato de corrupção não teria sido concretizado. Além disso, apesar das inúmeras ligações telefônicas, não se conhecia o conteúdo das conversas entre Ovalle e os assessores da presidência da República, uma vez que essas ligações não foram gravadas. Ou seja, aparentemente, uma pizza uruguaia. Não era o ex-ministro Ovalle que estava sendo preservado nessa manobra, mas sim os assessores ligados ao presidente Sanguinetti. Se fosse comprovada a influência de Ovalle junto ao alto escalão do governo, seria um escândalo de imprevisíveis consequências políticas.

Era impossível não lembrar do caso Magri de 1992. Mais uma vez, um ministro envolvido em falcatruas com a iniciativa privada. Magri, assim como Ovalle, apanhado com a boca na botija, também não foi condenado. A pizza uruguaia tem o mesmo sabor e é tão indigesta quanto a pizza brasileira.

El condor pasa: Bolívia

Em 16 abril de 2009, a polícia boliviana teria desarticulado uma tentativa de golpe armado para derrubar o presidente Evo Morales e separar da Bolívia a província de Santa Cruz de la Sierra, a mais rica do país. Essa investida policial resultou na morte de três estrangeiros identificados como mercenários que estariam planejando o assassinato do presidente Morales e de seu vice-presidente, Álvaro Garcia Linera. A oposição apresentou uma versão diferente: tudo não passava de uma invenção do governo boliviano para reprimir o movimento separatista da província.

Segundo notícia do jornal espanhol *El País*, de 30 de dezembro de 2010, o que de fato ocorreu foi que um comando da elite da polícia boliviana invadiu o Hotel Las Américas de Santa Cruz e matou três homens, sendo um deles Eduardo Rózsa-Flores, um húngaro-boliviano veterano da guerra dos Bálcãs e líder da suposta "célula terrorista". Os outros mortos eram Árpad Magyarosi (húngaro) e Michael Dwyer (irlandês). Mais dois do mesmo grupo foram presos e torturados segundo uma testemunha entrevistada pela embaixada dos Estados Unidos, que apresentou fotos que deixavam poucas dúvidas a respeito.

A versão oficial assegurava que os cinco supostos terroristas rechaçaram a polícia com armas de fogo e explosivos, mas as evidências periciais indicavam claramente que se tratou de uma execução sumária. O irlandês Dwyer aparece em uma das fotos, já morto, com as mãos atadas, situação um tanto incompatível com alguém que tivesse sido morto "em confronto com as forças policiais", como propagandeava o governo boliviano. Cabe destacar que o circuito interno de câmeras do hotel foi desativado antes da operação e todos os registros dos dias anteriores foram apagados. Ainda segundo a testemunha, as armas encontradas eram novas e foram plantadas pela polícia, que nem se deu ao trabalho de tirar os lacres do armamento.

De acordo com testemunhas, ao contrário do que dizia o governo boliviano, os mercenários foram contratados pelo próprio serviço de inteligência para armar um falso complô terrorista, que acabaria culpabilizando os opositores de Evo Morales, concentrados na região de Santa Cruz. O serviço secreto teria matado Rózsa-Flores, Magyarosi e Dwyer para eliminar pistas e criar provas falsas.

Na esteira do caso, o governo boliviano apresentou 39 acusações contra empresários e políticos da região, denunciando-os por envolvimento com a suposta conspiração.

Novamente, nosso laboratório foi procurado para examinar gravações relacionadas com graves problemas políticos de um país vizinho. Em 8 março de 2013, a senadora boliviana Carmen Eva Gonzales, do partido Convergência Nacional (CN), que preside a Comissão de Política Social, Educação e Saúde do Senado boliviano, me procurou para periciar duas gravações que totalizavam cerca de uma hora.

Alegava a senadora que, nas gravações, o fiscal (equivalente ao cargo de procurador-geral no Brasil) Marcelo Soza Alvarez, conversando informalmente com um jornalista "amigo", abria o jogo, revelando o esquema armado pelo governo.

Logo após a confirmação de que o laudo seria realizado, em 19 de março o fiscal Marcelo Soza Alvarez sumiu do país e só reapareceu no dia 1º de abril para atender a uma intimação da autoridade judiciária.

O objetivo da perícia foi verificar a autenticidade das gravações e, principalmente, constatar se a voz era mesmo de Marcelo Soza. Como recomenda a norma da International Association of Forensic Phonetics and Acoustics (IAFPA), trabalhamos com uma consultoria de falante nativo do espanhol boliviano. Esse cuidado é essencial quando se trabalha com material em língua estrangeira, visto que alguns aspectos dialetais — de pronúncia regional — só são percebidos pelo falante nativo. Nesse caso específico, o falante-alvo usa o dialeto do altiplano boliviano, que traz certas características sutis, como fusão de alguns fonemas, ausência de aspiração, elisão de vogais etc.

Os exames foram exaustivos e não deixaram dúvidas quanto à autenticidade e à identidade da voz. O laudo foi emitido duas semanas depois, em 24 de março. A repercussão foi bombástica. Recebi inúmeros chamados da imprensa boliviana, atendi emissoras de rádio e jornais, e concedi quatro entrevistas ao vivo para emissoras de televisão em um doloroso portunhol. Percebia-se claramente a radicalização da imprensa local, que espelha a polarização política na qual se encontra o país: parte da imprensa, comprometida com a oposição, me incensava, e outra parte, aliada do governo, tentava me difamar, pinçando informações não fidedignas que pipocam na internet.

Parecia inacreditável para a imprensa boliviana que o trabalho tivesse sido feito gratuitamente, como fora solicitado pela senadora. Insinuavam que algum interesse estava por trás, financiando o laudo. Expliquei que não se tratava de um fato incomum, uma vez que no Brasil atendi por muitas vezes, e continuo atendendo, pedidos do Senado, da Câmara dos Deputados, do Ministério Público e de outros órgãos oficiais sem cobrar honorários. É sabido que essas instituições não têm uma dotação orçamentária específica para a realização de perícias e a maioria dos casos políticos exige uma resposta imediata. Não dá para esperar a burocracia conseguir os recursos, pois o timing político se perderia.

Ter como material para análise gravações em língua estrangeira impõe sempre mais dificuldades. A principal delas é a falta de familiaridade com as variações dialetais. Os falares bolivianos, por exemplo, podem se dividir em, pelo menos, três grandes grupos. Para um estrangeiro, as sutilezas que distinguem esses dialetos podem passar despercebidas, mas não para um falante nativo. Isso justifica a exigência da IAFPA no sentido de o perito foneticista, ao analisar material em língua não nativa, ser necessariamente assessorado por outro profissional que domine essa língua e, mais especialmente, o dialeto usado pelo falante-alvo.

Algumas operações das polícias brasileiras têm dado pouca atenção a esse aspecto. Não raramente, quando as gravações contêm conversações em outras línguas, nos defrontamos com erros básicos, já mesmo na transcrição das conversas. Falsos cognatos são comuns, por exemplo — lembro-me de um caso no qual a palavra "rojo" foi traduzida equivocadamente por "roxo", quando o correto, em espanhol, é "vermelho".

Também comum, e mais grave, são erros quanto à identidade do interlocutor, ou seja, atribuir uma fala à pessoa errada. Isso eventualmente ocorre também se brasileiros são gravados, mas quando se trata de diálogo em língua estrangeira, a coisa fica muito pior. Tais erros ocorrem, principalmente, em função de certo despreparo das polícias, especialmente na fase de investigação, quando as transcrições são feitas a toque de caixa e por pessoal não especializado.

A farsa com o Frota: um assessor bom de circo

A manchete da revista *IstoÉ* de 25 de julho de 2001 era categórica: "Jader quer 5 milhões de dólares." A denúncia baseava-se em uma gravação na qual, supostamente, o deputado estadual pelo Amazonas Mário Frota (na época PSDB, mas que circulou por vários partidos), em conversa com seu amigo, o empresário David Benayon, revelava um esquema que favorecia Jader Barbalho, então presidente licenciado do Senado.

Mário Frota: Alô, David? Tudo bem, irmão? É Mário... Eu estive lá em Brasília e conversei pessoalmente com o Jader, mas não mudou muito em relação àquele acerto que havíamos feito anteriormente, ele não abriu mão em nada, as comissões são aquelas mesmas, ele quer 5 milhões de dólares para resolver o teu problema... A garantia que ele deu é que o dinheiro sai de qualquer jeito, dependendo mais de você do que dele. Mas o Tourinho só faz o que ele quer; Jader mandando, tá resolvido.

O Tourinho citado na gravação é José Artur Tourinho, então no comando da Superintendência para o Desenvolvimento da Amazônia (Sudam) e apadrinhado de Jader Barbalho. Já no dia seguinte, Frota entrou com uma representação no Ministério Público Federal para apurar a responsabilidade criminal da gravação veiculada pela revista. Afirmava não ser dele a voz da pessoa intermediando o pagamento da propina.

O dinheiro serviria para liberação de um financiamento de 40 milhões de dólares a Benayon, interessado em abrir uma indústria de artefatos de borracha. O recurso viria da extinta Sudam. Segundo a *IstoÉ*, o projeto foi liberado, mas jamais implantado, embora o empresário tenha recebido parte do dinheiro. Coisas do Brasil.

O deputado Frota afirmava que a gravação era uma fraude, "imitação barata e grotesca", forjada pelo seu ex-assessor parlamentar Nivaldo Marinho. Acusava também o governador Amazonino Mendes, inimigo figadal, de ser o artífice da armação. Segundo o deputado, Marinho tinha o hábito de imitá-lo: "Uma vez ele ficou 10 minutos falando com a minha secretária, Denise Cavalcante, como se fosse eu: ela caiu direitinho." Como se vê, ao contrário do que Frota afirmava, a imitação não era "grotesca", tanto assim que pessoas próximas a ele se confundiam com o imitador.

A reportagem publicada pela *IstoÉ* informava que um laudo meu concluía "não haver manipulação, montagem ou edição na fita". Esse laudo restringia-se à autenticidade material da fita. Nada dizia a respeito da identidade da voz atribuída a Mário Frota. O laudo, inclusive, continha ressalvas, dado o meu estranhamento em constatar que na gravação aparecia apenas um falante. Nesse primeiro momento, não me foi solicitado o exame de identidade de voz e eu nem dispunha de amostras de referência.

O importante para a revista era ter uma garantia de que a gravação não era montada. E, ao perito, cabe responder tecnicamente aos quesitos que lhe foram apresentados. Nem sempre é possível tecer considerações sobre a veracidade das informações em uma gravação, prerrogativa das autoridades policiais e judiciais. Perito não interpreta, descreve. No máximo, o perito pode usar algumas pistas acústicas para avaliar se a fala é ou não espontânea.

Como a denúncia apontava para Jader Barbalho, o Conselho de Ética e Decoro Parlamentar do Senado criou uma comissão especial para apurar o caso. O senador Romeu Tuma me telefonou perguntando se eu aceitaria realizar um laudo complementar de identificação de voz. Na época, os laudos não eram mais emitidos pela Unicamp, e sim pelo meu próprio laboratório particular. Aceitei o encargo e Tuma informou que enviaria imediatamente um emissário para que eu assinasse a documentação formalizando o pedido. No mesmo dia, Paulo Lacerda chegou a Campinas com os papéis. O mesmo Paulo Lacerda que, anos mais tarde, viria a ser Superintendente da Polícia Federal e, depois, diretor-geral da Agência Brasileira de Inteligência (Abin).

Em 9 de agosto, fui a Manaus com meu assistente Donato Pasqual Júnior para colher amostras de voz do deputado Frota e do ex-assessor Nivaldo Marinho, o suposto imitador. Mas não apenas isso. Como Marinho afirmara que escondera um minigravador atrás do aparelho de fax, e que a fala fora captada quando o deputado usava o celular a uma distância de pouco mais de 1 metro do aparelho, fizemos uma reconstituição da cena na casa do deputado, onde teria ocorrido a gravação.

O deputado garantia que na sala indicada pelo ex-assessor nunca houve um aparelho de fax. Na reconstituição, pedimos a Marinho que repetisse todos os movimentos que fizera quando ocultara o gravador. Tudo foi fotografado e cronometrado. Já durante a reconstituição percebemos que Marinho mentia. Em primeiro lugar, nos contava uma história diferente daquela publicada pela *IstoÉ*. Para a revista, afirmara que o gravador fora colocado no escritório de Frota. Agora dizia que fora em outra sala, no home theater da casa. Além disso, na gravação questionada, ocorriam ruídos de trânsito, mas a residência do deputado está localizada numa rua tranquila dentro de um condomínio. Traz também latidos de um cão pequeno; na casa do deputado havia apenas dois cães de grande porte. Na gravação ouvia-se uma batida de porta com trinco e na sala de TV do deputado a porta era do tipo vaivém, sem trinco. Concluímos também que a gravação era recente, não de 1998, como dissera Marinho. Isso foi confirmado pelo número de lote impresso na fita, próximo da numeração de fitas da mesma marca compradas em 2001, em Manaus.

Voltando a Campinas, já no laboratório, confirmamos que Frota foi vítima de uma fraude. A voz com certeza não era dele e havia fortes indícios de que fosse de Nivaldo Marinho. O ex--assessor teria simulado uma conversa com David Benayon. Nossa desconfiança inicial se justificava. Sempre achamos que aquela gravação era um tanto estranha, daí as ressalvas no primeiro laudo, no qual deixamos claro que, apesar da integridade material da gravação, não se poderia garantir que tivesse havido, de fato, uma conversação telefônica real, visto que apenas uma voz era audível.

Após a emissão do laudo, o ex-assessor se dizia arrependido, pois "estava com medo de virar cadáver", e lamentou: "Maldita fita." Em 10 de agosto, em Manaus, havia feito novas declarações à Polícia Federal: recebera 12 mil reais para imitar a voz, em uma ação tramada com o deputado federal Pauderney Avelino (PFL-AM) e o secretário de Obras do Amazonas, João Coelho Braga. Os dois, segundo Marinho, disseram que falavam em nome do governador do Amazonas, Amazonino Mendes, inimigo político do deputado Frota e aliado de Jader Barbalho.

A manchete da *IstoÉ* de 22 de agosto era bem diferente daquela de 25 de julho. Agora, tudo esclarecido, a capa da revista estampava: "Armação amazônica."

As travessuras de Garotinho

Um amigo invisível

Em 11 de julho de 2001, o jornal *O Globo* denunciava na sua manchete o envolvimento do então governador Anthony Garotinho (PSB-RJ) com o suborno do auditor fiscal da Receita Federal, Marcos Pereira de Azevedo. Em conversas gravadas em 1995, com o conselheiro do Tribunal de Contas do Estado, Jonas Lopes de Carvalho, Garotinho teria liberado o pagamento de propina ao auditor fiscal, que autorizou a realização de sorteios de carros e uma casa no programa de rádio *Show do Garotinho*. Na gravação, Garotinho toma a iniciativa de perguntar quanto deveria ser pago. Em outra conversa, ele pergunta se Jonas havia acertado o valor da propina com seu contador, Waldemar Linhares Duarte, que se tornou diretor administrativo da Ceasa-RJ quando Garotinho assumiu o governo do estado, em 1999.

As conversas revelam também uma maquiagem no balanço da Garotinho Editora Gráfica, empresa promotora dos sorteios na TV. Ela estava no nome de Jonas e da primeira-dama Rosinha Matheus. A empresa estava sendo investigada por não ter explicado o aumento do seu capital social. Nas conversas com Jonas, Garotinho pergunta se já era possível abrir uma conta em nome da empresa recém-fundada. Depois explica que o objetivo era se preparar para uma possível fiscalização da Receita, depositando 20 mil dólares como se fosse resultado da venda de livros. Esse dinheiro sairia de uma reserva de 28 mil dólares em espécie. A operação seria feita porque a empresa não tinha capacidade financeira para promover os sorteios dos carros e da casa.

As gravações apresentam também uma conversa entre Waldemar e Jonas, na qual o primeiro relata o temor do fiscal de fazer acertos com um político e correr o risco de ser desmoralizado se a negociação for descoberta. Waldemar disse ao fiscal que ele não seria prejudicado, garantindo que Garotinho nada revelaria porque todos estavam envolvidos. Explicou também que Garotinho estava com dificuldades financeiras por ter perdido a eleição para Marcello Alencar (PSDB-RJ) no ano anterior, 1994, e, por fim, apelou para que, de alguma maneira, a fiscalização não fosse feita.

No dia 6 de julho de 2001, em entrevista, o então governador Garotinho referiu-se espontaneamente às fitas e garantiu que seu nome não aparecia nas gravações, acusando o empresário Guilherme Freire, de quem foi amigo, mas com o qual estava rompido, de ser o responsável pelas gravações. Dizia que Guilherme Freire era "aquele empreiteiro que eu botei pra fora da prefeitura".

Da sua parte, Guilherme Freire também foi procurado pelo jornal *O Globo*, mas não quis comentar as acusações do governador. Apenas alfinetou: "Garotinho é uma pessoa que eu muito ajudei. Uma pessoa a que servi, e muito, em todos os aspectos. Muitos negócios eu intermediei para Garotinho. Muitas coisas eu fiz para ele. Gravei nossas conversas para me resguardar." Dizia ainda que pretendia interpelar judicialmente Garotinho e que estava preparando um livro com as memórias de sua relação com o governador. Assim conclui Freire: "Garotinho sempre me disse que o ser humano é muito fragilizado, que esquece o bem que as pessoas fazem a ele. Veja bem, recentemente ele gravou uma conversa com Luiz Eduardo Soares (ex-coordenador de Segurança) e depois a divulgou. Eu também gravei as minhas."

Sobre o aumento de capital de 180 mil reais da Garotinho Editora Gráfica, não declarado, Garotinho disse que contratara um escritório de tributaristas para analisar o problema e que isso seria explicado. Enfatizando: "Se a primeira-dama se esqueceu de comunicar 95 mil reais à Receita, ela vai pagar." Por fim, alegou que isso tudo não passava de perseguição política, pois seu nome estava crescendo nas pesquisas à presidência da República e que não se manifestaria mais sobre o assunto. As explicações ficariam a cargo dos advogados contratados.

Em 12 de julho, o desembargador Binato de Castro, à época na 18ª Câmara Cível do Tribunal de Justiça do Rio de Janeiro, manteve uma liminar obtida por Garotinho que impedia a veiculação por todos os meios de comunicação das fitas com as conversas gravadas. No dia 13, o jornal *O Globo*, solicitante do trabalho, informava que nosso laudo atestava que a gravação era autêntica e a voz era mesmo a do governador. Além disso, não havia indícios de manipulação fraudulenta que pudesse alterar, no material gravado, o significado original das falas registradas.

As notas do Garoto

Doze anos depois, Garotinho estaria novamente encrencado. No final de abril de 2013, a revista *Época* revelou o que seria um esquema de desvio de dinheiro envolvendo a família Garotinho e o Partido Republicano (PR). No esquema, surgia uma empresa chamada GAP Comércio e Serviços Especiais, oficialmente uma locadora de veículos. As iniciais GAP aludiriam ao empresário George Augusto Pereira, dono da empresa. A revista descobriu, no entanto, que George não existe no mundo real. Segundo a revista *Época*, "Garotinho inovou ao colocar em cena um fantasma. Como tantos garotinhos, o deputado do Rio de Janeiro tem um amigo invisível".

A GAP tinha uma relação estreita com a família Garotinho. Em 2011, logo após tomar posse como deputado federal, Garotinho alugou um Ford Fusion do ano para servir seu gabinete. Em junho do mesmo ano, Wladimir Matheus, filho de Garotinho, arrebentou um Ford Fusion do mesmo ano contra um muro. Segundo Garotinho, não se tratava do mesmo carro, mera coincidência. Para apurar a história, *Época* procurou o tal George, suposto dono da locadora, e gravou a conversa. O interlocutor, que se apresentou como George mesmo, mostrou-se extremamente generoso: disse que emprestou o carro ao filho de Garotinho e que não ia cobrar nada pelo estrago, porque "ele era um amor de pessoa".

Incrementando a investigação, *Época* descobriu mais relações da GAP com a família Garotinho. A prefeitura de Campos, comandada por Rosinha Matheus, tem um contrato milionário com a GAP, que aluga ambulâncias ao município. Descobriu mais. Segundo informações do Instituto de Identificação Félix Pacheco (IIFP), o número do RG e a data de expedição da carteira de George Augusto Pereira correspondem, vejam só, a uma mulher paraibana de 48 anos de idade, moradora de São Gonçalo, cidade da região metropolitana do Rio de Janeiro.

Com o RG falso, George obteve um CPF e uma conta bancária. Na sua declaração, informa uma renda anual de apenas 23 mil reais e nenhum bem patrimonial. Mas sua empresa tem ativos que somam 5,5 milhões de reais. Só da prefeitura de Campos a GAP já teria recebido 32 milhões de reais, restando ainda 15 milhões para receber. Nada disso está declarado: se não fosse um fantasma, George seria um sonegador. Em dezembro de 2015, os contratos com a prefeitura de Campos ainda estavam sendo questionados pelo Ministério Público do Rio por irregularidades na licitação e superfaturamento.

Para elucidar o mistério, em março de 2013, a revista *Época* telefonou e gravou uma conversa com Fernando Trabach Gomes, que trabalhou para a campanha do PR em 2010. Trabach se identificou como diretor da Metta Postos, empresa que forneceu combustível para a campanha do PR. Chamou atenção do repórter de *Época* o fato de a secretária da Metta Postos ter a voz parecida com a da secretária da GAP. Com tal suspeita, a revista nos enviou as gravações para perícia. Os exames verificaram que não só a secretária era a mesma, mas surpreendentemente Fernando Trabach Gomes era quem se fazia passar por George Augusto Pereira. Ou seja, quando falava pela Metta Postos, era Fernando. Quando falava pela GAP, era George. Mas o imbróglio era muito maior.

Em outubro de 2011, George, o fantasma, passou uma procuração dando plenos poderes a Fernando Trabach. O empresário de carne e osso não era menos enrolado. Pelo que se sabe, tinha cinco CPFs diferentes. Em maio de 2012, "George" vendeu a GAP pela bagatela de 100 mil reais parcelados em dez vezes para a mãe de Fernando Trabach. Como procurador de George, o fantasma, o próprio Trabach, muito vivo, assinou os documentos transferindo a GAP para sua própria mãe. A criatividade dos estelionatários sempre impressiona.

Fernando Peregrino, candidato do PR ao governo do estado, francamente apoiado por Garotinho, declarou 1,2 milhão de reais justificados como despesas com combustível, sempre para postos da rede de Trabach. Tal volume de combustível permitiria percorrer duas vezes toda a malha viária do estado fluminense.

1. Caso Magri: Ricardo Molina, Carlos Vogt (reitor da Unicamp) e Marco Antônio Veronezzi (delegado da Polícia Federal em São Paulo) apresentam o laudo que comprova o envolvimento do então ministro do Trabalho, Antônio Rogério Magri, em escândalo de cobrança de propina.

Waldemar Padovani/AE

2. Caso Osvaldo: Osvaldo Manoel da Silva é dominado na sacada de seu apartamento, onde fazia a esposa refém.

Diário do Grande ABC

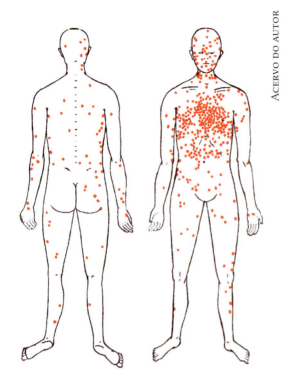

3. PCC versus PM: Croqui-padrão, utilizado em exames necroscópicos do IML, acumulando em um único corpo todos os disparos relatados nos laudos.

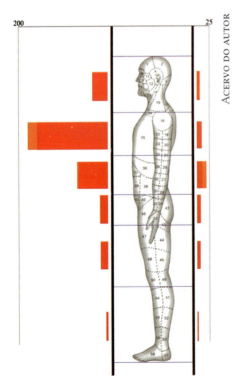

4. O perfil do mesmo croqui-padrão, desta vez exibindo a concentração das perfurações dos projéteis no corpo das vítimas.

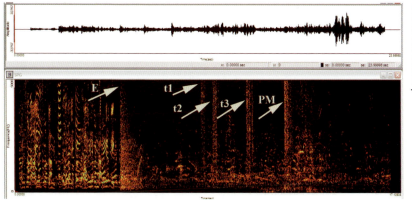

5. Caso Eloá-Lindemberg: Espectrograma com registro de sons do momento do arrombamento da porta, seguidos pelos tiros de Lindemberg. O registro contrariava a versão oficial da PM.

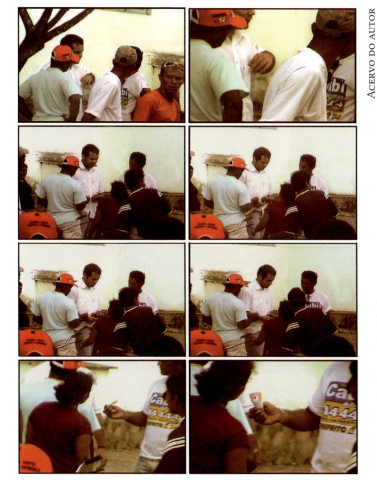

6. Caso Renan Filho: Principais frames do vídeo que mostra o candidato Renan Filho (PMDB--AL) distribuindo dinheiro no corpo a corpo com seus eleitores.

7. O pau come em Paulínia: Candidato a prefeito de Paulínia pelo PMDB, em 2012, Edson Moura Júnior observa seu pai, o ex-prefeito Edson Moura, entregando dinheiro para eleitores.

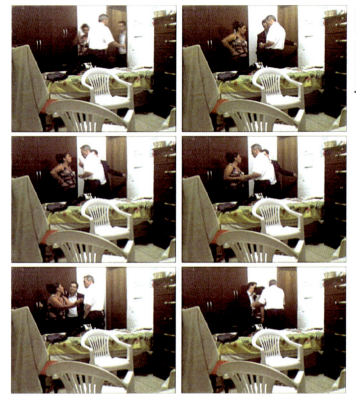

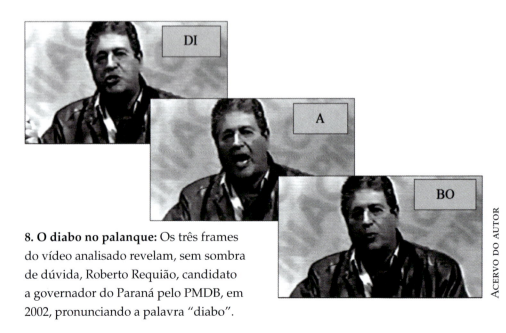

8. O diabo no palanque: Os três frames do vídeo analisado revelam, sem sombra de dúvida, Roberto Requião, candidato a governador do Paraná pelo PMDB, em 2002, pronunciando a palavra "diabo".

Union Bank of Switzerland
Zurich

December 16, 1996

Dear Luis,

I wish to make a gift of all the assets presently held in the White Gold Foundation to my four children in equal shares to be held in trust on their behalf.

Would you accordingly wind up the foundation and distribute all the assets to the account to be opened by Durant International Corp. with Union Bank of Switzerland in London as custodian.

My lawyer will provide us with the account opening documents.

Yours sincerely,

Paulo Sal. Maluf

9. Obras de Maluf: Documento questionado: a seta indica a assinatura a ser periciada.

10. Documento-padrão: uma procuração datada de 30 de maio de 1995.

11. Caso Celso Daniel: Última imagem de Celso Daniel vivo, feita pela câmera de segurança do restaurante Rubaiyat, em São Paulo.

Acervo do autor

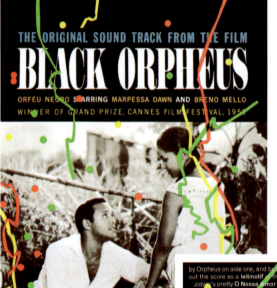

12. Elizeth Cardoso: Capa do CD com a trilha original do filme *Orfeu do carnaval* (ou *Orfeu negro*), sem os créditos para a interpretação de Elizeth Cardoso em "Manhã de Carnaval".

Acervo do autor

13. Rojão sem rumo: Análise da trajetória de quatro rojões em um estudo sobre o desempenho de artefatos como o que vitimou o cinegrafista Santiago Andrade nos protestos de junho de 2013.

14. Sarney, no Amapá: Sequência de frames do vídeo de uma emissora de TV mostra o voto do senador José Sarney.

15. Caso Gil Rugai: Foto da rua Atibaia, em São Paulo, artificialmente iluminada pelo Instituto de Criminalística.

16. Imagem da rua com a iluminação real. A seta indica o lugar onde Gil Rugai se posicionou na reconstituição da cena com uma lanterna na mão; caso contrário, seria impossível localizá-lo na imagem.

17. Dois cartuchos ejetados da arma perfeitamente alinhados com a soleira da porta da sala de TV, o que só seria possível se a porta estivesse fechada durante os disparos.

Mas o Ministério Público estadual suspeitava de Trabach e já estava investigando as operações da sua empresa. Descobriu-se na investigação flagrantes irregularidades nas notas fiscais. Uma das notas, no valor de 700 mil reais, nem sequer se referia à venda de combustíveis, mas sim ao aluguel de veículos para a campanha — atividade, no entanto, que não estava prevista na razão social da empresa. É mesmo estranho que um posto de gasolina tenha uma frota tão robusta: cem Kombi, cinquenta carros populares, quinze vans executivas e cinco caminhões. E isso tudo foi alugado no curto período de 15 de julho a 31 de agosto.

Diante desse confuso quadro, a revista *Época* nos enviou cinco notas fiscais referentes a gastos com combustível e locação de veículos para a campanha de Peregrino. A perícia mostrou evidentes irregularidades nas notas fiscais. A nota referente à locação de carros, embora pertencesse a um talonário iniciado em setembro de 2008, apresentava o n° 0754, evidenciando ser a quarta nota emitida em dois anos, o que seria por si só bastante estranho. Além disso, verificamos que, das cinco notas periciadas, quatro foram preenchidas a mão, inclusive a do aluguel de veículos. Mas todas foram escritas pela mesma pessoa. O problema é que as notas eram de cinco postos diferentes, localizados em regiões distantes (um em Itaboraí e outro em Duque de Caxias, por exemplo). É realmente inusitado que uma mesma pessoa preencha, no mesmo dia, documentos de diversos estabelecimentos comerciais, sendo que a distância entre um ponto e outro chega a 60 km. Outra esquisitice é a existência de notas com impressão diferente e número de série diferente, porém com o mesmo CNPJ. Como se existissem dois talões paralelos, um para notas "quentes" e outro para notas "frias".

Peregrino, mostrando total desconhecimento do caso, diz que as contas foram aprovadas e que qualquer explicação caberia ao seu contador. Trabach confirmou que o estabelecimento aluga veículos (apesar de tal atribuição não constar na razão social) e que o serviço foi prestado. Garotinho preferiu não comentar o caso. Estava ocupado com a indicação do correligionário baiano Cesar Borges para o Ministério dos Transportes, uma pasta com o polpudo orçamento de 10 bilhões de reais. Apesar das travessuras, Garotinho tem peso no Congresso e pode complicar votações que interessem ao governo. O Planalto prefere evitar conflitos com o ex-governador do Rio, tanto que a presidente Dilma, então no seu primeiro mandato, só nomeou o ministro após consultá-lo.

Anthony Garotinho parece fazer parte daquele grupo seleto de políticos blindados que, independentemente das complicações que os envolvem e do partido que está no governo, continuam politicamente influentes. Esse é um fenômeno tipicamente brasileiro. Maluf que o diga.

Seu nome é Havanir

Na cola do famoso "Meu nome é Enéas", fundador do Partido de Reedificação da Ordem Nacional (Prona), Havanir Nimtz elegeu-se com 681.991 votos, a deputada mais votada nas eleições de 2002.

Em gravações divulgadas pela TV Globo, ela aparece exigindo 5 mil reais de um microempresário santista, Jorge Roberto Leite, filiado ao partido e interessado numa vaga a candidato pelo Prona à Assembleia Legislativa de São Paulo.

A conversa foi gravada na sede do partido pelo empresário. Ele afirmou que na primeira vez que foi candidata a vereadora Havanir impôs as regras do Prona: comprar livretos do doutor Enéas Carneiro por cerca de 700 reais. Por isso, dessa vez, o empresário levou o gravador. Disse que se negou a dar o dinheiro e chegou a comparar eleições com loteria. Havanir respondeu:

"Você está pleiteando uma candidatura, um poder de quatro anos. Até para concorrer na loteria precisa comprar o bilhete."

Na gravação, Havanir informa que os 5 mil reais poderiam ser negociados. O empresário pergunta se pode parcelar. Ela responde na lata: "À vista é melhor." Em outro trecho, ela conta que um vendedor ambulante de salgadinhos, também pleiteando uma vaga, propôs: "Doutora, vou pagar à vista, eu quero ver se a senhora aceita a minha proposta: 3 mil reais em notas de 10 reais." Um balcão de negócios.

A TV Globo nos procurou para examinar a gravação. Constatada a autenticidade da gravação e da voz, o *Jornal Nacional* colocou a matéria no ar. Em casos como esse, a identificação de voz é facilitada em função de certas características estereotipadas do falante. Vozes como a de Havanir e a do próprio Enéas são facilmente identificáveis. Algumas pessoas acreditam que um imitador conseguiria reproduzir essas vozes, mas tal coisa não existe. Imitadores fazem apenas caricaturas, apegando-se a estereótipos mais marcantes. Não enganam o perito.

O caso revelava que o Prona, na verdade, inaugurava uma forma sinistra de estratégia eleitoral. Um nome forte puxando uma fila de candidatos inexpressivos que compravam um espaço na legenda. Eles tinham como garantia a enorme popularidade, transformada em voto, dos líderes do partido: nesse caso, Enéas Carneiro e Havanir Nimtz. O Prona chegou a colocar na Câmara Federal candidatos que não somavam algumas dezenas de votos.

Com ou sem compra de vaga, essa manobra, infelizmente permitida pela lei eleitoral brasileira, continua valendo — basta ver o fenômeno Tiririca.

Um tanto queimada com o episódio, a dermatologista Havanir está fora da política desde 2006. Hoje dedica-se a um novo empreendimento: delivery de churrasquinho.

O diabo no palanque

Nas eleições de 2002, a campanha quase pegou fogo no Paraná e, com esse ambiente propício, até o diabo foi invocado. Concorriam ao governo do estado os candidatos Álvaro Dias (PDT) e Roberto Requião (PMDB). No final dos anos 1980, Requião ocupara o cargo de secretário de Desenvolvimento Urbano no governo de Álvaro Dias. No entanto, mais de uma década depois, tornaram-se inimigos políticos. No vale-tudo da campanha, Dias divulga um vídeo no qual seu adversário diz estar disposto a tudo, incluindo um pacto com o demônio, para se eleger: "[...] eu seria aliado do demônio [...] eu aceito qualquer parada, qualquer aliança, sem que isso signifique uma capitulação do meu ponto de vista, da minha posição pessoal [...] eu subo no palanque com o diabo..."

Num país católico e com uma comunidade evangélica em franca expansão, tais declarações costumam ter efeito imediato no comportamento do eleitor, independentemente de serem entendidas no sentido literal ou metafórico.

Requião negou veementemente a autenticidade da gravação. Dizia que o vídeo era uma montagem. Como a imagem não era questionável, visto que qualquer um poderia reconhecê-lo, Requião afirmou que o vídeo era uma dublagem, ou seja, a trilha de áudio teria sido aplicada *a posteriori* sobre um discurso qualquer que ele teria feito.

Para esclarecer a questão, a gravação foi enviada ao nosso laboratório para as análises pertinentes. Não havia qualquer truque: o vídeo era autêntico. Mas depois da emissão do laudo, Requião esperneou, não aceitando a comprovação técnica. Chegou a debochar do nosso trabalho, dizendo que não tínhamos ideia do que era possível criar em Hollywood e que Steven Spielberg poderia fazer uma montagem perfeita sem dificuldades.

Na verdade, quem estava mal informado sobre as limitações técnicas de processamento de imagem era o próprio candidato Requião. Embora certa sincronização entre movimentos labiais e sons emitidos possa ser realizada com algum sucesso em filmes de animação, a história é bem diferente quando se trata de gente de carne e osso. Mesmo hoje, com uma década de avanço tecnológico, ainda seria impossível alterar as configurações labiais de um humano de tal forma a criar uma ilusão convincente de sincronia entre a imagem e um áudio que não tivessem sido registrados no mesmo momento. Tal manipulação certamente deixaria rastros.

Quando municiamos a gravação, tivemos o cuidado de examinar separadamente cada fonema comparando-o com o movimento labial correspondente. A própria palavra "diabo" serve exemplarmente para ilustrar essa situação. A referida palavra contém as assim chamadas vogais polares /i, a, u/ (observe-se que falamos de fonemas, não de letras; portanto, o "o" final soa como "u"). Tais vogais representam os extremos do espaço articulatório e determinam configurações labiais muito distintas: a vogal "i" tem uma postural labial muito espraiada, com os lábios mantendo uma pequena abertura; a vogal "a" também tem os lábios espraiados, mas distingue-se claramente do "i" por manter uma grande abertura em função do abaixamento da mandíbula; finalmente, a vogal "u" diferencia-se inequivocamente das demais por exigir um estreitamento e arredondamento dos lábios. A figura a seguir ilustra essa explicação.

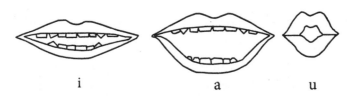

Com base nesses fundamentos, podemos mostrar que ao longo de toda a gravação havia correspondência exata entre o fonema emitido e a postura labial. Os três frames do vídeo analisado revelam, sem sombra de dúvida, que, ao pronunciar a palavra "diabo", por exemplo, Requião faz os movimentos articulatórios esperados e perfeitamente sincronizados com o áudio (ver imagem 8 do encarte). Nem Spielberg conseguiria criar algo assim.

O nosso laudo foi emitido em setembro e a eleição no Paraná não se decidiu no primeiro turno. A campanha continuou acirrada e os candidatos continuaram fazendo uso de qualquer recurso ao seu alcance para vencer o pleito. Como de praxe, na reta final, é hora de esquentar o palanque: derrotados viram aliados, políticos de outros estados vêm fortalecer o time, outros candidatos emprestam seu prestígio.

Requião deu uma cartada diabólica: fechou com Luiz Inácio Lula da Silva, então candidato à presidência da República e com popularidade altíssima. Lula foi ao Paraná e subiu no palanque.

No aquecimento para as eleições de 2014, o capeta volta com toda a força. Em março de 2013, em João Pessoa (PB), Dilma Rousseff, já em clima de campanha, admite: "Nós podemos fazer o diabo quando é a hora da eleição." Aparentemente, no Brasil, alianças com o diabo funcionam. Tanto Requião quanto Dilma foram eleitos.

Os grilos de Roriz e a imprensa censurada

Em 25 de outubro de 2002, dois dias antes do segundo turno para eleição de governos estaduais, o Tribunal Superior Eleitoral (TSE), por unanimidade, decidiu que a Justiça Eleitoral não poderia exercer censura prévia à imprensa escrita. Quebrou-se assim a censura que vinha ocorrendo com base em sucessivas liminares do Tribunal Regional Eleitoral (TRE), que proibiam a divulgação de denúncias por entender que eram originárias de processos submetidos a segredo de Justiça. Mas a decisão do TSE, cujo relator foi o ministro Sepúlveda Pertence, baseava-se em preceitos constitucionais e, mais especificamente, na Lei Eleitoral nº 9.504, deixando claro que, ao contrário dos meios audiovisuais (que precisam de concessão do Estado para funcionar), a imprensa escrita está fora do âmbito da Justiça Eleitoral. Dessa forma, os desembargadores do TRE não teriam autoridade para emitir liminares que atingissem a imprensa escrita.

Embora, aparentemente, tenha tomado uma posição democrática e liberal, o TSE apenas lavava as mãos e jogava a batata quente para a Justiça comum. A coisa parecia girar em torno de gravações contendo diálogos entre Joaquim Roriz (PMDB-DF), então governador do Distrito Federal e candidato à reeleição, e Pedro Passos Júnior (PSD-DF), candidato a deputado distrital. Com efeito, a própria nota divulgada pelo TSE deixava claro que, caso os diálogos entre Roriz e Passos fossem publicados, poderia haver consequências de ordem penal, visto que as gravações, tal como já tinha deliberado o TRE, estavam de fato sob segredo de Justiça.

Criou-se assim um paradoxo: ao mesmo tempo que não poderia haver censura prévia, respeitando a Constituição de 1988, a qual bania qualquer tipo de censura, informações veiculadas pela imprensa estariam sujeitas a posteriores ações na Justiça comum.

Se o jornal *Correio Braziliense* sofria com os ataques de Roriz, que tentava impedir a publicação de matérias prejudiciais a sua campanha, outros veículos da capital federal também foram alvo de atitudes pouco democráticas. O PT jogava pesado e usou dessa mesma estratégia impedindo, por meio de liminar, a divulgação, pelo *Jornal de Brasília*, de conversas que incriminariam seu candidato Geraldo Magela (PT-DF). Outro veículo, o *Jornal da Comunidade*, recebeu na noite do dia 24 de outubro a desagradável visita de um oficial de Justiça acompanhado por policiais da Polícia Militar vasculhando o local em busca de uma publicação que acusava Magela de enriquecimento ilícito. A busca foi em vão, pois a documentação sobre o caso estava na sede do *Jornal de Brasília* e foi publicada no dia seguinte.

Tudo isso aconteceu às vésperas do segundo turno das eleições. O principal objetivo dos candidatos foi alcançado: impedir que matérias comprometedoras fossem publicadas e que a população tivesse conhecimento dos escândalos antes da eleição. Três semanas antes, em 3 de outubro, eu já havia emitido um laudo a pedido do *Correio Braziliense*, transcrevendo e autenticando uma gravação com conversa telefônica entre Joaquim Roriz e o deputado Pedro Passos. Mas o diálogo que periciei não foi publicado na época dos fatos em função da assim chamada "censura togada". Na conversa, Passos abria o jogo com Roriz, revelando supostos esquemas de favorecimento que incluiriam desembargadores e Eri Varela, presidente da Terracap, empresa estatal responsável pela administração das terras públicas do Distrito Federal. As eleições eram a preocupação central. Roriz prometia interferir.

> **Pedro Passos:** Tem vários desembargadores com lote lá, o próprio Eri tem... O Eri recebeu um lote da minha mão, recebeu chácara, ele tá é malservido, achando que gente ganhou mais...
> **Joaquim Roriz:** Certo...
> **Passos:** Ele tem a chácara dele lá, ele recebeu vinte lotes no outro loteamento... Eu não vou atacar ele, não vou fazer nada, só quero que ele pare de agredir minha família pra poder ficar quieto, pra gente passar pelo menos a eleição...
> **Roriz:** Tá bem, combinado, viu?

Passos: Vamos cuidar de eleição, né?
Roriz: Exatamente, eu vou falar com ele agora.
Passos: Se ele continuar futricando, chega uma hora que uma pessoa perde uma cabeça, bate num fiscal lá no mato... Vira uma confusão, não é?
Roriz: Pode ficar tranquilo que eu vou administrar procê isso agora.

Um mês depois, em novembro, a senadora Heloísa Helena (PT-AL) recebeu catorze gravações contendo conversas telefônicas com a participação de Joaquim Roriz, José Wellington Medeiros (desembargador do Tribunal de Justiça do Distrito Federal), Weligton Moraes (secretário de Comunicação do Distrito Federal) e o deputado Pedro Passos. As gravações foram encaminhadas para a Comissão de Fiscalização e Controle do Senado, a Procuradoria-Geral da República e também para a revista *Época*, pois, segundo a senadora, "é importante que a sociedade tome conhecimento dessas gravações. Essas conversas podem significar crimes contra o patrimônio público".

As conversas telefônicas ocorreram em agosto de 2002 e somavam pouco mais de 55 minutos. Tratava-se de uma operação de fiscalização num condomínio irregular em uma área nobre de Brasília, sugerindo relações escusas entre grileiros e representantes do poder público. Esse material foi encaminhado ao nosso laboratório, pela revista *Época*, para ser periciado. Constatamos a autenticidade de todas as gravações e agora, longe do burburinho eleitoral, *Época* publicou alguns trechos.

Diante do bombástico conteúdo entende-se por que Roriz temia sua divulgação antes das eleições. A ligação do governador com os irmãos Márcio e Pedro Passos, acusados de grilagem, era estreita. Roriz era avalista da empresa Lumiar, de propriedade dos Passos.

Pedro Passos estava apavorado com as atitudes impetuosas de Eri Varela que, em 8 de agosto, iniciara uma operação de derrubada das cercas do condomínio de luxo Mansões do Lago, por entender ser área de grilagem. Na manhã do dia seguinte, Passos, desesperado, telefona para a residência oficial de Joaquim Roriz pedindo a intervenção do governador. A revista *Época* publicou trecho, reproduzido a seguir:

> **Pedro Passos:** O Eri começou tudo de novo. Passei a noite inteira acordado, acalmando. Uns querendo bater nos outros, mulher machucada. O Eri, hoje cedo, começou tudo de novo. A operação tá lá derrubando o resto, disse que vai derrubar a casa.
> **Joaquim Roriz:** Tem casa lá também?
> **Passos:** Tem. Casa, com luz ligada. Quer derrubar tudo lá dentro. Esse homem tá louco, governador. Mandou a operação pra lá agora de manhã.
> **Roriz:** Eu vou ligar pra ele agora, viu?
> **Passos:** Passamos a noite inteira acordados.
> **Roriz:** Volto a falar com você já, viu? Tá bom?

Cinco minutos depois, Pedro Passos liga para o secretário de Comunicação de Roriz, Weligton Moraes. Transcrevemos algumas partes do diálogo:

> **Weligton Moraes:** Agora a gente vai ter que segurar uma outra crise, porque esse cara é anormal. O que vai acontecer? Ele vai sair da Terracap, vai sair atirando. Então, acabou...
> **Pedro Passos:** Aquilo ali pode atirar, aquilo lá não é banca de vender cocaína, não é porra nenhuma.
> **Moraes:** Pedro, Pedro, deixa eu falar uma coisa para você. Não adianta você falar isso para mim. Eu não vou nem

discutir o mérito da coisa. Ele ontem saiu de lá com tudo resolvido. Agora de manhã o cara manda de novo. Então, o que que esse cara é? Então é o interesse pessoal dele que tá sendo prejudicado. Ele passa por cima da autoridade do governador e toma as decisões assim, sem respeitar nem nada. É um cara que se sente dono, né? Um cara que sempre participou daquelas coisas todas, hoje chantageia o homem [Roriz]. Quer dizer, tem o homem, manda no homem. É mole um negócio desse? Ele manda. Porque o homem mandou parar. Pô, ontem nós fomos lá, conversamos, acertamos tudo. O cara mandou agora fazer isso. Não tem jeito, uai. Quer dizer, resolve de um lado, aqui. A gente tá fazendo para resolver. O governador mandou resolver. O cara não quer resolver. O cara quer sacanear. E, na hora que pressionar mesmo pra botar, esse é que vai ser o problema.
Passos: Ele não vai sair como herói, não, Weligton, porque eu vou esculhambar. Eu subo num trio lá na frente do *Correio* e conto tudo. Esculhambo com ele, rapaz. Corrupto, safado, vagabundo.

Uma hora e meia depois, em conversa com o desembargador Wellington Medeiros, Pedro Passos diz que Eri Varela está dando trabalho. O desembargador dá o seu conselho:

Pedro Passos: O que que a gente faz com esse Eri?
Wellington Medeiros: Nada. Trata bem dele. Dá alguma coisinha pra ele, que deve ser ciumeira.
Passos: Pois é...
Medeiros: Ele deve ter tomado conhecimento das tuas tratativas com o Gim [Argello, do PTB-DF, presidente da Câmara Legislativa] e certamente ficou bravo, uai.
Passos: É mole?

Medeiros: Tem que saber dividir o pão. Até que você sabe, mas seu sócio não sabe.
Passos: Não é isso, não.
Medeiros: Seu sócio que eu falo é o Salomão [Szervinski, grileiro, sócio dos Passos no condomínio do Lago Sul].
Passos: Mas não é isso, não. O bicho tá é enlouquecido.
Medeiros: Perigoso é ele sair atirando, rapaz [...]
Passos: Pois é...
Medeiros: Por isso que não é bom o desaforo. É bom neutralizar ele...

Quatro dias depois, Passos volta a conversar com o secretário Moraes:

Pedro Passos: Hoje eu tomei café da manhã com o Fábio Simão, o Filippelli [Tadeu Filippelli, do PMDB-DF, deputado federal] e aquele Marquinho Almeida. O Fábio Simão disse que a conversa na rua aí é que o Eri falou pro governador que bota ele na cadeia, que ele é ladrão, que não sei o quê. Se tá assim, tá de mal a pior, viu, Weligton.
Weligton Moraes: Bota quem na cadeia?
Passos: Que bota o governador na cadeia. Se o governador tiver afinado por uma ameaça dessa aí, eu me decepciono com o governador.
Moraes: Você sabe que a história não é assim. Ele conseguiu botar uma pessoa do lado dele e abrir para essa pessoa. Hoje ele é refém dele. Mas não tem nem dúvida. Então você não sabe um décimo que eu sei. Totalmente refém.
Passos: Se deixa ele ficar refém de uma ameaça cretina, covarde dessa.
Moraes: É tudo o momento. Assim como vocês do lado de lá estão examinando a possibilidade de detonar tudo, entendeu?

Do lado de cá também da mesma forma. Tô sentindo que tão deixando o homem refém dos dois lados.

Passos: Em 93, ele juntou com o Aidano Farias [perito] e com o Pedro Calmon [Mendes, advogado] e saiu extorquindo tudo quanto é loteador aí. Márcio tem quilos de fitas gravadas dele [Varela] desde 93. É uma bomba atômica, é nitroglicerina, e o cara assume uma postura de funcionário público impoluto, incorrupto e a bem do funcionalismo... Ah, vagabundo.

Moraes: Eu não sei, a história do cara?

Passos: O problema do Eri é isso, né, rapaz? Se ele falasse as coisas com clareza, seria muito mais fácil.

Moraes: Ele é dissimulado.

Passos: O dia que eu fui lá, eu falei "Você tá reclamando é de acerto comigo? Eu melhoro, eu tô aberto. Agora, só não pode ser com fiscal derrubando a cerca, você querer fazer acerto comigo. Eu sou um cara aberto, sou seu amigo, tenho por você a maior consideração. Se você está se achando injustiçado no acerto, a gente revê esse acerto". [Passos então diz o que Eri teria respondido.] "Vocês largaram a gente na chapada, nem lembram da gente aqui."

Moraes: Esse cara quer alguma coisa, ficou claro isso aí. Ele ficou mal com todo mundo. Trairão, trairão...

A divulgação das gravações teve como uma de suas consequências a abertura de uma investigação pelo Tribunal de Justiça do Distrito Federal sobre o envolvimento de juízes com grileiros. O desembargador Medeiros emitiu uma nota na qual não negava os diálogos com Pedro Passos, mas diminuía sua importância, afirmando que o que disse nada mais era do que "expressões jocosas [...] próprias de linguagem informal" e que conversavam "espontaneamente de amenidades".

O que se depreende dessas conversas é que o governador, embora hierarquicamente superior, não teria condições de exercer sua autoridade sobre o presidente da Terracap. O secretário Moraes diz claramente que Roriz estava refém de Varela. Não se sabe exatamente por quê. A conversa deixa claro que Passos, seguindo um conselho do desembargador Medeiros, queria fazer um "acerto" com Varela, mas entende que suas atitudes truculentas inviabilizavam um acordo. Num momento de muita lucidez, o secretário Moraes comenta que Roriz estaria "refém dos dois lados", ou seja, do empresário e grileiro Passos, do qual é avalista, e do funcionário público Varela, que tem poder e justificativa legal para embargar irregularidades em terras públicas do Distrito Federal.

Diante de tamanha confusão, a própria revista *Época* se perguntava: "O que tanto pode saber Eri Varela a ponto de 'chantagear' e 'passar por cima da autoridade' de Roriz?" Isso não se sabe até hoje.

Justiça para os poderosos

No ano de 2002, não só artista conversava com traficante (veja no capítulo 2 "A coleção de tênis do Belo"). O deputado federal Pinheiro Landim (PMDB-CE) foi grampeado pela Polícia Federal, no bojo da Operação Diamante, conversando pelo telefone com Leonardo Dias Mendonça, apontado pela Polícia Federal como um dos principais traficantes do país. Leonardo movimentava 2 toneladas de cocaína por mês, ou seja, cerca de 20 milhões de dólares, cifra que deixava Fernandinho Beira-Mar no chinelo.

Landim era acusado de intermediar a emissão de *habeas corpus* favorecendo traficantes. As gravações dos telefonemas eram a principal prova contra o parlamentar. Landim, preventivamente, renunciou em 15 de janeiro de 2003, duas semanas antes do término de seu mandato. Como já estava reeleito, a estratégia parecia perfeita. Porém, em 11 de fevereiro, uma comissão especial da Câmara dos Deputados nos enviou várias gravações para que fosse verificada a autenticidade da voz do deputado.

Nosso laudo, emitido três dias depois, confirmou que a voz era mesmo de Landim. Não restando dúvida sobre a validade das gravações, a comissão da Câmara jogou pesado. O deputado Patrus Ananias (PT-MG), relator, afirmou ao jornal *Folha de S.Paulo* que "as degravações das conversas apontam vigorosamente no sentido de que Landim realmente negociava *habeas corpus* para traficantes". E acrescenta: "Há sombras de suspeição muito séria sobre o Judiciário de Brasília." Diante desse quadro, a comissão de sindicância aprovou por unanimidade a abertura de cassação por quebra de decoro parlamentar. Acossado, Landim renuncia pela segunda vez em 25 de fevereiro de 2003, atingindo assim um recorde histórico: duas renúncias em um intervalo de 41 dias.

Landim se viu às voltas com a Justiça durante nove anos. No entanto, apesar da força das evidências, em 2012 foi absolvido pelo Superior Tribunal de Justiça (STJ), que considerou não haver no inquérito provas que incriminassem o ex-deputado.

É bom ser político no Brasil. O cantor Belo não teve a mesma sorte. Suas conversas com o traficante Vado lhe renderam, exatamente em janeiro de 2003, seis anos de prisão em regime fechado. Mas a música é outra quando se trata de políticos.

No bojo da investigação que envolvia Landim, surgiram gravações nas quais o seu assessor, Igor Silveira, era interlocutor frequente dos traficantes. Igor é filho do desembargador Eustáquio Silveira, sobre o qual logo surgiram suspeitas de conceder decisões favoráveis no âmbito do Judiciário.

Tais suspeitas desembocaram na abertura de um processo disciplinar no Tribunal Regional Federal (TRF), tendo como relator o desembargador federal Jirair Aram Meguerian. Uma das questões levantadas dizia respeito à autenticidade de algumas petições de certo advogado sobre as quais se alegava que teriam sido elaboradas pelo desembargador Silveira. O relator Meguerian nos solicitou um laudo que pudesse esclarecer esse ponto.

Tratava-se de um exame de linguística forense, ou seja, baseado exclusivamente em textos escritos. O que se procura nesse tipo de perícia é verificar se o estilo e o nível de complexidade do texto são compatíveis com outros textos produzidos pela mesma pessoa. A perícia conduzida em parceria com a linguista Helena Britto logo revelou que o tal advogado não poderia ter redigido as petições. As outras amostras de confronto evidenciavam que a redação do advogado era menos sofisticada tanto no nível de conhecimento jurídico quanto no nível puramente linguístico. Por outro lado, não foi possível, com o material que nos foi disponibilizado, afirmar se as petições questionadas teriam sido de fato produzidas pelo desembargador Eustáquio Silveira.

A maior dificuldade em exames envolvendo textos jurídicos é a natureza "formulaica" desse material. Em outras palavras, desembargadores de alto nível escrevem de forma muito parecida, especialmente em casos mais rotineiros. Ao contrário de textos literários, o estilo pessoal não se manifesta de forma tão evidente. Além disso, o material-padrão que nos foi fornecido — despachos do desembargador Silveira — não era muito extenso, o que, obviamente, dificulta uma delimitação formal das características estilísticas.

Acredito que a constatação de que não fora o advogado quem redigiu as petições pesou contra o desembargador Silveira e sua esposa, Vera Carla Cruz, também juíza. O casal foi compulsoriamente aposentado em 2003. Mesmo com um parecer favorável do relator Meguerian, os dezoito desembargadores da Corte

Especial do TRF decidiram por unanimidade, depois de um longo julgamento de 20 horas, que houve desvio de conduta dos magistrados: "Auxiliaram, sugeriram ou orientaram advogados nas petições de impetração de *habeas corpus*."

Nesse tipo de processo administrativo no Judiciário, a pena máxima é a aposentadoria compulsória com direito garantido por lei de continuidade no recebimento dos vencimentos. Ainda hoje, Silveira move uma ação contra a União para anular o processo disciplinar, pleiteando também uma indenização por danos morais.

O dinheiro jorra: a turma do Cachoeira

Cachoeira e Waldomiro Diniz

Em fevereiro de 2004, recebi um telefonema:

— Molina, preciso falar urgentemente com você. Tenho uma bomba nas mãos!

Era o jornalista Andrei Meireles, ex-*IstoÉ*, então na revista *Época*, me procurando para que eu periciasse urgentemente uma gravação.

— Do que se trata, Andrei?

— Não posso dizer pelo telefone, a bomba é grande demais...

Combinamos um horário e ele trouxe de Brasília duas fitas de vídeo nas quais o empresário e bicheiro Carlos Augusto Ramos, o Carlinhos Cachoeira, gravou uma reunião com Waldomiro Diniz quando este presidia a Loteria do Estado do Rio de Janeiro (Loterj), no governo da petista Benedita da Silva.

Antes mesmo de ouvir a gravação, perguntei ao Andrei quem era esse tal Waldomiro. Do Cachoeira eu já tinha ouvido falar, era um bicheiro famoso. Mas Waldomiro Diniz, para mim, era um ilustre desconhecido. Creio que a maior parte dos brasileiros jamais tinha ouvido esse nome. Era alguém do terceiro ou quarto escalão. Como, então, a gravação seria "uma bomba"?

Mas Andrei, jornalista bem informado e conhecedor dos bastidores do Planalto, tinha a resposta na ponta da língua:

— O Waldomiro é assim [esfrega os dois indicadores] com o Zé Dirceu. São unha e carne.

— Continuo não entendendo: bicheiro, Loterj, Zé Dirceu...

— Ouça as fitas, pô! — disse Andrei, já impaciente.

A gravação foi feita em 2002, quando Waldomiro ainda estava na Loterj. Mas essa nossa conversa acontecia em 2004. Waldomiro era, então, subchefe de Assuntos Parlamentares da Presidência da República.

Na conversa, Waldomiro pede dinheiro para si mesmo e para a campanha eleitoral de Benedita e, em troca, promete beneficiar Cachoeira em concorrências públicas. O bicheiro estava, entre outras coisas, muito interessado em controlar o mercado de jogos para celular. Um negócio certamente milionário.

Waldomiro, inicialmente, tentou negar as imagens, mas acabou confessando: levou dinheiro do jogo do bicho para a campanha eleitoral do PT, entregando 100 mil reais ao comitê de Geraldo Magela, candidato ao governo de Brasília. No Rio, Waldomiro estava de olho nas duas favoritas das pesquisas de opinião e negociou contribuições mensais de 150 mil reais para Benedita da Silva e Rosinha Matheus. Para si próprio pediu a Cachoeira "apenas" 1% do valor dos contratos acertados.

A gravação demonstrava cabalmente uma relação promíscua entre altas esferas do Planalto e o jogo do bicho. A gravação era realmente uma "bomba", como Andrei Meireles afirmara. Waldomiro Diniz ocupava em 2004 um gabinete no Palácio do Planalto. Chegou ao governo convidado pelo ministro da Casa Civil, o então todo-poderoso José Dirceu, hoje condenado pelo

Mensalão e a caminho de ser também condenado no Petrolão. Waldomiro era seu antigo colaborador e vizinho de gabinete.

A gravação, quanto às imagens, era muito clara. Os dois participantes, Waldomiro e Cachoeira, apareciam com nitidez e podiam ser facilmente identificados. Mas o som não era dos melhores porque a câmera de vídeo estava escondida num canto da sala de uma das empresas de Cachoeira, longe dos interlocutores.

Expliquei a Andrei que, em função das dificuldades do áudio, seria necessário realizar algumas filtragens de som, o que poderia levar alguns dias.

— Pô, Molina, não dá tempo. Temos de fechar essa matéria ainda nesta semana — disse ele.

— Tudo bem, mas vamos ter de virar umas duas noites trabalhando em cima dessa gravação.

E foi o que fizemos. Com a inestimável ajuda de Andrei, que conhecia muito bem o contexto da conversa, montamos peça a peça o quebra-cabeça. Foram 48 horas de trabalho ininterrupto e litros de café. Aos poucos, a transcrição surgia e a intuição do Andrei quanto à enorme importância política do material começava a fazer sentido.

Na gravação observava-se que Waldomiro, em vários momentos, tomava cuidados. Não havia mais ninguém na sala, mas mesmo assim ele se comportou como se mais alguém pudesse ouvi-los. Nas passagens mais comprometedoras, ele baixa a voz e chega a sussurrar no ouvido de Cachoeira. Quando o assunto são cifras e contribuições de campanha, escreve os nomes dos beneficiados numa folha de papel para não os pronunciar em voz alta. Antes de sair, Waldomiro, precavido, rasga a folha e guarda os pedaços no bolso.

Mas, apesar dos cuidados, Waldomiro falou demais. A transcrição que fizemos da conversa não só foi publicada em matéria de capa da revista *Época* como também foi veiculada em cadeia nacional por várias emissoras de rádio e TV. Ela não deixava dúvidas quanto à negociata e ao comprometimento de Waldomiro e, por extensão, de uma parte do governo.

A administração petista alegava que, sendo a gravação do começo de 2002, Luiz Inácio Lula da Silva ainda não havia sido eleito e, portanto, a questão ficava circunscrita ao governo estadual do Rio de Janeiro. A ação de Waldomiro não comprometeria o governo federal.

Porém o articulista Fernando Rodrigues, em 18 de fevereiro de 2004, na sua coluna na *Folha de S.Paulo*, fazia uma análise precisa da situação: "É quase catastrófica a atuação do PT do governo Lula na atual crise. Há erro de estratégia e tática. O principal e único coordenador político, José Dirceu, está abatido, enfraquecido." Rodrigues percebeu o que Andrei Meireles já havia me adiantado: problemas com Waldomiro vão atingir o homem forte do governo, José Dirceu.

A gravação de 2002 deflagrou, por parte do Ministério Público, uma investigação mais profunda dos passos de Waldomiro. Descobriu-se que em 2003, já ocupando cargo no governo Lula, Waldomiro voltou a se reunir com Cachoeira, intermediando conversas com a multinacional GTECH, que teve seus contratos renovados com a Caixa Econômica Federal. A GTECH é a maior multinacional de loterias do planeta, com faturamento anual de 1 bilhão de dólares e diversos contratos com governos de 46 países, sendo o Brasil o maior deles.

Politicamente, o importante é que se evidenciou que as ações ilegais de Waldomiro ocorriam também durante o governo Lula. As fitas eram mesmo uma bomba. Ou melhor, um estopim para uma bomba maior, que poderia desestabilizar o governo Lula logo em seu início, enfraquecendo seu principal articulador político. Era o início da queda de Zé Dirceu. Mas Lula, com sua natural antiaderência, sobreviveu não só a essa, mas a diversas outras crises durante os oito anos de seu governo.

Oficialmente, o senador Antero Paes de Barros (PSDB-MT) foi quem encaminhou as gravações ao Ministério Público e, usando suas prerrogativas de parlamentar, não revelou como as obteve. Mino Pedrosa, ex-jornalista da revista *IstoÉ*, o mesmo da gravação de ACM, trabalhava na época como assessor de Cachoeira. Pelo que sei, foi o Mino quem entregou a fita para o senador Paes de Barros. Um detalhe relevante: sem autorização de Cachoeira. É óbvio que Carlinhos Cachoeira não tinha o menor interesse em tornar pública essa gravação; não por Waldomiro, um mero operador, mas pelas suas estreitas ligações com a alta cúpula do Planalto e principalmente com o ministro da Casa Civil José Dirceu, de quem era assessor direto.

Se foi mesmo Mino Pedrosa que deu a fita ao senador, seria injusto criticá-lo num episódio onde a veia jornalística prevaleceu. Mino percebeu a importância desse material e, conhecido no meio jornalístico por ser movido a adrenalina, não hesitou em tornar público um caso que poderia chacoalhar o país. Preferiu fazer história. E fez. Esse acontecimento pode ser considerado o início do Mensalão e da derrocada política de José Dirceu.

Cachoeira rola a cabeça de André Luiz

A conversa de Waldomiro com Cachoeira, entre outras consequências, provocou a abertura de uma CPI na Assembleia Legislativa do Rio de Janeiro para investigar irregularidades na Loterj. Em novembro de 2004, assessores de Cachoeira gravam diversas conversas, agora com o deputado federal André Luiz (PMDB-RJ), que tentava extorqui-lo em 4 milhões de reais, alegando ter poder sobre a CPI. Embora fosse deputado federal, André Luiz tinha influência sobre os rumos da CPI fluminense, pois mantinha uma relação estreita com seu presidente, o deputado estadual Alessandro Calazans (PMN-RJ).

Inicialmente, Policarpo Júnior, da revista *Veja*, me procurou para periciar esse material. A conversa mais relevante, e que interessava à *Veja* para publicação, ocorrera na residência do deputado em Brasília. A gravação tinha quase uma hora e a revista, como de hábito, queria uma confirmação de autenticidade para veicular a notícia. Fui procurado dois dias antes do fechamento da edição; havia pouco tempo, era preciso trabalhar rápido. Por sorte, a voz de André Luiz me era bastante familiar, pois eu já tinha analisado outras gravações das quais ele participara. Não tive tempo de elaborar formalmente um laudo, mas, por telefone, tranquilizei Policarpo Júnior: a notícia poderia ser publicada sem nenhum risco para *Veja*. A gravação era autêntica.

No dia 4 de novembro de 2004, o segundo vice-presidente da Câmara dos Deputados, o corregedor deputado Luiz Piauhylino (então no PTB-PE, mas que já havia passado pelo PMDB, PSB, PSDB e PDT), nos encaminhou oficialmente a gravação, solicitando uma perícia técnica incluindo exames de transcrição, autenticidade e identificação da voz do deputado. O conteúdo da gravação poderia levar à cassação de André Luiz por quebra de decoro parlamentar. Para jogar água na fervura, o deputado entregou uma carta ao presidente da Câmara Michel Temer pedindo afastamento, pois alegava que vinha sendo "bombardeado diariamente pela imprensa com acusações infundadas e nunca comprovadas".

Essa história deu a maior confusão — sobrou até para mim. Três meses depois da entrega do laudo, juntamente com o jornalista, fui chamado para depor em Brasília no Conselho de Ética da Câmara no dia 26 de fevereiro de 2005. Clélio Toffoli Júnior, advogado de André Luiz, querendo embolar o meio de campo: insinuava que todo mundo estava recebendo de Cachoeira, inclusive eu. Ele achava inadmissível que eu não tivesse cobrado honorários da *Veja* e que, portanto, deveria estar recebendo "algum por fora". Essa insinuação era descabida. A estratégia da defesa era, meramente, desqualificar a minha opinião técnica no laudo oficial. Para a revista *Veja*, não passava de uma consulta. Não havia justificativa para cobrar honorários por uma simples consulta. Ademais, em muitos casos, mesmo quando há emissão de laudo, não há cobrança de honorários quando se trata de órgão de imprensa. Tudo depende do caso, do tempo despendido etc.

A deputada Denise Frossard, percebendo a manobra diversionista do advogado de André Luiz, saiu em minha defesa: "Quero deixar bem claro aqui que é da praxe jornalística ligar. Às vezes, um jornalista liga para mim e diz 'dra. Denise, essa questão de Direito aí, o que a senhora acha?'. Nem por isso cobro honorários de consulta."

A defesa de André Luiz estava desorientada. Em um primeiro momento, afirmou que a prova era ilícita — uma bobagem, pois não há impedimento legal no Brasil para gravações realizadas por um dos interlocutores participantes da conversação. A restrição só existe para gravação feita clandestinamente por terceiros, como um grampo judicialmente não autorizado, por exemplo. Posteriormente, a defesa alegou que a voz era do deputado André Luiz, porém as gravações não teriam ocorrido daquela forma. Segundo testemunhas suspeitíssimas, o deputado estaria em Minas Gerais no alegado dia dos fatos, ou seja, a gravação só podia ser uma montagem. Era um argumento surreal: seria impossível montar um diálogo coerente de 53 minutos a partir de fragmentos de voz. Achar isso viável é uma lenda urbana alimentada pelas séries policiais fantasiosas da TV. Qualquer tentativa nesse sentido resultaria em um Frankenstein sonoro.

O laudo oficial deu margem para a Comissão de Sindicância encaminhar o material ao Conselho de Ética e iniciar o processo de cassação por falta de decoro parlamentar. Apesar das reclamações de André Luiz, a gravação era autêntica e a voz era mesmo dele. Após 6 horas de votação, o deputado foi cassado em 4 de maio de 2005, por 311 votos a favor e 104 contra, com 33 abstenções e 3 votos em branco.

Mas o imbróglio envolvendo Cachoeira ainda não havia terminado. Em Brasília, André Luiz fora cassado. Na outra ponta, os deputados da Assembleia do Rio investigavam o envolvimento de Alessandro Calazans. No entanto, diante das mesmas provas, chegavam a conclusões diferentes, como veremos a seguir.

Incansável: Cachoeira chega a Calazans

Carlinhos Cachoeira continuava gravando. Em uma terceira gravação, um enviado seu mantém diálogo com Alessandro Calazans, então presidente da CPI da Loterj. Em determinado momento, como que pressionando pelo pagamento da extorsão, Calazans conta que seus colegas de CPI estavam inquietos, pois queriam dinheiro.

Mais uma vez, fui chamado para periciar uma gravação feita a mando de Cachoeira, ainda na esteira do caso Waldomiro Diniz. O deputado estadual Noel de Carvalho (PMDB-RJ), que foi membro da CPI da Loterj, era o relator da Comissão de Constituição e Justiça (CCJ), presidida por Paulo Melo (PMDB-RJ). Noel me chamou ao Rio para uma reunião, na qual, muito gentil e preocupado, solicitou um laudo "isento" sobre a gravação com Calazans. Parecia mesmo que havia um interesse legítimo em apurar o caso. Na verdade, o solicitante oficial era o deputado Leandro Sampaio (PPS-RJ), então corregedor-geral da Alerj. Mas quem mexia os pauzinhos era Noel, que faria o relatório indicando ou não a cassação de Calazans.

A gravação apresentava dificuldades, não se tratava de um trabalho corriqueiro. Calazans, já conhecedor dos procedimentos de Cachoeira, ligou a TV em volume bem alto pensando em impedir qualquer registro gravado que o comprometesse. De fato, o som da novela ao fundo prejudicou a qualidade da gravação. Como tinha sido usado um gravador digital pouco sofisticado, efeitos de distorção harmônica se sobrepuseram à conversação de interesse, diminuindo a qualidade de áudio em alguns trechos. Mas, após filtragens, o que restou inteligível era mais do que suficiente para incriminar Calazans. E mais: a gravação, apesar dos ruídos interferentes, era incontestavelmente autêntica. A existência de um registro de som paralelo, ou seja, da novela ao fundo, prejudicava a inteligibilidade, mas, por outro lado, dava unidade à gravação, visto que, se tivesse havido edição, o som de fundo estaria cortado. Esse ponto também foi verificado em nosso exame, comparando-se o som de fundo com o som daquele capítulo que foi transmitido no dia da conversa. Além disso, a novela garantia a datação do encontro, confirmando a versão de Cachoeira. O truque de Calazans saiu pela culatra.

Entreguei o laudo a Noel de Carvalho, achando que a minha missão havia sido cumprida. Surpreendi-me, no entanto, quando soube, pela imprensa, que Noel havia solicitado um segundo laudo para o Instituto de Criminalística da Bahia. "Só para ter certeza", disse o deputado. O laudo do IC-Bahia apenas confirmou minhas conclusões, mas, mesmo assim, a pedido de Michel Assef, advogado de Calazans, outro laudo apareceu. Ninguém queria admitir o óbvio.

Esse terceiro laudo, assinado pela fonoaudióloga Maria do Carmo Gargaglione, era um amontoado de bobagens. Ela confundia ruídos provocados por efeitos de digitalização com hipotéticos indícios de montagem que nunca existiram. O laudo de Gargaglione era para confundir, uma bola levantada para a defesa de Calazans cortar. Mas era uma bola furada. Todo o trabalho era tecnicamente insustentável. Qualquer profissional da área identificaria as falhas ali existentes.

Indignado com a postura da Assembleia Legislativa do Rio, que levava a sério o laudo estapafúrdio da fonoaudióloga, pedi uma acareação para ver se ela repetia aquele monte de besteiras publicamente. No fundo, duvidava que tivesse coragem para tal. Paulo Melo, presidente da CCJ, e possível envolvido no esquema de Calazans, nem ao menos colocou a proposta em votação na comissão. Disse que a briga entre os peritos era para ser resolvida na Justiça, pois já tinha problemas demais para ser "babá de egos". Muito conveniente.

O que ficou claro, para mim, é que havia um enorme interesse em abafar toda a história. Independentemente de quantos laudos viessem a confirmar a autenticidade da gravação, sempre se pediria mais um até que uma dúvida fosse instaurada, ainda que sem qualquer fundamentação técnica.

Embora o extenso relatório de 58 páginas de Noel de Carvalho tenha pedido a cassação de Calazans e a CCJ aprovado por seis votos a um, como de hábito tudo terminou em pizza. Em plenário, Calazans teve cerca de quarenta votos favoráveis. Na imprensa carioca, e à boca pequena, a Alerj era conhecida por garantir "quarenta votos" a favor. Fosse qual fosse o caso. Só mudava o Ali Babá.

Cachoeira manda mensagem ao Divino

Não surgiu um quarto laudo, mas sim uma quarta gravação. A mentira tem perna curta. Na nova gravação, de setembro de 2004, Jairo Martins, outro emissário de Carlinhos Cachoeira, conversava com o deputado federal carioca José Divino (PMDB-RJ). Discutia-se a trama armada para salvar Cachoeira da CPI da Loterj mediante o pagamento de 4 milhões de reais. Tema que já havia aparecido na gravação com o deputado André Luiz.

José Divino apostava na força do presidente da Assembleia Legislativa do Rio, Jorge Picciani (PMDB-RJ), para resolver o assunto de "cima para baixo", excluindo o nome de Cachoeira do relatório final. Segundo Divino, "se Picciani entrar no circuito, ele resolve as duas, porque resolve ciclo por ciclo. Ele tem controle da CPI e tem do plenário". Afirmava que o presidente da Assembleia "tem 45 deputados na mão" e que "o pessoal vota, bate continência mesmo".

A gravação mostrava ainda José Divino sendo questionado se Picciani pagava "mesada" aos deputados estaduais, Divino confirma e explica: "É porque ele tem o esquema do transporte, tá...? Da federação... ele manda mais no estado do Rio do que o Garotinho."

Evidentemente, como é comum nesses casos, Picciani negava tudo, mas analisamos a gravação e atestamos que era autêntica. A essa altura, Cachoeira já era um expert em gravação de conversas comprometedoras de seus amigos parlamentares. André Luiz foi cassado. Mas Alessandro Calazans escapou com folga.

Cachoeira perdeu oportunidades únicas de negócio e teve problemas com a Justiça por anos. Até hoje amaldiçoa o dia em que gravou Waldomiro Diniz. Certamente, nunca quis que essa fita tivesse qualquer publicidade, pois sabia que isso só o prejudicaria. A bomba estourou no seu colo.

Do escândalo na ANP ao Petrolão

Escândalos envolvendo a Agência na Nacional do Petróleo (ANP) não são novidade. Já em 2003, a revista *Veja* me entregou uma gravação telefônica com uma conversa entre o deputado federal Pedro Corrêa de Andrade Neto (PP-PE) e o empresário Ari Natalino da Silva.

Pedro Corrêa era o presidente nacional do Partido Progressista (PP), que compunha a base do governo de Luiz Inácio Lula da Silva. Natalino era um velho conhecido da Justiça e já tinha sido condenado por sonegação fiscal e acusado de atuar com contrabando e falsificação de cigarros, além de adulteração de combustíveis. A gravação veio à tona no bojo de uma investigação do Ministério Público Federal, com foco em Roberto Eleutério da Silva, apontado como o maior contrabandista de cigarros do país. Natalino, também envolvido nesse tipo de contravenção, caiu na rede. Pedro Corrêa e suas supostas ligações com a ANP apareceram como um subproduto dessa investigação.

A gravação, feita com autorização judicial, associa o mercado ilegal de cigarros e combustíveis a alguns gabinetes do Congresso Nacional. Na conversa, o deputado presta contas a Natalino sobre o andamento de suas negociações com a ANP. O ponto principal é uma autorização de funcionamento para a Power Química Ltda., especializada na fabricação de solventes. Diante da resistência do diretor da ANP, Luiz Augusto Horta Nogueira, Corrêa autoriza o empresário a usar seu nome junto ao diretor-geral, o embaixador Sebastião do Rego Barros, sobre quem afirmava ter influência para conseguir a liberação para a Power Química.

Em outra gravação, Herick, em conversa com seu pai Natalino, diz que Corrêa "não está preocupado com participação, o negócio é o pró-labore". Ou seja, a suposta influência do deputado junto à ANP seria recompensada com um pagamento único, sem implicar um compromisso a longo prazo.

Aparentemente, o deputado estava blefando. A licença não foi concedida. Segundo a ANP, o embaixador Rego Barros nunca foi procurado por Corrêa para tratar do caso da Power Química ou de qualquer outra empresa de Ari Natalino.

Se nesse caso a ANP saiu ilesa, durante a CPI dos combustíveis a situação seria bem diferente. Em dezembro de 2003, analisei, a pedido da revista *Veja*, uma conversa telefônica explosiva envolvendo, inclusive, a Unicamp. Por algum motivo que desconheço, *Veja* não publicou a matéria, embora eu tenha feito um laudo transcrevendo o conteúdo da gravação e confirmando sua autenticidade. Em junho de 2004, o assunto foi retomado em chamada na capa da revista *IstoÉ*, que dizia: "As fitas, sempre as fitas! Chegou a vez do pessoal dos combustíveis."

O delegado Cláudio Nogueira, da Polícia Federal de Brasília, já alertava, havia mais de um ano, que no Brasil existia uma máfia dos combustíveis atuando com a colaboração de autoridades dos poderes Executivo, Legislativo e Judiciário. Diante dos parlamentares da CPI, ele disparou: "Há infiltrações dos mafiosos em todas as esferas do poder." Nogueira, famoso por sua ação na Operação Anaconda, que revelou um esquema de venda de sentenças judiciais e colocou na cadeia juízes federais, delegados e agentes da Polícia Federal, era agora o presidente do inquérito batizado de Operação Ouro Negro. Ele tinha em mãos vasta documentação sobre as fraudes, além de muitas gravações telefônicas. Gravações que envolviam o alto escalão da Agência Nacional do Petróleo (ANP), parlamentares, governadores e até desembargadores.

A Operação Ouro Negro revelou inúmeras falcatruas na obtenção de certificados para a formulação de gasolina e de liminares que garantiam a continuidade das fraudes. Estimava-se que o país tinha um prejuízo anual de 10 bilhões de reais.

Na ocasião, apenas duas empresas no Brasil, Aster e Golfo, tinham autorização para trabalhar com gasolina formulada, o que, na prática, significava tornar-se independente das refinarias e indústrias petroquímicas para aquisição da gasolina tipo A, usada para ser misturada ao álcool e depois distribuída para os postos. A independência permitia a essas empresas colocar gasolina mais barata no mercado.

A gasolina formulada é produzida a partir de uma mistura de diversos componentes. Entram na fórmula sobras de petróleo de refinarias, solventes e outros produtos químicos, cuja mistura, se bem realizada, pode resultar em uma gasolina não só mais barata como, eventualmente, de melhor qualidade, menos poluente e de melhor rendimento. A qualidade final do combustível formulado deve ser, no entanto, atestada por órgãos credenciados pela ANP.

A Portaria 316 da ANP, de dezembro de 2001, regulamentou a formulação da gasolina e várias distribuidoras tentaram obter a autorização, mas apenas a Aster, em 3 junho de 2003, conseguiu. Segundo a *IstoÉ*, no mesmo dia, por meio da Portaria 175, a ANP suspendeu a 316, mas manteve a autorização dada horas antes para a Aster. A Golfo só conseguiu a autorização por meio de uma liminar obtida junto a uma vara da Justiça Federal do Rio de Janeiro, em abril de 2004.

As gravações que faziam parte da investigação mostravam, entre outras coisas, conversas de Dirceu Antônio de Oliveira Júnior, conhecido como "Major", dono da Golfo e de dezenas de distribuidoras de combustíveis, com Paulo Bandeira, empresário da alta sociedade carioca e marido da assessora do superintendente de abastecimento da ANP, Cláudia Maia Bandeira. Nessa conversa, até mesmo a própria Unicamp era citada e de maneira muito pouco honrosa. Verdade ou não, a certa altura o "Major" afirma que enquanto as amostras de combustível eram avaliadas pela Unicamp, nunca houve problemas: "Veja bem, quando estava só a Unicamp, estava tudo bem, agora foram dar asa para o IPT [Instituto de Pesquisas Tecnológicas] e aí fodeu tudo, meu, entendeu?". Aparentemente, o "Major" queria dizer que de algum modo as análises de qualidade de combustível feitas pela Unicamp não eram lá muito rigorosas, tanto que favoreciam seus negócios.

Embora a ANP afirmasse que a Golfo obteve autorização para operar como formuladora por conta da liminar judicial, e não por interferência da agência na decisão, a ANP praticamente ignorou uma operação de 2002, conduzida por seus fiscais, que encontrou gasolina adulterada vendida pelo "Major" a vários postos do Rio Grande do Sul. A documentação dessa operação serviu de base para uma denúncia criminal apresentada à Justiça de Canoas (RS).

Outro flagrado nas gravações foi o empresário Amadeu Moreira Ribeiro de Carvalho, apontado como o verdadeiro dono da Golfo. As conversas revelavam que ele tinha relações estreitas com membros dos três poderes da República. Dirceu, o "Major", não passava de seu testa de ferro. Em um dos diálogos, Amadeu autoriza pagamentos de propina a pessoas indicadas por autoridades de governos estaduais que facilitavam a fraude fiscal no transporte de combustível. Numa das gravações, o filho da governadora do Rio Grande do Norte Vilma Farias indica o nome daqueles que deveriam receber os pagamentos. Um rastreamento bancário feito pela PF comprovou que os depósitos foram efetuados como determinado.

Todo o episódio jogava lama sobre a ANP. A matéria da *IstoÉ* chegava a afirmar que "a máfia dos combustíveis nada de braçada na ANP". Transcreve também trecho de conversa telefônica de Amadeu com um amigo, na qual diz: "Estou indo para Brasília. Se tudo der certo, o Brasil ficará pequeno para as nossas falcatruas."

Dilma Rousseff, então ministra das Minas e Energia, também se manifestou a respeito desse assunto: "O formulador, em si, não é ruim. Existe em outros países. Só que lá fora não tem indústria de liminares nem adulteração de gasolina." Essa surpreendente declaração revela não só descrença em relação ao Judiciário como também confessa a impotência diante das irregularidades e dos desmandos que ocorriam na ANP, agência que, afinal, é uma autarquia do Ministério das Minas e Energia.

Sete anos depois, a ex-ministra virou presidente da República, mas continuou vendo a ANP nas manchetes. A revista *Época*, em julho de 2011, com base em vídeos, cheques e outros documentos, revela novas falcatruas envolvendo a agência. Sarcasticamente, a revista destaca na capa outro significado para a sigla ANP: Agência Nacional da Propina.

Tratava-se agora de uma gravação de áudio e vídeo com 53 minutos, integrante de uma investigação do Ministério Público Federal e da Polícia Federal. A revista *Época* obteve cópia e nos solicitou um laudo com a transcrição das falas e a verificação da autenticidade da gravação. Mais uma vez uma gravação indicando irregularidades na ANP chegava ao meu laboratório.

A gravação foi feita em fevereiro de 2008 com equipamento instalado no escritório da advogada Vanuza Sampaio, no Centro do Rio de Janeiro, registrando uma reunião com dois assessores da ANP: Antônio José Moreira e Daniel Carvalho de Lima. Eles exigiam que a Petromarte, cliente da advogada, pagasse propina de 40 mil reais para conseguir a renovação do seu registro junto à agência. A conversa fora bem franca e aberta. Como bem descreveu à revista *Época*: "São 53 minutos de corrupção exposta em seu sentido mais puro. Não há nenhum vestígio de decoro [...]. Não há diálogo em código ou fraseado evasivo. É tudo dito na lata." Essa descontração pode ser explicada pela impunidade que prevaleceu em todas as tentativas de desmontar o esquema de corrupção profundamente entranhado na ANP. Nos últimos anos, a agência vinha sendo alvo de investigações do Ministério Público e da Polícia Federal. O Congresso Nacional chegou a criar a CPI dos combustíveis sem nenhum resultado efetivo.

Tudo parecia igual ao que era antes. Lembram-se do "Major", alvo das investigações de 2003? Aqui ele aparece novamente. O assessor Moreira, muito à vontade, pede a Vanuza Sampaio que troque um cheque de 11 mil reais recebido do advogado Cristiano

Benzota, cujo principal cliente era Dirceu Antônio de Oliveira, o "Major". "Não posso depositar isso na minha conta", teria dito Moreira à advogada.

As agências reguladoras de serviços públicos foram criadas em 1998 durante o governo de Fernando Henrique Cardoso com o objetivo de garantir o cumprimento de contratos que envolvem o governo e o setor privado. Desde o início, as agências foram alvo de acirrada controvérsia. A oposição, na época liderada por Lula, acusava o governo de Fernando Henrique Cardoso de, através das agências, estar camuflando processos de privatização. Ao assumir o governo federal, o PT não extinguiu as agências. Segundo o ex-presidente em depoimento ao jornalista Augusto Nunes, o governo Lula reduziu as agências a "objeto de barganha sindical ou partidária". Teria havido, ainda segundo FHC, "um retrocesso institucional".

Em julho de 2011, das dez agências existentes, oito eram comandadas por pessoas indicadas por PT e PCdoB. Dentre elas, a ANP contava com o maior orçamento: mais de 3 bilhões de reais. A mistura de partidarismo com altas verbas em agências que deveriam ser eminentemente técnicas pode ser explosiva.

Em 2013 e 2014, houve uma manipulação do preço dos combustíveis com fins escancaradamente eleitoreiros. O preço foi artificialmente mantido muito baixo, o que causou prejuízo de bilhões de dólares à Petrobras. A jogada segurou a inflação por certo período, mas causou consequências catastróficas para a economia nacional. A companhia quase foi à bancarrota também pela gestão irresponsável que permitiu a compra de uma refinaria sucateada em Pasadena, nos Estados Unidos.

O mesmo deputado Pedro Corrêa que figurava no escândalo da ANP, lá em 2003, mais de dez anos depois reaparece nos escândalos do Mensalão e também da Operação Lava-Jato, que trouxe à tona uma rede gigantesca de corrupção envolvendo a maior empresa brasileira, escândalo que ficou popularmente conhecido como "Petrolão".

A Lava-Jato está só começando e ainda não se tem ideia de sua verdadeira dimensão, tanto no que diz respeito aos valores desviados como às consequências políticas dessa operação. Uma das principais figuras nesse escândalo é Ricardo Pessoa, presidente da empreiteira UTC, tido como chefe do cartel e coordenador do esquema de propina. O temor no alto escalão do governo petista pelo que Pessoa pode revelar vem do fato de o empresário se dizer amigo próximo do ex-presidente Lula. Fotos recentemente divulgadas mostram também sua proximidade com a atual presidente Dilma.

Nossa participação no escândalo do Petrolão até aqui se restringiu a uma análise grafotécnica de um longo manuscrito de seis folhas cujo autor seria, supostamente, Ricardo Pessoa e o destinatário, seu advogado. Não se sabe como *Veja* teve acesso ao documento, mas a revista nos solicitou um laudo para atestar sua autenticidade. Ficou evidente que o punho escritor era mesmo do empresário. A notícia foi veiculada com destaque na edição de 14 de janeiro de 2015.

O que Pessoa anotou era bombástico, revelando, entre outras coisas, esquemas de transferência de recursos de discutível licitude para campanhas eleitorais, com ênfase na última eleição. Um dos trechos mais assustadores para o governo petista refere-se diretamente a Edinho Silva, tesoureiro da campanha de Dilma Rousseff: "Edinho Silva está preocupadíssimo. Todas as empreiteiras acusadas de esquema criminoso na Operação Lava-Jato doaram para a campanha de Dilma. Será se [sic] falarão sobre vinculações campanha × obras da Petrobras?" Em outro trecho, Pessoa revela: "As empreiteiras juntas doaram para a campanha de Dilma milhões. Já pensou se há vinculações em algumas delas? O que dirá o nosso procurador-geral da República?"

Vale lembrar que a revelação do "propinoduto" da Petrobras começou com a delação premiada do diretor de abastecimento Paulo Roberto Costa. Mas Pessoa expande o quadro da corrupção da petroleira para muito além do setor de abastecimento. A certa altura escreve: "A Operação Lava-Jato vai caminhando e está prestes a mostrar que o que foi apresentado sobre a área de Abastecimento na Petrobras é muito pequeno quando se junta tudo a Pasadena, SBM, Angola, esquema argentino, Transpetro, Petroquímica e outras mais. Ah, e o contrato de meio ambiente da Petrobras Internacional? Se somarmos tudo, Abastecimento é fichinha."

A autenticidade da autoria do texto é tecnicamente indiscutível. A verdadeira intenção de Pessoa é que não fica muito clara. Tudo pode ter sido um recado para o Planalto: me tirem daqui! Mas isso não aconteceu. Pessoa continuou preso por cinco meses até conseguir um acordo, já homologado pelo STF, de delação premiada. Em duas edições seguidas, em 1º e 8 de julho de 2015, Ricardo Pessoa volta a ser capa da revista *Veja*: "À sombra do delator" e "Agora, as provas do delator" foram as manchetes.

O ministro Edinho Silva, vale lembrar, tesoureiro da campanha de Dilma Rousseff, colocado no olho do furacão pelo manuscrito de Pessoa, foi rapidamente alçado ao cargo de ministro-chefe da Secretaria de Comunicação Social da Presidência, em uma evidente tentativa de blindagem. Funcionou por pouco tempo. Em setembro de 2015, o procurador-geral Rodrigo Janot enviou ao STF um pedido de investigação sobre Edinho por conta de informações fornecidas na delação de Ricardo Pessoa. A Operação Lava-Jato está em pleno andamento durante a redação deste livro. Muito provavelmente, um enorme número de provas materiais surgirá, tão logo toda a investigação seja concluída. Gravações de áudio e vídeo, planilhas e agendas manuscritas, e-mails e outras evidências certamente virão à tona. Muito desse material poderá ainda passar por nosso laboratório.

Obras de Maluf

Com a caneta na mão

Em junho de 2004, Paulo Salim Maluf era novamente candidato. Concorrendo agora à prefeitura da capital paulista, o conhecido político não reconhecia sua própria assinatura. No velho estilo Maluf, ele negava, negava, negava. Dessa vez, não admitia serem de sua autoria assinaturas em documentos bancários existentes no Union Bank of Switzerland (UBS), de Zurique, na Suíça.

O candidato afirmava, como repete até hoje, que nunca teve dinheiro fora do país e, portanto, os documentos seriam falsos: uma ficha de abertura de conta no UBS e uma carta de transferência de valores para Londres.

Os documentos faziam parte de um lote de papéis enviados pela Justiça suíça ao Brasil a pedido do promotor Silvio Marques, pois Maluf era investigado desde 2001 sobre a remessa ilegal de milhões de dólares ao exterior. Eram fotocópias, mas, afinal, enviadas pela Justiça da Suíça. Não havia, pois, motivo razoável para duvidar da autenticidade material dos documentos. Se alguma dúvida podia ainda restar, seria quanto às assinaturas atribuídas a Maluf.

A carta de transferência foi escrita em inglês, datada de 16 de dezembro de 1996, último mês de Maluf como prefeito de São Paulo na gestão 1993-1996. O pedido era para transferir 100 milhões de dólares da conta em nome da White Gold Foundation para outra conta, em Londres, em nome da Durant International.

Segundo as autoridades suíças, as duas empresas pertenciam à família Maluf.

A reportagem da *Folha de S.Paulo* de 15 de junho de 2004 afirmava que o jornal teve acesso à ata de fundação da White Gold, que cita Maluf como beneficiário e, em caso de morte, sua mulher e os quatro filhos do casal.

O outro documento era uma ficha de abertura de conta no UBS, datada de 4 de julho de 1985, em nome de Blue Diamond, depois Red Ruby. Segundo a Justiça suíça, Maluf era o "detentor de direitos" dessa conta.

A defesa de Maluf se adiantou e encomendou dois laudos aos peritos Celso Del Picchia e Sebastião Edison Cinelli. Ambos concluíram que não era possível garantir a autenticidade dos documentos por se tratar de cópias. Del Picchia atestou também que os manuscritos na carta de transferência de valores não seriam de autoria de Maluf. Quanto às assinaturas, no entanto, era reticente. Não ficava claro se as considerava autênticas ou não. Clara era a estratégia: desqualificar os documentos como um todo por serem cópias e assim deixar de verificar o que realmente importava, as assinaturas.

Os dois laudos, bastante volumosos, foram exibidos por Maluf em rede nacional, como atestados de sua inocência. Ele brandia os calhamaços e dizia: "Os laudos provam que a letra não é minha." Mais uma vez, a tática usada por Maluf era confundir a opinião pública. De fato, a letra manuscrita no corpo da carta autorizando a transferência bancária não parecia ser dele. Mas a questão não era essa; a assinatura era o que importava. Maluf aproveitava-se dessa confusão para promover mais uma de suas manobras diversionistas.

O Ministério Público tinha certeza quanto à autenticidade dos documentos, mas a ostensiva contestação feita por Maluf ganhou um indevido espaço na mídia, sempre interessada nos espetáculos que acompanharam a vida pública do ex-governador. O promotor Silvio Marques precisava de uma resposta tecnicamente fundamentada para rebater os laudos de Maluf.

Fomos procurados pelo MP para examinar os documentos e emitir um laudo. Ao contrário dos peritos contratados por Maluf, baseamos nossas comparações em assinaturas preexistentes. É praticamente uma regra em exames grafotécnicos que o perito privilegie confrontos com assinaturas anteriores às assinaturas questionadas. Isso porque, sendo intimado a fornecer amostras de escrita, o investigado, por esperteza ou nervosismo, pode alterar características habituais da sua assinatura. Nesse caso, em se tratando de uma figura pública, ex-governador, ex-prefeito e ex-deputado, o que não falta são documentos assinados por Maluf. É inexplicável, portanto, o perito da defesa, Del Picchia, ter colhido assinaturas recentes para elaborar o seu laudo.

Para aumentar a trapalhada, o advogado de Maluf orientou-o, ao pé do ouvido, a assinar diferente do seu padrão: "Faz com pingo bolão." O advogado sugeria que Maluf, em vez de um simples pingo no "i" de Salim, como sempre fizera, desenhasse um pequeno círculo, o "pingo bolão". Para o seu azar, o advogado não esperava que sua fala estivesse sendo gravada por uma câmera de TV, postada logo atrás dele. O episódio teve repercussão nacional e virou alvo de chacota.

Nossos exames, baseados em documentos públicos inquestionáveis, concluíram pela inequívoca autenticidade da assinatura (ver imagens 9 e 10 do encarte).

As letras manuscritas na carta de transferência bancária não eram mesmo de Maluf, mas a assinatura, sim. O que não fazia sentido era inverter as coisas, como tentavam Maluf e seu perito, ou seja, dar mais importância à autoria do texto manuscrito do que à assinatura que autorizava a transferência do dinheiro.

Paulo Maluf afirmava que os laudos solicitados pelo MP foram produzidos a mando do seu adversário na disputa eleitoral para o governo de São Paulo, José Serra (PSDB-SP). No melhor estilo, declarou à *Folha de S.Paulo*: "É a prova inconteste de que forças ocultas, de que os vampiros da calúnia querem transformar o gabinete de um ou dois promotores em comitê eleitoral." Na falta de uma explicação mais razoável, Maluf apelou para o *juris esperneandis*.

Sem a caneta na mão

Três meses depois, Maluf voltava ao noticiário — agora, porém, sem assinar embaixo. Ele era o tema principal de uma conversa entre o vereador malufista Brasil Vita (PTB-SP) e o ex-presidente da Câmara Municipal de São Paulo, Armando Mellão (PMDB-SP), que gravou o encontro. Mellão, acusado de extorsão, havia passado 49 dias preso. Na gravação entregue ao Ministério Público (MP), Mellão dizia ter sido vítima de uma "armação malufista" e o acusou de desviar milhões de dólares para o exterior. O MP nos procurou para analisar a gravação e atestar sua autenticidade.

Gravadas na casa do vereador malufista, Vita e Mellão tiveram duas conversas, uma de 18 e outra de 19 minutos. Primeiro falaram sobre valores. Vejam a proposta:

> **Brasil Vita:** O que ele [Paulo Maluf] está pedindo, Armando, veja bem, é, e eu vou lhe dizer com toda a honestidade, eu gosto de dinheiro, gosto de ganhar dinheiro, não sou nenhum imbecil, mas ganho para mim tem limitações...
> **Armando Mellão:** É verdade.
> **Vita:** O que ele quer de você, eu, que sou seu advogado, não sei... Por quê? Porque a primeira qualidade que eu tenho de ter com o meu cliente é um haraquiri que ele tá fazendo em você...

Mellão: Concordo, e a ideia nossa é de não fazer, mas eu acho que a gente deveria ouvir a proposta [...] Eu tenho um pouco de medo do Maluf.
Vita: Ele não é fácil. É um homem complicado, difícil...
Mellão: [...] Eu não acho que a gente vai chegar a um bom termo com ele, não acredito. Mas o que eu vou pedir é o seguinte: se a gente chegar a algum negócio com ele [...] eu lhe daria 20%. Daria 20% na condição de o senhor me proteger. Se ele estiver preparando alguma arapuca para mim, o senhor me avisa.
Vita: [...] O problema é que ele é um filho de uma puta... Você ofereceu para ele algo tão importante que pode dar uma reversão no...
Mellão: ...no cenário eleitoral.
Vita: Sem dúvida alguma, a palavra é muito bem empregada. Eu conversei com ele [...] Ele está irredutível, falei para ele: "Paulo, você tem de ponderar, o Armando não pode fazer isso, não é possível, é suicídio." Daí ele veio com aquela história dele, que ele tem bronca do Serra.
Mellão: Dr. Vita, ele quer que eu diga...
Vita: Que o Serra lhe deu dinheiro etc.
Mellão: Que o Serra me deu dinheiro para...
Vita: Que você, veja bem...
Mellão: Para eu fazer aquelas denúncias na imprensa...
Vita: Para você inventar.
Mellão: Tá. E ele se contentaria com isso ou ele quer um ataque ao Ministério Público e à Polícia Federal?
Vita: Ele não falou em Ministério Público.
Mellão: Isso para ele bastaria?
Vita: Segundo ele, sim...

Depois de encaminhado o assunto, foi a vez de tratar de valores:

> **Mellão:** [...] A negociação para chegar a um bom termo precisa ser iniciada. Pode ser até que ela não se conclua por um fator financeiro... [...] Entendeu?
> **Vita:** Eu não sei, pode ser 1 dólar, até 2, 3 milhões, sei lá...
> **Mellão:** Tem algumas coisas na vida que por mil dólares é impossível de ser praticado. E existem coisas, nesse caso, que por 1 milhão é...
> **Vita:** Sem dúvida, sem dúvida, vou indagar isso a ele.

E a resposta:

> **Vita:** Vamos falar do que interessa. Fui ao Paulo [Maluf] e expliquei, mas, na sua opinião, ele está gagá...
> **Mellão:** É possível...
> **Vita:** Na minha opinião, ele já começou a entrar no que a gente chama em direito de senectude psíquica... Eu falei: "O negócio vale uns 2, 3 milhões." Ele disse: "Vai lá e vê se ele aceita 200 mil reais." Eu disse: "Paulo, você está falando sério comigo? Você me disse que ele falaria que negociou 300 mil reais com o Serra e agora oferece 200 mil reais." A proposta foi tão baixa que nem te telefonei para encher o saco. Dê um tempo que ele vai voltar...
> **Mellão:** Não vamos abandonar a negociação. O que ele quer é que eu ataque o Serra.
> **Vita:** É, nós não falamos do Ministério Público, só falamos de Serra.

Com a divulgação do conteúdo da fita na imprensa, a brigada malufista já estava nas ruas para desmentir tudo, negar tudo. Seu assessor Adilson Laranjeira distribuiu nota pouco elegante à imprensa e um dos parágrafos foi reproduzido na edição de

9 de outubro da *Folha de S.Paulo*: "Armando Mellão, usado pelo promotor, é um criminoso notório, chantagista, acusado de envolvimento no assassinato de camelô em São Miguel Paulista, preso pela PF em flagrante quando tentava extorquir um empresário. Sua credibilidade é igual à do conteúdo de uma latrina."

Já o ex-prefeito, com o humor e estilo inconfundíveis, preferiu a ironia: "Humildemente, eu recomendo aos tucanos que escolham melhor suas amizades. Já dizia o meu avô: diga-me com quem andas e eu te direi quem és. Quem anda com Armando Mellão não pode ser gente boa." Mas Mellão negava qualquer influência do PSDB e declarou na revista *IstoÉ* de 20 de outubro de 2004: "Gravei para me defender. Não teve armação tucana, não teve nenhum tipo de mutreta. Nem conheço o José Serra pessoalmente."

O vereador Brasil Vita dizia que o diálogo era uma "ópera bufa". Reconhecia a conversa, mas afirmava que tudo não passou de mentiras ditas por ele: "Eu sabia que era gravado e queria ver aonde Armando Mellão queria chegar." Evidentemente, agora sim estávamos diante de uma mentira. Se soubesse que estava sendo gravado, não teria se comprometido tanto. Até poderia conduzir a conversa para tirar informações de Mellão, mas, nessa hipótese, quem deveria portar o gravador era Vita, não Mellão.

Resumindo, a fita era autêntica, não tinha sido editada, nem montada, havia naturalidade nos diálogos e a voz de Vita, inconfundível, foi identificada sem problemas. Mais uma encrenca para Maluf.

Corrupção sem controle

Mensalão

O envolvimento do PT em escândalos, algo que depois do Mensalão deixou de ser novidade neste país, tem episódios importantes que remontam a junho de 2004, durante a CPI do Banestado. Um diálogo gravado pela TV Senado, logo após uma sessão da CPI, mostrava alguns petistas da comissão estudando um jeito de preservar o advogado Roberto Teixeira, compadre do então presidente Luiz Inácio Lula da Silva. Eles não sabiam que os microfones e câmeras estavam ligados, registrando a conversa entre o deputado José Mentor (PT-SP), a senadora Serys Slhessarenko (PT-MT) e o deputado Eduardo Valverde (PT-RO).

Fiz a transcrição da conversa a pedido do jornal *Folha de S.Paulo*, que reproduziu parte do diálogo:

> **Serys Slhessarenko:** Eu queria entender. Eu cheguei e ninguém me explicou o que tá acontecendo. Que zorra!
> **José Mentor:** [O senador Antero Paes de Barros (PSDB-MT)] queria que convocasse uma reunião, convocação de reunião. E pra obstruir a [inaudível]. Convocou para sexta-feira, às 8h30. Hoje, quem quer fazer sessão aqui? Não tem como fazer! E tá dizendo que eu tô obstruindo a [convocação] do Roberto Teixeira. Roberto Teixeira, o advogado da Transbrasil, que é compadre do Lula... o Lula... [inaudível] e é meu amigo [inaudível]. E tem outra coisa: nós [conseguimos] fazer maioria aqui.
> **Slhessarenko:** Não, claro [som de tosse].
> **Valverde:** Nós vamos convocar o pessoal dele [de Antero] também.
> **Mentor:** Mas eu tenho um caminhão! É que eu não quero fazer desse jeito, nós não vamos fazer desse jeito, vamos fazer de outro jeito... Eu não entendo... [interrupção da gravação]

Um mês depois, em setembro de 2004, a revista *Veja* noticiava que o deputado Roberto Jefferson, presidente nacional do PTB, afirmava ter pedido dinheiro ao PT, 500 mil reais, por conta da dificuldade financeira do seu partido, principalmente no estado de Pernambuco, mas não foi atendido, pois o PT também estava com problema de caixa.

Porém uma fita obtida pela revista mostrava que o partido governista estava envolvido em "outros quinhentos". Uma gravação feita durante uma reunião do PSDC em São Paulo, em 10 de junho daquele ano, com a presença de nove pessoas da cúpula do partido, mostrava o presidente do partido, José Maria Eymael, relatando aos colegas que o PT queria fazer uma aliança política com o PSDC na disputa pela prefeitura de Osasco e, para tanto, estava disposto a incrementar o caixa do PSDC. O repasse seria em três parcelas: as duas primeiras de 150 mil e a terceira de 200 mil reais.

Eymael dizia que tudo começou com um telefonema do deputado petista João Paulo Cunha, cuja base eleitoral é Osasco. Ele pediu que Eymael recebesse o petista Emídio de Souza, candidato à prefeitura daquela cidade. O objetivo do PT era impedir a aproximação do pré-candidato do PSDC, Délbio Teruel, bem colocado nas pesquisas, com o PSDB. Ele poderia ser vice do PT ou até sair como candidato, mas não deveria se aliar aos tucanos.

Por cinco votos a quatro, a cúpula do PSDC rejeitou a proposta do PT e fez uma aliança com o PSDB. O PT não negava o encontro, mas afirmou que nunca falou em dinheiro — tratava-se de uma aliança político-eleitoral.

Um ano depois, em outubro de 2005, o Conselho de Ética da Câmara abria processo de cassação contra vários deputados, todos acusados de envolvimento no escândalo do Mensalão. José Dirceu (PT), Sandro Mabel (PP) e Romeu Queiroz (PTB) respondiam processo no Conselho de Ética; Roberto Jefferson já havia sido cassado; Valdemar Costa Neto (PL), Carlos Rodrigues (PL), Paulo Rocha (PT) e José Borba (PMDB) renunciaram.

José Mentor, um dos acusados de envolvimento no Mensalão, entregou ao presidente da Câmara, Aldo Rebelo (PCdoB-SP), e ao presidente do Conselho de Ética, Ricardo Izar (PTB-SP), grande quantidade de documentos para comprovar que não havia nada de ilegalidade nas suas relações com o publicitário Marcos Valério, considerado o principal articulador do esquema. Atestei a autenticidade de alguns documentos apresentados por José Mentor. Eram notas fiscais relativas ao contrato do escritório de advocacia do deputado com a empresa de Valério.

Mas, independentemente do esforço individual de cada deputado para comprovar sua inocência, o governo continuava usando de todos os artifícios políticos para convencer os deputados do PT a renunciar, garantindo seus direitos políticos e aliviando a crise pela qual passava o Palácio do Planalto. José Mentor foi absolvido no processo do Mensalão.

CPI dos Correios

Em dezembro de 2005, uma fita de vídeo cujo áudio estava praticamente inaudível foi apresentada na Comissão Parlamentar Mista de Inquérito (CPMI) dos Correios com legendas feitas por nosso laboratório, a pedido do deputado federal José Eduardo Cardozo (PT-SP), sub-relator da comissão. O conteúdo levantava a suspeita de que teria havido um acordo entre as empresas Beta, Skymaster e VarigLog para fraudar licitação da Rede Postal Noturna (RPN) da estatal. Beta e Skymaster diziam ter firmado um termo de compromisso para dividir em 50% os serviços, independentemente de quem ganhasse a licitação, pois nenhuma empresa tinha estrutura para atender os Correios sozinha.

A Beta era uma das quatro empresas que administravam a RPN e, de acordo com a revista *Época*, "já formou uma sociedade oculta com a Skymaster, fraudando o princípio da concorrência pública".

Em uma parte do diálogo, gravado por uma câmera na sala da presidência da Beta, um funcionário do departamento financeiro, chamado William, mostra uma planilha e afirma ao presidente da empresa, Antônio Augusto Morato: "Cento e vinte paus é acerto do Correio, né? E tem mais 30 mil... 28 mil que é Varig." Mais adiante, o mesmo funcionário afirma que esses 120 mil seriam sonegados.

Segundo a revista *Época*, de 19 de dezembro, a gravação legendada foi exibida em uma sessão da CPMI. O sub-relator José Eduardo Cardozo disse que a propina "serviria para garantir a liderança do consórcio Beta-Skymaster nos contratos com os Correios". Ainda segundo *Época*, "em suas relações com o governo, a Skymaster contou com o lobby de astros da galáxia petista: o ex-secretário-geral do PT Silvio Pereira (que ganhou um jipe Land Rover de uma empreiteira) e o advogado Antônio Carlos de Almeida Castro, o Kakay, amigo do então ministro José Dirceu".

A gravação era antiga, de 2002, ou seja, ainda durante o governo FHC. O esquema de cartéis que estamos vendo hoje, principalmente entre as empreiteiras da construção civil, já era uma prática antiga — um argumento muito usado pelo governo petista para justificar os malfeitos praticados nas suas gestões. O problema é que a marolinha de corrupção que balançava o governo do PSDB se transformou num tsunami nas gestões petistas.

Celso Daniel

Celso Daniel, prefeito de Santo André, foi sequestrado e morto em janeiro de 2002, mas o caso, sem uma solução aceitável, não abandonou as páginas da imprensa até hoje. Os promotores Roberto Wider Filho e Amaro José Thomé, como grande parte da opinião pública, não acreditavam na versão oficial de que a morte de Celso Daniel teria sido consequência de um sequestro malsucedido, sem motivação política. De acordo com essa versão, os sequestradores pretendiam pegar outra pessoa; mas, quando perceberam que se tratava do prefeito de Santo André, resolveram eliminá-lo. Para o Ministério Público, essa história não se sustentava. O corpo da vítima trazia marcas de tortura, como queimaduras de cigarro, o que não se costuma ver nesses casos. Qual o objetivo, afinal, de torturar o sequestrado? Tortura-se aquele de quem se quer arrancar uma informação.

A única testemunha ocular do sequestro era, teoricamente, o empresário Sérgio Gomes da Silva, conhecido como "Sombra", cuja versão era de que o prefeito fora levado após uma abordagem ao veículo Pajero que ele dirigia. Mas havia detalhes que nunca foram devidamente explicados. A Pajero era blindada e poderia facilmente escapar de uma abordagem, especialmente se feita por um veículo mais leve. "Sombra" tinha curso de direção defensiva e saberia como se comportar nessa situação. Além disso, ele alegou que no momento da abordagem não conseguiu dar a partida no carro e evitar que a porta fosse aberta. A perícia, no entanto, não constatou problemas no veículo.

Diante de todas essas inconsistências não restou alternativa ao Ministério Público a não ser aprofundar as investigações. Em 2005, fui procurado pelos promotores Wider e Amaro, para periciar uma gravação relacionada com o caso. Tratava-se de um registro feito durante uma chamada de emergência para a Polícia Militar, na qual uma moradora da região informou que havia um carro parado na rua. Ela suspeitava de que fossem ladrões. Fala também que já tinha ouvido tiro. Segundos depois, ouve-se, na gravação, um som de pneus "cantando" e logo em seguida um disparo de arma de fogo. "Ah, lá", comenta a moradora para o policial ao telefone, alertando-o para esse novo disparo. O policial perguntou qual era o carro que estava parado e a moradora afirmou: "É uma Blazer, é um carro grande, uma Blazer preta."

Vinte segundos após o primeiro tiro, ouve-se um novo disparo, aparentemente de um ponto mais distante que o primeiro.

O importante não era exatamente o que a moradora falou, mas sim os sons ao fundo, gravados enquanto ela ligava para a PM. Era possível ouvir tiros e o ruído de pneus "cantando". Os promotores queriam saber quantos disparos foram feitos e a que distância. Além disso, era importante averiguar se o ruído de pneu era de um carro arrancando ou freando. O laudo concluiu que minutos depois de o prefeito petista ter sido sequestrado, foram efetuados dois disparos com arma de fogo, que partiram de um carro em movimento. Para o Ministério Público, isso confirmava a existência de um terceiro carro e desmentia mais uma vez a versão do "Sombra".

Algum tempo depois, fui procurado pela delegada Elisabete Sato, que me trouxe a fita VHS gravada pelo sistema de segurança do restaurante Rubaiyat, em São Paulo, último lugar onde Celso Daniel teria sido visto ainda com vida. Essa gravação era importante por vários motivos. Havia uma suspeita de que a roupa com a qual ele foi encontrado não era a mesma que vestia no restaurante. Mais interessante ainda era tentar descobrir com quem Celso Daniel poderia ter conversado durante o jantar. A fita talvez esclarecesse esses pontos. Para minha decepção, ao examinar o material, constatei que a superfície da fita no trecho de interesse estava desgastada e, consequentemente, as imagens, muito prejudicadas. Praticamente, só se viam riscos e nada podia ser identificado. Perguntei ao policial que acompanhava a delegada Sato se existia uma cópia de segurança. Ele me respondeu que não, aquela seria a gravação original. Custei a acreditar no que ouvia. O policial confirmou que não fizeram cópias por falta de equipamento e que a fita original fora vista e revista dezenas de vezes, no próprio aparelho de videocassete, parando nas cenas de interesse por meio da tecla *pause*.

Além do absurdo de se trabalhar diretamente com o material original, sem o cuidado de fazer cópias de segurança, é inadmissível que não se saiba que a pausa em aparelhos reprodutores de VHS mantém a cabeça de leitura em movimento, o que desgasta a superfície de óxido da fita, destruindo-a pouco a pouco. A fita que tinha em mãos já estava quase totalmente imprestável. Conseguimos recuperar apenas alguns frames nos quais Celso Daniel aparecia falando ao celular junto ao bufê. No que depender dessa fita, nunca saberemos se Celso Daniel se encontrou com alguém naquela noite, além do empresário "Sombra".

O Ministério Público me entregou também a roupa com a qual, supostamente, o prefeito estava vestido no momento em que foi morto. Desde o início, houve controvérsia a respeito dessa roupa, pois dizia-se não ser a mesma que a vítima vestia no momento do sequestro. Fiquei muito tempo com a tal roupa no laboratório. No entanto, embora houvesse solicitado, nunca tive acesso ao laudo necroscópico. Portanto, pouco podia fazer. Mas uma coisa na calça me chamou atenção: as perfurações não pareciam ter sido causadas por disparos de arma de fogo, mas sim pela ação de algum instrumento cortante, como uma faca ou um estilete. Quando um projétil atravessa um tecido, há marcas características, circulares e com bordas levemente queimadas, especialmente se os disparos foram feitos de uma distância curta, como se espera numa execução. Essa observação reforçaria a tese de que a calça com a qual Celso Daniel fora encontrado não era a mesma que vestia quando fora executado.

Tudo que vi e ouvi no caso Celso Daniel é bizarro. A experiência tem demonstrado que quando estranhezas se acumulam a história está mal contada. Os tiros que se ouviam ao fundo na conversa da moradora com a PM contradiziam a versão oficial; a preciosa gravação das últimas imagens de Celso Daniel no restaurante foi destruída pela perícia policial sem que se tivesse feito uma cópia de segurança (ver imagem 11 do encarte); para completar, os cortes na roupa eram incompatíveis com disparos de arma de fogo. Mas as estranhezas não pararam por aí.

O jornalista Reinaldo Azevedo, da revista *Veja*, impressionado com a lista de mortos, escreve em seu blog, no dia 17 de janeiro de 2012, um texto sugestivamente intitulado "Celso Daniel: dez anos e oito cadáveres depois." O primeiro a morrer, dois dias depois de afirmar ter informações sobre o caso, foi Dionísio Severo, assassinado na cadeia em abril de 2002, tido como elo entre os matadores do prefeito e o empresário "Sombra"; o segundo foi Sérgio Orelha, amigo de Dionísio, que também teria participado do esquema, assassinado também em 2002; em fevereiro de 2003, foi a vez de Antônio Palácio de Oliveira, garçom do Rubaiyat, que serviu Celso Daniel e "Sombra" na noite do sequestro, ser assassinado; Paulo Henrique Brito, única testemunha da morte do garçom, foi morto no mesmo lugar apenas vinte dias depois; Otávio Mercier, investigador do Denarc que havia falado ao telefone com Severo um dia antes do sequestro, foi morto no seu apartamento, em julho de 2003; Iran Moraes Rédua, a primeira pessoa que reconheceu o corpo do prefeito e fez contato com a polícia, foi morto com dois tiros em dezembro de 2003; por fim, em outubro de 2005, o legista Carlos Delmonte Printes, que afirmara ter descoberto marca de tortura no corpo de Celso Daniel, foi encontrado morto em 12 de outubro de 2005, em seu apartamento, supostamente envenenado. Essa sequência de mortes inevitavelmente nos lembra de outro caso bizarro: o do assassinato de Paulo César Farias.

Farra do boi

Em novembro de 2005, a pedido do frigorífico Araputanga, examinei três fitas nas quais a falcatrua, desta vez, envolvia o Banco Nacional de Desenvolvimento Econômico e Social (BNDES) e o frigorífico Friboi. Na época, Ronaldo Caiado (DEM-GO) presidia a Comissão de Agricultura na Câmara dos Deputados e estava interessado em propor a criação de uma Comissão Parlamentar de Inquérito (CPI) para apurar irregularidades que envolviam o presidente do Friboi, José Batista Júnior, acusado de organizar um cartel no mercado da carne no Brasil.

Júnior foi flagrado por uma gravação na qual dizia que o Friboi e outros três frigoríficos combinavam o preço pago pelo boi. Ele afirmava: "Nós, o Bertin, o Independência... os três põe [sic] o preço do boi em tudo quanto é estado. Mato Grosso nós peita... Nós sozinho regulou [sic] o preço. Estamos fazendo o preço do Mato Grosso, e os outro acompanha [sic]." Analisei as fitas e constatei que eram autênticas, sem indícios de montagem.

A gravação, entregue ao procurador Mário Lúcio Avelar, do Ministério Público Federal de Cuiabá, fazia parte da estratégia de defesa de Jorge Almiro Bihl, proprietário do frigorífico Araputanga. Ele arrendou seu frigorífico para o Friboi, que descumpriu o acordo de assumir o pagamento de passivos. O negócio era de 1999 e o descumprimento levou a família Bihl a uma disputa judicial contra a direção do Friboi, por estar sofrendo pressão dos credores.

Mas as fitas traziam declarações não apenas em relação ao cartel, mas também sobre as relações com o BNDES e supostas irregularidades na Sudam. Na gravação, Joesley Batista, irmão de João Batista Júnior, dizia que a empresa teria um "contrato de gaveta" no BNDES.

Já havia um pedido da União Democrática Ruralista (UDR) ao Ministério Público para que fosse investigada a concessão de um empréstimo de 80 milhões de dólares do BNDES ao Friboi, para a compra de um frigorífico argentino. Além disso, embora o BNDES negasse o contrato de gaveta, reconhecia ter cometido erros na operação. Levantou-se uma suspeita de favorecimento no

BNDES, que concentrava 560 milhões de reais em empréstimos ao Friboi. A formação de cartel e o tal contrato heterodoxo com o BNDES ficavam evidentes nas conversas gravadas. Outro sócio de Júnior e Joesley, Wesley Mendonça Batista, chegou a dizer que a fita era montada. Isso não fazia sentido, pois as gravações eram de áudio e vídeo. A única montagem possível seria uma dublagem, algo inviável em uma gravação de longa duração.

O setor se queixava da política de preços dos frigoríficos e a confissão de cartel explicava a situação do mercado, muitíssimo desfavorável aos pecuaristas. O fato é que, depois do empurrãozinho do BNDES, o grupo JBS, hoje presidido por Joesley, se tornou um gigante no mercado brasileiro, ampliando sua área de atuação. Além de engolir os frigoríficos Swift, Bertin, Anglo e Bordon, expandiu-se para o setor de laticínios, incorporando Vigor, Leco e Faixa Azul. Tornou-se também o maior produtor de couro do Brasil, tem fábrica de latas, óleos vegetais e biodiesel. Além de tudo, conta com uma usina de energia elétrica para consumo próprio, cujo excedente é vendido para terceiros.

Em janeiro de 2013, Joesley foi denunciado pelo Ministério Público Federal de Goiás por sonegação de 10 milhões de reais em impostos. Uma ninharia.

A agenda do Arruda

A Polícia Federal apreendeu uma série de documentos na casa de Domingos Lamoglia, chefe de gabinete do então governador do Distrito Federal (DF) José Roberto Arruda (então no DEM-DF, hoje no PR-PR). Uma série de anotações mostra uma suposta divisão de recursos no DF. Havia livro-caixa, agenda e papéis com nomes e iniciais de políticos, sempre relacionados a números. Tratava-se de troca de bilhetes entre Arruda e Lamoglia, e de registros em uma folha manuscrita intitulada "Agenda Resumida 2009", datada de 24 de agosto de 2009, que revelava nomes e valores.

O esquema foi descoberto em novembro desse ano durante a Operação Caixa de Pandora, da Polícia Federal. Em janeiro de 2010, fui procurado pela revista *Época* para analisar os documentos.

Apesar da limitação do material, tanto em quantidade como em qualidade da resolução, os exames revelaram que a escrita questionada tinha sido mesmo produzida pelo punho do governador. Os acentos e a grafia de algumas letras não deixavam dúvidas quanto a isso. A hipótese de a escrita ser de Domingos Lamoglia, como foi cogitado inicialmente, podia ser totalmente descartada.

As anotações da agenda periciada estavam divididas em "pessoais" e "política". No item "pessoais", é possível ler: "Severo = 450." Essa seria uma referência a Severo de Araújo Dias, dono, pelo menos no papel, do Haras Sparta. A PF investigava a denúncia de que o verdadeiro dono era o governador Arruda.

Seu ex-secretário de governo, Durval Barbosa, disse em depoimento à PF que o haras teria sido um presente do governador para sua mulher Flávia. Ela presidia a ONG Instituto Fraterna que, ainda segundo Barbosa, era o destino de 10% de toda a propina arrecadada com empresas de informática que prestavam serviços ao governo do Distrito Federal. Na agenda constava: "Fraterna = 100."

Arruda foi o primeiro governador do país com mandado de prisão decretado. Em 2010, deixou o seu partido (DEM) e foi cassado pelo Tribunal Regional Federal-DF, em votação apertada, por desfiliação partidária.

É possível que nada disso tivesse acontecido se não fosse Durval Barbosa, secretário de Relações Institucionais nos governos de Joaquim Roriz e José Roberto Arruda. Ele era um dos principais operadores do assim chamado "Mensalão do DEM", escândalo de corrupção no Distrito Federal envolvendo políticos do DEM e de outros partidos. O esquema, fartamente documentado em vídeos, foi revelado pela PF no fim de 2009 por meio da Operação Caixa de Pandora.

Durval Barbosa era obcecado por gravações. Praticamente todas as reuniões que teve com políticos e empresários foram registradas em áudio e vídeo. Uma das gravações de grande repercussão, feita em 2006, mas só divulgada em 2011, mostrava a filha do ex-governador, Jaqueline Roriz (então deputada pelo PSDB-DF, hoje no PMN), ao lado do marido Manoel Neto, recebendo um "numerário" das mãos de Durval.

Embora o Conselho de Ética, em junho de 2011, tenha indicado a cassação do mandato, Jaqueline escapou porque a maioria dos seus colegas entendeu que à época do recebimento do dinheiro ela ainda não era deputada federal — portanto, não poderia ter havido quebra de decoro parlamentar, por mais imoral que pudesse ter sido o ocorrido.

A polêmica decisão foi interpretada por muitos como um ato corporativista. O próprio relator do caso, deputado Carlos Sampaio (PSDB-SP), levantou a hipotética situação de um parlamentar que, em passado recente, antes de assumir o cargo, tivesse praticado atos de pedofilia ou homicídio. Sampaio questionou: "Tomando conhecimento agora desse caso, o que faríamos? Dizer que o parlamentar pode conviver conosco?"

Até mesmo Arruda foi vítima das arapongagens amadoras de Durval Barbosa. Antes de se eleger governador, Arruda foi flagrado em um vídeo recebendo dinheiro vivo das mãos de Barbosa. A gravação não prejudicou Arruda nas urnas, pois só foi divulgada muito depois da eleição. A exemplo do caso Jaqueline Roriz, apesar da repercussão negativa, o fato não poderia, por si só, culminar com uma cassação.

Barbosa, para salvar a própria pele, fizera um acordo de delação premiada com o Ministério Público. Ele tinha informações preciosas e sabia disso. Vinha gravando regularmente desde a época em que fora secretário de Roriz. Além disso, continuava tendo acesso aos membros do esquema, pois permaneceu secretário e gozava de toda a confiança do governador Arruda. Mas não havia uma gravação contundente que incriminasse Arruda já investido do cargo de governador.

Nesse contexto, Durval Barbosa, sob orientação do Ministério Público, foi conversar com o governador com dois aparelhos escondidos, um que gravava imagens e áudio e outro somente áudio. Os equipamentos, instalados por agentes da Polícia Federal, registraram conversas nas quais o esquema se revelava de forma explícita. Em resumo, o governador Arruda teria recebido valores extorquidos de empresas prestadoras de serviço do governo de Brasília para seu enriquecimento pessoal e para políticos aliados.

De tropeço em tropeço, Arruda ainda conseguiu ser candidato ao governo do Distrito Federal em 2014. Em 13 de setembro, a um dia do fim do prazo para substituição de candidaturas, Arruda renuncia, deixando o seu vice, Jofran Frejat (PR), como candidato, e sua esposa, Flávia Peres (PR), como vice na nova chapa, derrotada por Rodrigo Rollemberg (PSB). Após abandonar a candidatura, Arruda declarou que aquele seria "provavelmente o derradeiro momento da minha vida pública". Difícil é acreditar.

Polarização política: PT × PSDB

O peso de uma bolinha de papel

Cerca de dez dias antes do segundo turno da eleição presidencial de 2010, a campanha pegava fogo. Era aquele vale-tudo sem regras que, aliás, costuma imperar nessa fase da disputa.

Dilma Rousseff e José Serra, às vésperas da eleição, não tinham mais tempo para discutir programas de governo ou estratégias políticas mais sofisticadas. Não havia mais debate, o confronto agora era uma verdadeira batalha campal, corpo a corpo com o eleitor. A campanha ganhava definitivamente as ruas, com todos os riscos que isso acarreta. Nas ruas, terreno livre, o candidato é obrigado a se defrontar com simpatizantes e adversários.

Foi nesse contexto que surgiu o famigerado episódio da bolinha de papel. Uma das principais redes de televisão do país, o SBT, botou no ar uma matéria na qual Serra, durante uma caminhada no calçadão de Campo Grande, bairro na Zona Oeste do Rio de Janeiro, aparece sendo atingido na parte de trás da cabeça por uma bolinha de papel. Na matéria, logo após essa cena, o candidato aparece colocando a mão na cabeça como que reagindo a algum impacto.

Da forma como a matéria foi editada, passava-se ao espectador a impressão de que a reação de Serra teria sido em consequência da bolinha de papel. Se isso fosse verdadeiro, então Serra estaria fazendo uma enorme encenação. O episódio, por si só irrelevante, teria passado despercebido, não fosse a inesperada intervenção pessoal do próprio presidente da República.

Luiz Inácio Lula da Silva, aproveitando-se do episódio, foi para a TV e, com base nas imagens do SBT, atacou fortemente Serra, acusando-o de ter teatralizado a suposta agressão, visto que uma mera bolinha de papel não poderia tê-lo ferido a ponto de fazer com que ele levasse a mão à cabeça.

Além do descabimento de um presidente da República se prestar a dar declarações em rede nacional sobre acontecimento tão inexpressivo, a versão de Lula não correspondia à realidade. O fato é que o instante em que Serra coloca a mão na cabeça ocorre muito tempo depois da cena da bolinha. Qualquer um que visse com atenção as imagens poderia perceber que o candidato é atingido pela bolinha quando ainda está na calçada, debaixo de sol, junto a um estabelecimento comercial, com os braços erguidos, tendo ao seu lado o candidato a vice, Índio da Costa. A câmera que registrou essa cena era profissional, de alta resolução. Vê-se claramente o percurso da bolinha, vindo em direção à parte posterior da cabeça de Serra, batendo e voltando. O candidato não esboça nenhuma reação, certamente nem sequer sentiu o fraco impacto da bolinha de papel. Nesse ponto, a cena é cortada e, sem que fique claro para o espectador, Serra aparece colocando a mão na cabeça.

Fui procurado pela TV Globo para analisar as imagens existentes. Ficou claro, desde o primeiro momento, que a matéria do SBT era uma escandalosa montagem, não se sabe se com má-fé ou não. Não só juntava, como se fossem contínuas, cenas de momentos bem distintos como também de câmeras diferentes. O exame minucioso de todas as imagens disponíveis revelava que Serra colocou a mão na cabeça cerca de 15 minutos depois de ser atingido pela bolinha e se encontrava em outro local, já no meio da multidão e na sombra. Um ato não poderia ter relação com o outro. Seja lá por qual motivo, com certeza, Serra não levou a mão à cabeça em reação teatralizada em função da bolinha, como acusara o presidente Lula.

De acordo com a assessoria de Serra, ele teria sido atingido quando estava no meio da multidão por um rolo de fita adesiva. De fato, nas imagens de muito baixa qualidade do celular que registrou o momento da reação de Serra, via-se, pouco antes, um objeto que parecia ser um rolo de fita. Em imagens dessa natureza é sempre muito difícil ter certeza absoluta. A versão do arquivo que me foi apresentado tinha apenas sete quadros por segundo e não era possível acompanhar a trajetória inteira do suposto objeto. De qualquer forma, o que aparecia era algo que se assemelhava muito a um rolo de fita.

Vale explicar que nas imagens da bolinha, como já comentado, a câmera que registrou a ocorrência era de alta resolução, gravando a mais de trinta quadros por segundo. Além disso, a velocidade de uma bolinha de papel é muito menor que a de um rolo de fita.

O importante a destacar não é propriamente se a imagem do rolo foi ou não filmada. A questão é de ordem ética, não técnica. É certo que a reação de Serra não foi causada pela bolinha de papel, mas sim por algum outro objeto que o atingiu muito depois. Se o candidato exagerou na gestualidade, o fez em função desse segundo objeto, a saber, um rolo de fita adesiva. Se teatralizou, foi pouco ético — mas muito menos ético foi Lula, que, valendo-se do cargo de presidente, foi à TV para afirmar algo que se sustentava em uma montagem de imagens.

Pelo que se sabe, a candidata Dilma Rousseff, sensatamente, nunca quis aprofundar esse assunto. Teria, isso sim, recomendado que nada fosse comentado em sua propaganda política. Mas Lula, não pela primeira vez, teria falado mais do que devia. No fim, quem tentou explorar favoravelmente a situação foi Serra, com discutíveis resultados. Pessoalmente, embora tenha participado de forma direta do caso, vejo hoje que o uso político da história toda foi um enorme equívoco, tanto para Serra quanto para Dilma.

Na tentativa de distinguir os dois momentos da filmagem, acabei usando nas entrevistas os termos "evento bolinha" versus "evento rolo de fita". O sempre oportuno colunista da *Folha de S.Paulo* José Simão percebeu logo a inadequação e o excesso de pompa desses termos. Hoje concordo com ele, pois, na verdade, todo esse "evento" não passou de uma grande piada de mau gosto.

A popularidade de Lula no final de seu segundo governo era tão alta que qualquer coisa que dissesse teria credibilidade. As imagens veiculadas pelo SBT confundiam o espectador e levantaram a bola para Lula, sempre oportunista, atacar Serra.

Cabe lembrar que, cerca de uma semana antes, o chefão do SBT, Silvio Santos, estivera com Lula no Planalto para agradecer a colaboração do governo na resolução da crise que assolara um de seus patrimônios, o Banco Panamericano. Não era segredo para ninguém que o SBT apoiara a candidata Dilma nessa eleição.

Intrigas e aloprados

O episódio da bolinha de papel só ganhou importância por causa da acirrada disputa entre Serra e Dilma. Na imprensa escrita, dentre as principais revistas, apenas a *Carta Capital* deu algum destaque ao fato na edição imediatamente anterior ao segundo turno das eleições. Mas a *Carta Capital*, como se sabe, apoiava o governo petista e nunca escondeu isso. Do outro lado, a revista de maior circulação no país, *Veja*, não perdeu a oportunidade de bater no PT às vésperas da eleição.

Na reta final, a revista *Veja* enviou-me uma gravação na qual Pedro Abramovay, então secretário nacional de Justiça, conversava com seu antecessor, Romeu Tuma Júnior. A gravação era autêntica, sem dúvida. Na conversa, Abramovay reclamava das pressões vindas do Planalto e a *Veja* publicou uma frase sua com destaque na capa da edição que antecedeu o segundo turno: "Não aguento mais receber pedidos da Dilma e do Gilberto Carvalho para fazer dossiês [...] Eu quase fui preso como um dos aloprados." Seu interlocutor, Tuma Júnior, também teve uma fala publicada com destaque: "O Pedro [Abramovay] reclamou várias vezes que estava preocupado com as missões que recebia do Planalto. Ele realmente me disse que recebia pedidos da Dilma e do Gilberto para levantar coisas contra quem atravessava o caminho do governo."

Outras revistas de destaque na imprensa nacional, como *IstoÉ* e *Época*, assumiram uma posição mais neutra nessa polarização, o que fica explícito nas capas das suas edições desse mesmo período: ambas traziam a imagem dos dois candidatos sem aparente favorecimento a nenhum dos lados.

Mas *Veja* batia forte. Na matéria citada anteriormente, algumas frases não deixam dúvidas sobre a sua posição: "A presente reportagem relata as tentativas ousadas de petistas de alto coturno de conspurcar um dos mais antigos e venerandos ministérios da República, o da Justiça [...] revela, talvez da maneira mais clara até hoje, o tipo de governo produzido pela mentalidade petista de se apossar do Estado, aparelhá-lo e usá-lo em seu benefício partidário."

Como fiz a perícia da gravação de Abramovay, certamente alguns petistas radicais devem ter aumentado o seu preconceito imaginando que eu teria algum tipo de compromisso com a campanha de José Serra. Essa ideia foi reforçada pelo fato de terem usado imagens minhas explicando o episódio da bolinha de papel dentro do programa eleitoral de Serra. Foi uma ingenuidade ter permitido isso; embora minha intenção fosse esclarecer o que eu havia realmente dito, não há dúvidas de que o uso da imagem poderia criar no espectador desavisado uma falsa impressão de compromisso partidário com o PSDB, que nunca existiu.

Em resumo, ter caído na minha mão, às vésperas da eleição, uma gravação que prejudicava a campanha de Dilma foi mera coincidência. Se fosse o contrário e algum veículo da imprensa tivesse me procurado com algum material que prejudicasse o PSDB, eu também teria feito o laudo. Mas é preciso deixar claro que as acusações que estavam em jogo tinham relevâncias muito diferentes. Se por um lado houve uma supervalorização de uma tolice como a bolinha de papel, por outro havia munição pesada envolvendo sérias acusações de intrigas de Estado atingindo a alta cúpula do governo.

Mas, no vale-tudo das campanhas, a real gravidade das acusações acaba sendo relativa. O peso leve da bolinha de papel fez mais estrago que o chumbo grosso das acusações divulgadas pela revista *Veja*.

Queda e renúncia de Nascimento e Costa Neto

Desde o final da gestão Lula, o cargo de ministro era altamente volátil. Caía um após o outro. No início do governo Dilma, não foi diferente. Alfredo Nascimento, ministro dos Transportes e principal dirigente do Partido Republicano (PR), começou a despencar com uma gravação de vídeo obtida pela revista *IstoÉ*.

Em junho de 2009, Nascimento recebeu em seu gabinete o deputado Davi Alves da Silva Júnior (então no PDT-MA). O objetivo da reunião era a liberação de verbas para obras na Rodovia BR-010, em Imperatriz, no Maranhão. Havia um cinegrafista presente, que disse aos participantes da reunião que a câmera estava com o áudio desligado, apenas gravando imagens. Todos se sentiram à vontade. Valdemar Costa Neto (PR-SP) encontrava-se na mesma sala, porém fora do alcance visual da câmera. Entretanto, sua voz foi gravada, evidenciando sua participação na negociata. Quanto à identidade do ministro Nascimento e do deputado Davi, não havia dúvidas, pois foram enquadrados pela câmera. Mas a revista queria a confirmação da identidade da voz do deputado Costa Neto antes de publicar a matéria. Afinal, tratava-se de um escândalo envolvendo mais um ministro de Dilma.

Embora Costa Neto estivesse muito afastado do microfone, a qualidade da gravação era profissional e havia muito material de confronto disponível. Não foi complicado atestar a identidade da voz. No diálogo, o ministro discute a liberação de obras com o deputado Davi. Costa Neto orienta a negociação e diz ter feito um acordo prévio com Nascimento para efetivação do projeto. Nascimento libera a verba de 1,5 milhão de reais, aparentemente, sem saber muito bem onde ficava a tal de Davinópolis, confiando inteiramente na indicação de Costa Neto. Está mais preocupado em atrair o deputado Davi Júnior para o PR.

> **Ministro Alfredo Nascimento:** Já vou logo copiar aqui o pedido dele... Davi Alves da Silva Júnior, BR-010, construção da travessia urbana...
> **Valdemar Costa Neto:** ...de Imperatriz.
> **Deputado Davi Alves da Silva Júnior:** Imperatriz, acesso a Davinópolis.
> **Costa Neto:** Já começou o projeto, não é, Davi?
> **Davi Júnior:** Já.
> **Costa Neto:** Já estão contratando, já está na fase final, viu, Alfredo...? Por isso que ele [deputado Davi Júnior] veio aqui te agradecer.
> **Nascimento:** Ah...! É aquele negócio que tu me pediste?
> **Costa Neto:** É, é...
> **Nascimento:** Rapaz, tu não tá nem no partido e já tá conseguindo arrancar as coisas daqui, imagina quando estiver no partido... [risos].

Alfredo Nascimento já fora ministro de Lula substituindo Anderson Adauto, afastado pelo "austero" governo petista por denúncia de corrupção. Nascimento deixou o governo em 2006 para concorrer ao Senado. Foi eleito, licenciou-se e voltou ao ministério em 2007. Em 2010, afastou-se novamente para concorrer ao governo do Amazonas. Malsucedido nas urnas, reassumiu, já no governo Dilma, o mesmo cobiçado Ministério dos Transportes, com orçamento de 21,5 bilhões de reais em 2011. Nascimento foi o segundo, depois de Antonio Palocci, na avalanche política que em seis meses derrubou sete ministros, de junho a novembro de 2011.

Valdemar Costa Neto, acusado de receber 11 milhões de reais do publicitário Marcos Valério, renunciou em 2005 e reelegeu-se deputado federal em 2006 e 2010. Foi condenado pelo STF em 2012, no processo do Mensalão, a sete anos e dez meses de prisão por corrupção passiva e lavagem de dinheiro. Teve sua prisão decretada em 5 de dezembro de 2013, quando se entregou à Polícia Federal. Em novembro de 2014, foi liberado para cumprir o restante da pena em casa.

9

Perito para quem precisa de perícia

A última viagem dos Mamonas Assassinas

No dia 2 de março de 1996, um Learjet prefixo PT-LSD, fretado pelo grupo musical Mamonas Assassinas, estava chegando ao Aeroporto Internacional de Guarulhos, em São Paulo, trazendo o conjunto de uma das suas incontáveis apresentações pelo Brasil afora. Os Mamonas estavam no auge do sucesso. Ao aproximar-se da pista, a aeronave teve de arremeter. Esse procedimento ocorre quando, por algum motivo, o piloto tenta mas não consegue aterrissar. Na sequência, o piloto deve voar contornando a pista e aguardar nova autorização para pouso da torre de controle.

A arremetida de uma aeronave não é um fenômeno raro e, se todo o procedimento for bem realizado, não oferece perigo algum. A aeronave, após o pouso frustrado, simplesmente se dirige novamente para uma posição e altura adequadas até que possa se aproximar novamente da pista.

Porém uma falha na comunicação entre aeronave e torre de controle fez com que o avião colidisse violentamente com a Serra da Cantareira, matando todos os ocupantes: músicos, piloto e copiloto.

O acidente foi investigado pelo Departamento de Aviação Civil (DAC), que na época encarregava-se desse tipo de caso. Uma das questões era saber se o cantor Dinho estava na cabine do avião comunicando-se com a torre. Essa suspeita tinha fundamento, pois, pelo que se sabia, em algumas das muitas viagens aéreas do grupo, Dinho costumava se sentar na cadeira do copiloto e, não raramente, falava pelo rádio com a torre de controle. A investigação do DAC desejava apurar, entre outras coisas, se isso tinha acontecido e influenciado no acidente.

Fomos chamados para periciar as gravações com as últimas falas entre a cabine do Learjet e a torre do aeroporto de Guarulhos. A fita tinha 15 minutos de duração e foi analisada durante vinte dias. Constatou-se que inequivocamente a voz não era a do cantor. Mais especificamente, pudemos verificar que a voz no início da tentativa frustrada de aterrissagem era mais compatível com a do copiloto. Provavelmente era ele quem controlava a aeronave no momento da arremetida.

Ficou claro, pela análise das conversas, que houve uma confusão entre quem pilotava e a torre de comando sobre a direção a ser seguida pela aeronave. Os controladores de voo orientaram o Learjet a ir para o sul após a arremetida, mas a aeronave seguiu para o norte, em direção à Serra da Cantareira. Após decolagens e arremetidas em Guarulhos, a orientação é sempre fazer a curva para o sul, visto que ao norte encontra-se muito próxima a Serra da Cantareira. No entanto, por duas vezes, os pilotos confirmaram para a torre que estavam com controle visual do voo, o que, aparentemente, fez com que a torre abandonasse a interação com o Learjet para se ocupar com outras aeronaves que já se aproximavam da posição de aterrissagem.

O quadro a seguir mostra o diálogo logo após a aeronave arremeter:

hh:mm:ss		Diálogo
02:12:08	Aeronave	Sierra Delta arremetendo, senhor.
02:12:11	Torre	Confirme para a Torre Guarulhos?
02:12:14	Aeronave	Sierra Delta... Sierra Delta arremetendo, senhor.
02:12:17	Torre	Ciente Lima Sierra Delta, chame o Controle cento e dezenove decimal oito.
02:12:23	Aeronave	Afirmativo, não há possibilidade, estamos em condições visuais, curva à esquerda e interceptar a do vento?
02:12:35	Torre	Afirmativo, prossiga então para o setor sul, acuse ingressando perna do vento, Léo... Lima Sierra Delta.
02:12:40	Aeronave	Afirmativo, setor norte, senhor.
02:13:12	Torre	Lima Sierra Delta confirme condições de voo?
02:13:15	Aeronave	Visuais.

Até hoje, permanece uma controvérsia sobre a responsabilidade da torre quanto a esse acidente. Alguns especialistas entendem que a torre, percebendo o erro do piloto em se dirigir para o norte, deveria ter insistido no perigo que tal procedimento implicava. A confirmação de controle visual pelo piloto não fazia muito sentido. Voando à noite, seria impossível visualizar a serra que se aproximava rapidamente. Um avião como o Learjet, ainda que em procedimento de aproximação, percorre cerca de 100 metros por segundo.

Na análise das falas, observamos também que logo após a arremetida há uma superposição das vozes do piloto e copiloto, como se tivesse havido uma repentina troca de comando. Isso era um indício de que era o copiloto quem estava no comando no momento da aproximação da pista.

Vale lembrar que o Learjet é um avião derivado de um caça e pousa em velocidade alta, o que pode ter dificultado a manobra. Qualquer deslize pode ser crítico. Outro ponto a considerar é que o erro do piloto foi esquecer que no aeroporto de Guarulhos, após ultrapassar a cabeceira da pista em decolagens ou arremetidas no sentido oeste-leste, deve se fazer a curva à direita em direção sul, conforme orientado pela torre. Entretanto, na grande maioria dos aeroportos, o padrão é o inverso em qualquer situação, ou seja, sair sempre pela esquerda.

Em todo acidente aéreo, a fatalidade só ocorre após uma série de erros. Não nos cabe apontar o culpado. É certo que houve uma grave falha de comunicação, uma vez que a torre não insistiu em alertar o piloto sobre o erro que estava cometendo ao dirigir-se para o norte. O que pudemos verificar é que Dinho não estava na cabine do avião e que, após a arremetida, houve, muito provavelmente, uma troca de comando e alguma discussão entre piloto e copiloto, o que pode ter consumido preciosos segundos, suficientes, entretanto, para provocar a tragédia.

PERITO PARA QUEM PRECISA DE PERÍCIA 259

Boleiros, cartolagem e árbitros

Caso Pimenta

A edição de 25 de fevereiro de 1997 do jornal *Folha de S.Paulo* traz na capa a seguinte legenda: "Dupla dinâmica: Ronaldinho e Romário no desembarque da seleção em Goiânia; juntos pela primeira vez, eles enfrentam a Polônia em amistoso amanhã." Do outro lado da página, e com o mesmo destaque, a chamada assinada por Matinas Suzuki Jr.: "Laudo pode mudar *caso Pimenta*." Estamos todos acostumados com o futebol nas manchetes, mas não com os bastidores, às vezes obscuros, na primeira página dos grandes jornais. Pelo menos não há dezoito anos, já que hoje são outros os bastidores, como é outro o futebol.

O ex-presidente do São Paulo Futebol Clube, José Eduardo Mesquita Pimenta, foi acusado de realizar negócios prejudiciais ao clube em transações para exploração da marca São Paulo pela empresa SP Sport. Em novembro de 1994, foi afastado do cargo de conselheiro vitalício do Conselho Deliberativo em um processo que visava a sua eliminação do quadro social do clube.

Na reunião que o excluiu do conselho foi apresentada uma fita cassete que continha diálogos que manteve com o empresário de jogadores Francisco Monteiro, conhecido como Todé. A gravação sugere que Pimenta pedia comissões na venda de atletas, no período de 1990 a 1994, quando foi presidente do São Paulo e o time foi o grande campeão do início daquela década.

A acusação deu origem a um processo judicial e a 26ª Vara Criminal de São Paulo considerou a fita prova ilícita, absolvendo os acusados no início de fevereiro. A declaração de ilicitude da prova, embora encerrasse a questão jurídica, moralmente não resolvia os problemas de Pimenta junto ao clube. Pimenta insistia que a gravação era uma montagem e queria ser absolvido por isso, não por uma firula jurídica. Alegando inocência, recorreu da sentença no Superior Tribunal de Justiça.

Sua inocência era sustentada pelo laudo que o nosso laboratório acabara de divulgar: havia fortes indícios que comprovavam uma fraude. Recebemos dos advogados de Pimenta duas fitas com a recomendação de que uma seria a original, e a outra, uma cópia. Logo verificamos que as duas eram cópias de uma terceira; como se tratava de um meio analógico, verificou-se que foram gravadas em velocidade diferentes.

O registro do bipe da secretária eletrônica não obedecia à periodicidade de tocar a cada 15 segundos. Na época, muitos dispositivos de gravação telefônica caseiros tinham essa característica, um bipe periódico que servia para alertar o interlocutor de que estava sendo gravado. Aparentemente, Mesquita Pimenta não atentou para esse detalhe. Mas quando medimos a periodicidade do bipe da secretária eletrônica que registrou a gravação, constatou-se que este não obedecia regularmente ao esperado intervalo de 15 segundos. Ora, isso só poderia ocorrer se a gravação tivesse sido editada, com exclusão de alguns trechos ou sua reordenação. Cabe lembrar que no caso Magri (no primeiro capítulo deste livro) a periodicidade do toque do relógio no gabinete do ministro serviu para atestar a autenticidade da gravação, exatamente o contrário do caso agora comentado.

A gravação trazia duas conversas telefônicas entre Mesquita Pimenta e Todé, que estava na Espanha, de onde havia feito as ligações. O laudo concluía que as fitas não podiam ser consideradas autênticas, em função do grande número de interrupções, falhas e quebras de continuidade na gravação e, em alguns trechos, na própria continuidade discursiva. Todas as evidências indicavam, portanto, que uma manipulação do conteúdo original dos diálogos havia ocorrido.

Esse caso é bem característico sobre a atuação e as consequências de um trabalho pericial. A situação do ex-presidente tricolor era bem mais complexa, conforme revelava um advogado do São Paulo uma semana depois, por meio da coluna de Matinas Suzuki, na *Folha de S.Paulo*. O advogado afirmava que o episódio da fita era apenas um dos fatos, senão o mais insignificante deles, que levou à eliminação de Pimenta do quadro administrativo do clube. Na fita analisada, tratava-se apenas da venda de um atleta para um clube espanhol. Os demais contratos e negócios realizados por ele, segundo o advogado, eram altamente lesivos ao patrimônio do clube e foram esses fatos que levaram à expulsão do dirigente. Para o colunista da *Folha*, Matinas Suzuki, "ao jornalista não cabe julgar. Cabe apresentar fatos". O trabalho de um perito deve partir dessa mesma premissa.

Escândalo Ivens Mendes

Dois meses depois, a imprensa voltaria a associar o laboratório à grande paixão dos brasileiros. Desta vez a confusão não era menor: atingia federação e clubes. Fitas continham várias conversas telefônicas entre o ex-presidente da Comissão Nacional de Arbitragem e dirigentes de clubes, todos envolvidos em corrupção no futebol brasileiro.

Desde 1988, Ivens Mendes era o presidente da Comissão Nacional de Arbitragem de Futebol (Conaf), órgão responsável pela escalação de árbitros de futebol nos jogos da Confederação Brasileira de Futebol (CBF). Como é de costume no futebol brasileiro, corriam rumores de irregularidades envolvendo a CBF, como venda de resultados de partidas e até financiamento de campanhas políticas.

No começo de 1997, surgiram gravações telefônicas que revelavam o esquema de corrupção. Divulgadas pelo *Jornal Nacional*, da

TV Globo, em matéria conduzida pelo repórter Marcelo Rezende, uma das gravações registrava conversas nas quais, alegadamente, um interlocutor pede 25 mil reais ao presidente de um clube para patrocinar sua campanha a deputado federal por Minas Gerais, além de sugerir que o time fosse favorecido pela arbitragem em um jogo próximo.

O presidente em questão era Mário Celso Petraglia, do Atlético Paranaense, e seu interlocutor, o cartola Ivens Mendes. É possível ouvir em um dos trechos o seguinte: "Tem que sentar a borduna no Vasco aí... eu se puder vou até falar com o juiz pra dar uma mãozinha pra você." Um pouco adiante, Mendes dá um recado para Petraglia: "Marca direitinho o Edmundo, ele fica nervoso..."

O jogo ao qual Mendes se referia era uma partida pela Copa do Brasil entre Vasco da Gama e Atlético Paranaense, realizada em Curitiba, em 3 de abril de 1997, com vitória do Atlético por 3 a 1 e expulsão do artilheiro vascaíno Edmundo. O árbitro foi Oscar Roberto Godói.

Alberto Dualib, então presidente do Corinthians, também foi procurado por Ivens Mendes e teria oferecido 100 mil reais para o esquema.

Após a notícia ser veiculada na TV, Mendes declarou-se inocente e pediu afastamento do seu cargo na Conaf. Continuava, no entanto, negando a autenticidade das gravações. A Procuradoria da República no Estado do Rio de Janeiro solicitou-me um laudo completo com a transcrição integral das gravações, verificação da autenticidade das fitas e identificação da voz de Ivens Mendes. Foram meses de trabalho e mais de trezentas páginas de transcrição, digitadas com espaço um.

Mendes era uma pessoa pública e existiam gravações que poderiam ser usadas como padrão de confronto. Na verdade, sua fala era muito característica. Havia um tique, quase obsessivo, de repetir praticamente a cada frase a expressão "tá entendendo?".

Esse tipo de expressão é tecnicamente chamado de marcador conversacional. Não é incomum, mas no caso de Ivens Mendes era um forte indicador de identidade, não só pela desmedida frequência com que a repetia como também pelo fato de pronunciá-la de maneira muito particular, engolindo diversos fonemas. Com efeito, só se reconhecia a expressão em função do contexto. Esse e outros aspectos convergentes não deixavam dúvidas quanto à autenticidade da voz. Era mesmo Ivens Mendes.

A pedido do deputado Lindbergh Farias (então no Partido Socialista dos Trabalhadores Unificado–PSTU), a Câmara Federal criou uma subcomissão especial para investigar o caso. Coincidência ou não, um dos integrantes da subcomissão era o deputado Eurico Miranda, cujas relações com o Vasco remontam ao final dos anos 1960 e permanecem até hoje. Dentre os que foram ouvidos, estava o já presidente da CBF Ricardo Teixeira, que não sabia de nada. Alberto Dualib alegou que sua relação com Ivens Mendes era de ordem pessoal e não envolvia o Corinthians. Petraglia declarou ter sido coagido por Mendes, sem negar a autenticidade das conversas. Mendes nem apareceu. Como era de esperar, a investigação da subcomissão deu em nada.

Na Justiça comum, também não houve condenações, pois as provas não foram aceitas, visto que as interceptações telefônicas não eram autorizadas. Vale lembrar que a lei considera ilícitas gravações de terceiros. Quando um dos interlocutores realiza a gravação, a prova é lícita. Mas não era esse o caso.

Porém as consequências acabaram não sendo boas para nenhum dos envolvidos. Ivens foi afastado da Conaf, Petraglia foi banido do futebol, e Dualib, suspenso de suas funções como presidente do Corinthians por dois anos. Sobrou até para os jornalistas, que foram indiciados para explicar a origem obscura das gravações.

O reinado de Ricardo Teixeira acabou, mas os escândalos no futebol continuam acontecendo. Cartolas agindo no tapetão, jogadores encostando o corpo e erros de arbitragem decidindo campeonatos.

Pai diretor, filho promotor

Eduardo Viana, conhecido como "Caixa D'água", durante vinte anos esteve à frente da Federação de Futebol do Rio de Janeiro. No início de 2005, depois de muitas investigações e inquéritos, conduzidos pela Assembleia Legislativa e pelo Ministério Público, um juiz determinou o afastamento do presidente e de cinco diretores da federação por suspeita de evasão de renda.

Francisco Vasconcelos, o Chicão, ex-diretor do Fluminense Football Club, era notícia na revista *IstoÉ* de 9 de março de 2005. Ele foi gravado tentando extorquir 200 mil reais do ex-vice-presidente afastado da federação carioca, Francisco Aguiar, que registrou em áudio e vídeo a conversa numa churrascaria. Nosso laudo confirmou que a gravação obtida pela revista era autêntica.

Chicão argumentava que seu filho, o promotor Alexandre Themistocles de Vasconcelos, poderia facilitar tudo. A primeira atitude seria adiar a audiência. O diálogo gravado demonstrava explicitamente a falcatrua. A *IstoÉ* publicou alguns trechos:

Aguiar: Pra você me tirar, quanto vai custar?
Chicão: Deixe eu te falar: nós estamos trabalhando em cima de 200 mil reais.
Aguiar: Duzentos mil reais?
Chicão: É...
Aguiar: Você sabe que não é grana fácil de arrumar... Você pode fazer por menos?

Chicão: Vamos fazer o seguinte, você me dá uma parte e conforme as coisas forem acontecendo você me dá outra parte.
Aguiar: Mas pode baixar alguma coisa? Me ajuda...
Chicão: Cento e cinquenta mil reais.
Aguiar: Mas você vai resolver isso pra mim?
Chicão: Vou resolver isso pra você.
Aguiar: Seu filho [o promotor Alexandre Themistocles de Vasconcelos] sabe?
Chicão: Sabe, pô... Tu acha que eu sou maluco?

Máfia do apito: cartão vermelho para o juiz

Em abril de 2005, o Grupo de Atuação Especial de Combate ao Crime Organizado (Gaeco) do Ministério Público de São Paulo solicitou ao nosso laboratório a perícia em uma fita envolvendo corrupção de árbitros de futebol no bojo dos escândalos que ficaram conhecidos como "Máfia do Apito". Toda a operação resultou em cerca de 20 mil horas de gravações realizadas pela Polícia Federal.

Tratava-se de um esquema de manipulação de resultados de partidas de futebol. Apostas eram feitas pela internet, em sites clandestinos. Contando com uma ajudinha dos juízes que participavam do esquema, obtinha-se um ganho considerável. Pelo menos dois árbitros envolvidos foram descobertos pelas investigações: Edilson Pereira de Carvalho e Paulo José Danelon.

A gravação que recebemos era de uma conversa telefônica entre Danelon e o advogado Daniel Gimenes, que representava os apostadores. A conversa girava em torno do jogo entre Santos e Guarani, que terminou em 0 a 0. Daniel cobrava Danelon, pois o grupo de apostadores teve prejuízo de 300 mil reais com esse empate. Danelon se desculpava, afirmando que os jogadores também não o "ajudaram". A seguir, algumas frases de Danelon durante a conversa com Daniel:

"Daniel... se você analisar o jogo, cara... só apitava o jogo só pro Santos, só pro Santos, só pro Santos, cara... é o jogo inteiro, só marquei pro Santos, pelo amor de Deus, Daniel!"

"E ainda eu falei pro Léo no intervalo 'Teu time tá longe da área cara... vocês ficam longe da área, cara'... Eu não conseguia fazer um lance de falta... não conseguia, é do caralho!"

"'Me ajuda, seu filha da puta, cai lá dentro da área!'... O morfético do Basílio... aproveita... pegou a bola, a hora que ele pode chutar... nem de falta, rapaz... tive vontade de gritar dentro de campo!"

"Eu falava 'Cai na área, cara, cai na área'... e o cara ficava na área, o filha da puta... Cadê o fulano que caiu? [...] Eu dei 1 minuto a mais além do tempo, cara... [...] Até 5 minutos antes eu queria marcar... não teve contato na área..."

"Não... se ele entra na área e bate... tanto que eu falei pro Léo no intervalo 'Léo, tenta aí jogar aqui no meio de campo... ô, rapaz, manda esse cara lá fazer gol'... Eu falava 'Manda o Deivid jogar enfiado lá... vocês estão perdendo gol, cara'..."

Daniel Gimenes estava pressionado para cobrir a aposta perdida e Danelon propõe um novo arranjo para o próximo jogo que iria apitar:

Daniel: Mas colocaram muito dinheiro, Danelon, nós temos que pagar e temos que explicar alguma coisa disso, Danelon... Foi muito dinheiro, Danelon. Alguém vem matar eu aqui, cara... Você tem que ajudar agora, meu...
Danelon: O que que eu vou fazer? Me fala que eu faço.
Daniel: Você vai ter que... você vai ter que fazer uma forma de pagar, Danelon. [...]

Daniel: Eu não tenho de onde tirar o dinheiro, Danelon... eu não tenho de onde tirar o dinheiro...
Danelon: Você tem que arrumar com o Marília e Ituano, cara...
Daniel: Eu não tenho de onde tirar o dinheiro, Danelon... eu tenho que pagar isso quarta-feira.
Danelon: Eu vou fazer, cara... Eu vou no Marília e Ituano... Vê o que você quer que eu faça... Eu não dormi, cara... Eu tomei Valium... A minha mulher chorando... [...]
Daniel: Só que agora tem que resolver lá...
Danelon: Não... deixa eu falar uma coisa pra você: é muito fácil eu pegar... nós vamos tentar amarrar o meio... o jogo até tá fácil, cara, eu dou um gol pro Ituano... eu vou ter que fazer... eu jogo minha carreira fora, cara! [...] Só que vou ser mais inteligente, não tem que ficar marcando faltinha... tem que ser decisivo, cara... ser decisivo...

Danelon tinha seus métodos para conduzir os resultados. Quando queria segurar o jogo, apitava faltas no meio do campo. Também invertia faltas e marcava ou não pênalti, dependendo da conveniência. Porém, no fatídico Santos e Guarani, nada deu certo.

Em setembro, Danelon, que recebia 10 mil reais por fraude, confessou em depoimento à Polícia Federal ter vendido três jogos do Campeonato Paulista daquele ano: Corinthians 3 × 0 Ponte Preta; Guarani 1 × 1 Atlético de Sorocaba; e Portuguesa Santista 0 × 1 União São João. Apanhado com a boca na botija, Danelon abriu o bico e entregou o mesário Vanderlei Pololi, como intermediário nas transações. Em notícia veiculada pelo *UOL Esportes*, Pololi era uma peça-chave no esquema, pois, pela sua proximidade com os árbitros, saberia quem aceitaria participar do esquema. Segundo Danelon, a sujeira vinha de longa data, como Pololi havia revelado. O mesário, que se dizia pessoa de confiança da Federação Paulista de Futebol, teria dito a Danelon que conheceu muitos árbitros corruptos e costumava levar envelopes com o resultado pronto para os árbitros.

Embora ausente nas gravações periciadas, o árbitro Edilson Pereira de Carvalho era peça fundamental e a revelação do esquema levou o Superior Tribunal de Justiça Desportiva a anular os onze jogos apitados por ele no Brasileirão 2005. A medida foi ótima para os corintianos. Para se ter ideia do que isso acarretou, o Corinthians sagrou-se campeão, com três pontos na frente do Internacional. Caso as partidas não tivessem sido anuladas, o time de Porto Alegre é que terminaria campeão, um ponto à frente do Corinthians.

Os dois árbitros foram banidos do futebol, além de denunciados pelo Ministério Público por estelionato, formação de quadrilha e falsidade ideológica.

Resta saber como fica o torcedor nessa história. É difícil acreditar que esse tenha sido um caso isolado. Até que ponto podemos acreditar em alguns resultados? Costuma-se dizer que o futebol é uma "caixinha de surpresas". Ou seria um cofrinho sem surpresas?

O gol anulado de Obina

Em 2009, voltei a ser procurado para tratar de assunto relativo ao futebol. Desta vez não tinha propina ou gravação mostrando as sujeiras dos bastidores da cartolagem. Não tinha mala preta. Apenas um vídeo, que todo mundo viu, e um apito, que pouca gente ouviu.

Era novembro, reta final do Campeonato Brasileiro, Fluminense e Palmeiras no Maracanã. O palmeirense Figueroa cobra o escanteio na ponta direita, bola alta na área. O zagueiro corta e a bola sobra para Maurício, que ajeita para Figueroa cruzar novamente, direto para a cabeça de Obina, que marca o gol.

PERITO PARA QUEM PRECISA DE PERÍCIA

O juiz, Carlos Eugênio Simon, prestigioso árbitro da FIFA, anula o gol de Obina, apitando falta de ataque, para o desespero do "verdão", que nesse dia jogava de azul. Uma enorme polêmica foi criada. Teria o árbitro apitado, como alegavam os palmeirenses, depois da conclusão da jogada?

O presidente do Palmeiras, Luiz Gonzaga Belluzo, ficou indignado, criticou a arbitragem, esbravejou, xingou o juiz de mentiroso. A própria Confederação Brasileira de Futebol suspendeu o árbitro gaúcho "por repetidos erros". Mas não houve erro.

No exame que realizamos, ficou evidente que o árbitro apita 350 milésimos de segundo após o cabeceio. A bola cruza a linha do gol 300 milésimos de segundo após o apito, ou seja, o árbitro apita antes de a bola entrar. Não cabe a mim dizer se foi ou não falta. Mas tenho certeza absoluta de que a falta foi marcada pelo juiz antes do gol. É preciso considerar que, quando o juiz apita, essa decisão já foi tomada, no nível cerebral, um certo intervalo de tempo antes. Esse intervalo depende de cada pessoa; algumas são mais rápidas que outras. Mas dificilmente o tempo de reação do juiz seria menor do que meio segundo. Como o apito aconteceu menos de meio segundo após a cabeça de Obina tocar a bola, é certo que o juiz já tivesse visto irregularidades no lance e interpretado como falta de ataque.

Esses detalhes nenhum tira-teima mostra. O que se vê é a bola entrando e o juiz correndo em direção ao jogador para marcar uma infração. Só pelo tira-teima a interpretação da jogada pode ser equivocada, como realmente foi. Numa análise de laboratório, entretanto, é possível examinar a gravação quadro a quadro, com precisão de milésimos de segundo, sendo possível aferir com precisão todos os eventos da jogada: o momento do apito, o momento do cabeceio e o momento do gol.

Não torço nem para o tricolor carioca nem para o alviverde paulista. Não nego o direito de torcedores e dirigentes se manifestarem, mas, como costuma ocorrer, a paixão cega. Em casos como esse, fica evidente que o trabalho de um perito nunca agrada a todos. É bem possível que muitos palmeirenses tenham ficado irritados com a minha conclusão ou nem mesmo a tenham aceitado. Só posso afirmar que seria impossível apitar 350 milésimos após o cabeceio sem ter tomado essa decisão antes.

Foguete corintiano

Corintiano vive se metendo em encrenca e dessa vez a confusão foi longe de casa. Em 20 de fevereiro de 2013, no jogo contra o Club Deportivo San José, em Oruro, Bolívia, pela Copa Libertadores da América, um torcedor do time boliviano, de apenas 14 anos, morreu após ser atingido por um sinalizador naval que, teoricamente, teria sido lançado a partir da torcida do Corinthians, ainda no primeiro tempo da partida. O adolescente Kevin Beltrán Espada, segundo o médico que o atendeu no hospital para onde foi levado, teve morte instantânea. Por que o levaram morto para o hospital não se sabe. Aqui já surgem as nuvens escuras que iriam turvar a compreensão do caso.

Desde o primeiro momento, parecia não haver dúvida para a polícia boliviana de que os corintianos eram culpados. Sem qualquer critério ou exame pericial, doze torcedores brasileiros foram presos antes de sair do estádio. Por que exatamente esses doze ninguém explicou até hoje.

Logo surgiu um vídeo no qual se via um rastro luminoso de um sinalizador, não havendo dúvidas de que esse sinalizador partiu do local onde se encontrava a torcida do Timão. O problema é que era impossível identificar o local exato de onde partiu ou a pessoa que o lançou, visto que a origem do artefato estava coberta por uma faixa. Além disso, várias testemunhas disseram que muitos outros artefatos do mesmo tipo tinham sido lançados, inclusive pela torcida do San José. Na verdade, o vídeo do "sinalizador corintiano" mostrava que a trajetória do projétil não era compatível com o ângulo de entrada observado na vítima.

O imbróglio estava montado. Doze torcedores presos, sem qualquer prova contra eles e também sem qualquer solução jurídica para resolver o caso, mesmo com os esforços da diplomacia brasileira. Encontrar uma solução diplomática para soltar os brasileiros agradaria a imensa torcida corintiana, da qual, aliás, faz parte o ex-presidente Lula.

Do outro lado, o presidente boliviano Evo Morales — populista de carteirinha — precisava dar uma satisfação ao seu país, ainda que com a prisão arbitrária de doze brasileiros. Outro elemento que travava o canal diplomático era o fato de o senador boliviano Roger Pinto, adversário do governo local e condenado à prisão por Morales, estar asilado desde maio do ano anterior na embaixada brasileira em La Paz. Certamente, a possibilidade de troca dos corintianos pelo senador foi cogitada nos bastidores. Mas ninguém cedeu. Nem o Brasil entregou o senador, nem a Bolívia liberou os corintianos.

Para aumentar a confusão, logo apareceu no Brasil um rapaz de 17 anos que esteve no jogo e assumiu a responsabilidade pelo acidente. Em entrevista ao jornalista Valmir Salaro para o programa *Fantástico*, da TV Globo, o menor disse que não sabia manusear o artefato, comprado na 25 de Março, e, acidentalmente, o teria disparado na direção da torcida adversária. Mas confessa também que no intervalo do jogo perguntou aos policiais se havia alguém machucado. Ou seja, nem ele sabia se o artefato que atingiu a vítima foi mesmo disparado por ele. É estranho que alguém que tivesse disparado um sinalizador e matou instantaneamente uma pessoa não tivesse percebido no momento o que acontecera. O depoimento nunca me pareceu convincente, mas apenas uma manobra para tentar equacionar a situação de uma forma muito conveniente: ele era menor de idade, estava no Brasil e não poderia ser deportado. Mas não colou. Os corintianos continuaram presos.

Dois meses depois do ocorrido, a revista *IstoÉ* me procurou para dar um parecer a respeito de dois aspectos relacionados com o caso. Primeiro: sobre a trajetória do projétil que aparecia no único vídeo existente. Segundo: sobre uma gravação feita pelo advogado Sérgio de Moura Ribeiro Marques, na qual ele conversa com Jorge Ustarez Beltrán, tio da vítima.

Analisando o vídeo, concluímos que, embora o artefato — que aparece no vídeo — tenha partido da torcida do Corinthians, o sinalizador não poderia ter sido o causador da tragédia. Sua trajetória teve início na parte inferior da arquibancada, enquanto a vítima se encontrava num dos degraus mais altos. No vídeo, já se vê que o artefato tinha atingido o ponto máximo da sua altura, iniciando a descendente da parábola, bem abaixo do ponto onde se encontrava o adolescente morto. Aquele vídeo, portanto, não poderia ser usado como evidência. É sabido que o rapaz foi morto por um artefato do tipo sinalizador naval, mas também que vários outros foram disparados naquele jogo, inclusive pela torcida do San José.

Já em relação à conversa entre o advogado brasileiro e o tio da vítima, também advogado, a questão era verificar sua autenticidade e identificar a voz de Beltrán. Os dois pontos foram confirmados. Mas o mais importante era o conteúdo do diálogo. O tio de Kevin Espada admitia: "Estamos seguros de que [os presos] não são os autores diretos [...] O que nós propomos a vocês é acabar de vez com esse processo; uma vez retirada a denúncia, não é possível um processo penal. Os familiares buscam uma reparação material [...] Entendo que essa responsabilidade poderia ser assumida pelo Corinthians [...] Estou consciente de que os doze não são os culpados." Resumindo, tratava-se de uma chantagem.

Essa conversa reforçava a nossa opinião sobre o vídeo: as imagens não serviam para incriminar nenhum dos presos ou qualquer outro torcedor corintiano. Isso, aparentemente, até o tio da vítima sabia. O que ele queria era alguma compensação financeira por parte do clube.

O assunto foi capa da *IstoÉ* em 22 de maio de 2013 e teve grande repercussão, enfraquecendo as acusações. Ficou difícil sustentar a prisão quando a própria família da vítima admitia que os presos eram inocentes. A revista assumiu uma posição muito forte, cobrando do governo brasileiro uma ação mais enérgica: "O caso dos brasileiros presos na Bolívia não tem solução técnica. Sem ela, fica dúvida sobre a autoria do disparo do sinalizador que matou Kevin. E, se não há como provar a culpa dos doze torcedores do Corinthians, eles têm de deixar a prisão em Oruro. Passou da hora de o governo brasileiro arregaçar as mangas de verdade e, livre de interesses paralelos, priorizar uma solução rápida para uma prisão arbitrária de doze de seus cidadãos." No início de junho, sete torcedores foram soltos, e os cinco restantes, um mês depois.

Sinalizador naval em campo nunca dá bom resultado. Impossível não lembrar do famigerado episódio da "fogueteira" do Maracanã, Rosinery Melo do Nascimento. Em 3 de setembro de 1989, durante uma partida eliminatória para a Copa do Mundo, o Brasil precisava vencer o Chile e estava ganhando por 1 a 0. Rosinery disparou um sinalizador aos 24 minutos do segundo tempo. O artefato caiu próximo ao goleiro Rojas, que, oportunamente, se jogou no chão, simulando ter sido atingido pelo projétil. Ele feriu o próprio rosto e o jogo foi interrompido. Felizmente, as imagens mostraram a farsa, pois o sinalizador caiu a alguns metros do goleiro. O Brasil ganhou os pontos da classificação e a "fogueteira" virou capa da Playboy.

Ingresso superfaturado: denúncias para inglês ver

Em 8 de julho de 2014, o Brasil passou pelo maior vexame futebolístico de sua história. Em uma sequência estonteante de gols, a Alemanha massacrou a seleção canarinho por 7 a 1 no Estádio do Mineirão, em Belo Horizonte. Depois de abrir o placar aos 10 minutos de jogo, a Alemanha balançou as redes outras quatro vezes em apenas 7 minutos. Em média, menos de 2 minutos entre um gol e outro. Que a disciplinada seleção da Alemanha venceria a desorganizada seleção de Luiz Felipe Scolari não foi surpresa, ainda mais se considerarmos que Neymar estava contundido e fora da competição. Mas quem esperava uma avalanche de sete gols?

A Copa do Mundo de 2014 foi uma grande aposta do governo petista: teoricamente, traria turistas, recursos e glórias ao futebol brasileiro. Primeiro, o entusiasmo do povo **não** foi tão grande. Os escândalos de superfaturamento e a certeza de obras inacabadas já pipocavam muito antes de a bola rolar. Só o Estádio Mané Garrincha, em Brasília, custou três vezes mais que o previsto, mais que estádios similares construídos no caríssimo Japão.

Para piorar os ânimos da nação, antes de o Brasil cair, Belo Horizonte, sede do vexame nacional, assistiu à queda de um viaduto (obra inacabada para a Copa do Mundo), que vitimou duas pessoas. O mar não estava para peixe. No meio de tanta notícia ruim, o escândalo da suposta venda de ingressos superfaturados serviu para distrair a atenção popular.

No dia 7 de julho, véspera da surra alemã, foi preso o inglês Raymond Whelan, proprietário da Match Services, empresa ligada à FIFA para a comercialização de ingressos e pacotes para eventos esportivos no mundo inteiro. A Match estava estabelecida oficialmente no país, com um escritório no Rio de Janeiro, mas Whelan era acusado de chefiar uma quadrilha. Segundo o promotor Marcos Kac, ele teria feito "mais de novecentas ligações" para o ex-jogador franco-argelino Mohamadou Lamine Fofana, conhecido cambista internacional. Fofana fora preso no dia 2 de julho junto com outros dez acusados na chamada Operação Jules Rimet. A notícia foi repetida à exaustão, em todos os veículos jornalísticos, competindo com as informações sobre o desastre no Mineirão. Afinal, depois de tanta notícia negativa, era preciso encontrar algum fato que compensasse a vergonhosa goleada e os escândalos das obras da Copa de 2014.

Dizia-se, então, em alto e bom som, que falcatruas que tinham ocorrido em outras copas foram finalmente desmascaradas pela competente polícia brasileira. Já que não fizemos bonito no futebol, precisávamos nos orgulhar de alguma coisa. Mas prender Fofana, um cambista com ficha suja, não daria tanta repercussão quanto prender um inglês hospedado no Copacabana Palace. Era um prato cheio para satisfazer a fome dos noticiários, naquele momento ávidos por notícias positivas, uma vez que boa parte dos brasileiros torcia contra a seleção de Felipão. O problema é que algumas emissoras apostaram muito no sucesso do evento e, não só pelo fraco desempenho da equipe brasileira, mas também pelo momento político, adverso para o Planalto, não houve o entusiasmo esperado por parte da população. Nada melhor que malhar um inglês, ou seja, um oriundo da ilha que inventou o nobre esporte bretão.

Preso no dia 7, Whelan foi solto na madrugada do fatídico dia 8. Fofana continuou preso. Mas agora, depois da queda para a Alemanha, a imprensa nacional precisava escapar da armadilha masoquista de ficar repisando o 7 a 1. Qual seria o bode expiatório para amenizar a grande frustração? A prisão preventiva decretada pela Justiça do Rio de Janeiro, no dia 10 de julho, colocava Whelan novamente sob os holofotes. Para animar o espetáculo, ainda houve o episódio rocambolesco da suposta fuga do inglês, junto com o seu advogado Fernando Fernandes, pela porta lateral do Copacabana Palace, no dia 11. No dia 14 de julho, Whelan se apresentou ao Tribunal de Justiça do Rio e foi levado para o Complexo Penitenciário de Gericinó, antigo Complexo Penitenciário de Bangu.

Raymond Whelan estava indignado, pois afirmava ao seu advogado que, ao contrário do que fora largamente noticiado, ele nunca teria se comunicado tantas vezes com Lamine Fofana. A tese das "novecentas ligações" foi exaustivamente veiculada, principalmente na televisão. No entanto, a notícia era sempre ilustrada com uma única gravação telefônica, na qual Whelan e Fofana de fato conversavam sobre uma transação de valor muito alto, 1 milhão de dólares.

Na forma como era noticiada, parecia que Whelan estava vendendo quarenta ingressos megafaturados, a 25 mil dólares cada. Mas essa não era a verdade. O que se transacionou nessa conversa foram quarenta pacotes da empresa Match Hospitality, um braço da Match Services. Para a maioria das pessoas, pode parecer absurdo que alguém pague tal quantia para assistir a jogos de futebol. E o mau jornalismo ajudou a criar uma imagem de ilegalidade nessa transação, ou seja, ninguém explicou o que estava sendo negociado. Alimentar a indignação popular sempre deu ibope no Brasil.

O que o povo não sabia, porque não lhe foi dito, é que o que estava sendo vendido eram pacotes sofisticados para clientes muito especiais. Eles incluíam lugar garantido em camarote para qualquer jogo, passagens aéreas, hospedagem em hotel cinco estrelas, traslado VIP hotel-estádio com seguranças e carro blindado, entre outras mordomias. Esses quarenta pacotes, inclusive oferecidos a Fofana, não eram os mais caros publicados no fôlder da Match Hospitality. Estrelas do rock ou xeiques árabes não estão acostumados a filas. Esses pacotes são feitos para esse público.

Associada a esses valores aparentemente altos — na verdade, preço de tabela da Match Hospitality —, aparecia a afirmação categórica da autoridade policial e do Ministério Público sobre as tais "novecentas ligações". Fernando Fernandes, advogado de Whelan, nos procurou para tentar esclarecer o caso. Para um advogado, é praticamente impossível se movimentar no interior do cipoal de milhares de interceptações que lhe são entregues no bojo de uma operação desse porte: doze DVDs, cada um contendo interceptações de um dos telefones grampeados, totalizando 13.908 ligações telefônicas e 23.100 mensagens de texto SMS.

Nosso laboratório tem expertise para esse tipo de análise. Já examinamos muitos casos semelhantes, alguns deles com número muito maior de interceptações. Desenvolvemos programas específicos que vasculham os dados em busca de repetições, duplicações, incoerências etc. Sem tecnologia é impossível processar esse volume de informação.

Na primeira análise que fizemos, descobrimos que havia um número imenso de duplicidades no material apresentado para a defesa. Por exemplo: as 23.100 mensagens de SMS de toda a operação foram reduzidas a 5.600 após retirarmos as que foram relatadas mais de uma vez. Dessas 5.600, 588 seriam interações entre Fofana e Whelan, mas ainda havia duplicidades, restando 158 mensagens entre os dois. De fato, essas 158 configuravam apenas doze "conversas" (por meio de textos), visto que cada uma dessas "conversas" envolve uma série de mensagens de SMS.

Quanto às 13.908 ligações telefônicas (voz), após a depuração das duplicidades, restaram 61 ligações entre Whelan e Fofana. Apenas 28 foram completadas, as demais não foram atendidas. Cabe ressaltar que Whelan nem ao menos fora grampeado. As gravações em que aparecia sua voz foram decorrentes do grampo no telefone de Fofana.

Estávamos muito longe das tão propaladas "novecentas ligações" que levaram à prisão preventiva do inglês. Quando fizemos a rede de interligações entre todos os envolvidos, ficou claro que, se havia uma estrutura do tipo quadrilha, Whelan não poderia ser o chefe, pois falou apenas com Fofana, e pouquíssimas vezes.

O que não se consegue entender é como a autoridade policial, responsável pela investigação, não teve a competência, ou a vontade, de verificar as escandalosas repetições de mensagem SMS no relatório do "Guardião", o programa usado pela Polícia Federal para gerenciar as interceptações. Não seria tão difícil detectar os erros do "Guardião". Em dois casos, a mesma mensagem era repetida sequencialmente mais de 180 vezes, inflacionando, assim, o número total de interações, de modo a chegar ao irreal número de novecentos divulgado pela imprensa. Também nunca foi esclarecido que esse "novecentos", além de superestimado, juntava mensagens de texto e conversas telefônicas.

E pior: sempre que se falava das "novecentas ligações", apresentava-se a fatídica conversa telefônica dos 25 pacotes da Match Hospitality, dando a falsa impressão de que haveria novecentas conversações telefônicas. Ora, se isso fosse verdade, é óbvio que o inglês teria muito o que explicar. Mas com 28 conversas, cuja duração acumulada é de apenas 17 minutos e 24 segundos, não se poderia sustentar a tese de que ele chefiava uma quadrilha.

E foi assim que o Tribunal de Justiça do Rio de Janeiro entendeu, arquivando o processo contra Raymond Whelan, em fevereiro de 2015. O processo continuará contra os demais acusados. Mohamadou Lamine Fofana muito provavelmente não terá o mesmo destino do inglês, visto que há fortes indícios de contravenções com a sua participação envolvendo membros da CBF e da FIFA, naquela e em outras Copas do Mundo.

O que também precisa ficar claro é que Whelan é um empresário do ramo de turismo VIP voltado para eventos esportivos, atuando em competições como a Copa do Mundo (como empresa credenciada pela FIFA), torneios de automobilismo (Fórmula E, na Inglaterra) e em torneios de tênis (Roland Garros, na França). Os bilhetes que integravam pacotes vendidos pela Match Hospitality foram adquiridos legalmente. Já Fofana é proprietário da Atlanta Sportif International, empresa especializada em organização de jogos amistosos e consultoria a jogadores e clubes. Investigado pela polícia brasileira, é acusado de chefiar uma quadrilha de cambistas. Com ele foram apreendidos ingressos cedidos a ONGs, a patrocinadores da Copa do Mundo e a outras duas delegações, além da CBF.

Em 2015, o Federal Bureau of Investigation (FBI) deu um show de eficiência, revelando um escandaloso esquema de propinas no alto escalão da FIFA. Aproveitando uma reunião dos figurões em Zurique para eleger o presidente da entidade, e com o auxílio da polícia suíça, o Departamento de Justiça dos Estados Unidos solicitou a prisão de sete dirigentes e cinco executivos da FIFA, indiciados por extorsão e corrupção. Alegam os norte-americanos que houve favorecimento na escolha das sedes das próximas copas: Catar (2018) e Rússia (2022). Um dos presos é o ex-presidente da CBF José Maria Marin, que depois de amargar meses em um xilindró suíço, em novembro de 2015 cumpria prisão domiciliar em seu luxuoso apartamento em Nova York. Fora de campo, o futebol brasileiro também faz feio.

Vale lembrar que não só as Copas posteriores à de 2014, mas também a de 2006, na Alemanha, e a de 2010, na África do Sul, foram alvo de investigação.

Réveillon explosivo

O réveillon na praia de Copacabana, desde o início dos anos 1990, é um espetáculo de luzes e cores proporcionado por uma gigantesca queima de fogos de artifício. Os primeiros momentos de 2001, para alguns o verdadeiro início do milênio, foram marcados por uma tragédia.

Uma das ogivas, que deveria ser projetada a cerca de 200 metros de altura, explodiu a poucos metros do chão, ferindo diversas pessoas. Um dos 2,5 milhões de espectadores que se encontravam no local era o mecânico José Maria Martins, de 44 anos, que, após a explosão, foi atingido no pescoço por um pequeno estilhaço do plástico que reveste as ogivas. O ferimento, aparentemente, não tinha gravidade. O médico que o atendeu em um ambulatório montado para o evento limitou-se a aplicar uma pomada e dispensou o ferido. Às 18h daquele 1º de janeiro, no entanto, José Maria morreria no hospital Miguel Couto em decorrência de uma infecção. Externamente, o ferimento parecia ser superficial, mas o pequeno estilhaço tinha penetrado fundo, atingindo traqueia e laringe, o que ocasionou a sua morte.

Em se tratando de um evento mundialmente conhecido, a repercussão foi enorme e imediata. Obviamente, estão envolvidos grandes interesses econômicos tanto da iniciativa privada como dos governos municipal e estadual. A queima de fogos de Copacabana atrai milhares de turistas para a cidade e beneficia hotéis, restaurantes e o comércio em geral. Além disso, o contexto da tragédia era um prato feito para aumentar ainda mais a já conhecida voracidade da mídia. Afinal, os primeiros dias do ano são o pesadelo das redações: Congresso em recesso, jogadores de futebol em férias, pouca coisa a noticiar além da alta temperatura e das belezas do e no litoral brasileiro.

Infelizmente, no Brasil, antes de se investigar a fundo, se acusa. Em casos como esse, a ânsia de achar urgentemente um culpado é ainda maior em função da pressão da opinião pública. Logo no primeiro momento, acusou-se a Promo 3, a empresa contratada oficialmente para a queima de fogos, como a responsável pelo acidente. Porém, para entender melhor o que aconteceu, é preciso conhecer um pouco mais da organização do evento.

A Promo 3 era a organizadora oficial. Apresentava projeto para a prefeitura, delimitando todas as áreas onde seriam montados os "currais" para instalação dos fogos, ocupando toda a extensão da praia, desde o Posto 6 até o Leme. Alguns estabelecimentos também promoviam sua queima de fogos particular, como a boate Help, que montou um curral a alguns metros de uma das bases da Promo 3. A rua Miguel Lemos dividia as duas áreas. A empresa Caramuru tinha seu próprio curral de fogos na praia do Leme. O hotel Meridien fazia a famosa cascata de fogos. Enfim, à meia-noite todos iniciavam seu espetáculo.

Talvez por ser a empresa oficial e a que ocupava 90% da praia, a Promo 3 foi logo considerada responsável pelo trágico incidente. As duas proprietárias da empresa, Vivien Pires e Patrícia Junqueira, tinham muita experiência em eventos dessa natureza, mas não souberam lidar adequadamente com o bombardeio da imprensa. Insuflada por conclusões apressadas da Polícia Civil, a imprensa também se precipitou no julgamento: a Promo 3 era a culpada. As sócias Vivien e Patrícia, sabendo-se inocentes, não tiveram o cuidado necessário em casos como esse. Ainda sem o amparo de uma análise técnica aprofundada, as duas deram diversas entrevistas que em nada ajudaram a melhorar a imagem distorcida já formada pela opinião pública.

É certo que a indignação revelada pelas empresárias tinha bons motivos. O chefe da Polícia Civil, delegado Álvaro Lins, já em 17 de janeiro de 2001, afirmava categoricamente que a Promo

3 era culpada, pois, segundo um laudo da UFRJ, os fragmentos de plástico que atingiram as vítimas da explosão eram semelhantes aos usados nos artefatos da Promo 3. Mas isso não provava nada, pois outros fogos de grande porte também usam o mesmo tipo de plástico.

A conclusão era apressada, pois a polícia desconsiderou uma prova incontestável: uma gravação de áudio e vídeo feita por um turista na sacada do hotel Othon Palace. A filmagem mostrava nitidamente que a explosão ocorrera no interior do curral de fogos da boate Help. Diante de tal evidência, a questão da composição química do plástico era irrelevante. Esse argumento só se sustentava em declarações unilaterais da Brasitália, empresa que organizou a queima de fogos da Help, que afirmava só usar artefatos de papelão. Mas bastava entrar no site da Brasitália para verificar que, na linha de produtos, havia fogos com ogivas de polietileno, o mesmo material analisado pela UFRJ.

Havia algo de estranho no fato de a polícia negligenciar a filmagem feita pelo turista que mostrava, sem nenhuma ambiguidade possível, o local da explosão no momento em que ocorria. Por que a polícia insistia em isentar a Help de responsabilidade diante de prova tão contundente?

A discoteca Help, inaugurada em 1984 pelo empresário Chico Recarey, trocou de dono várias vezes até fechar, definitivamente, no começo de 2010. Nos últimos tempos, dizia-se, transformou-se em um estabelecimento de fachada para camuflar atividades como prostituição e tráfico de entorpecentes que, geralmente, só podem ser mantidas com certa lassidão das autoridades competentes.

Apesar das indiscutíveis imagens captadas pelo turista, que mostravam o momento da explosão dentro da área da Help, o Instituto de Criminalística Carlos Éboli da Polícia Civil (ICCE) insistia em teses mirabolantes. Tiveram de aceitar que a explosão foi mesmo na área da Help, porém defendiam agora que o projétil era originário da área vizinha, ou seja, da Promo 3.

As proprietárias da Promo 3, num primeiro momento, acharam que a filmagem seria suficiente para provar sua inocência. Mas, diante das invencionices do ICCE, procuraram o nosso laboratório a fim de que fosse elaborado um parecer que examinasse as imagens e se verificasse a possibilidade de o acidente ter mesmo ocorrido da forma como sugeria a perícia oficial.

De posse das imagens, realizamos um tratamento digital para aumentar a qualidade e visualizar detalhes do ocorrido. Além disso, demonstramos que seria impossível um projétil ter saído da área da Promo 3 e atingido a área da Help.

Os tubos de disparo que lançam e direcionam as ogivas eram enterrados na área da praia em um ângulo pequeno, menor que 10 graus, ou seja, quase na vertical, levemente voltados para o mar. Assim, quando as ogivas explodiam, estavam sobre o mar, propiciando o espetáculo esperado e garantindo a segurança dos espectadores, eliminando o risco de queda de partículas quentes sobre a plateia.

Portanto, a inclinação dos tubos já seria suficiente para excluir a hipótese de o artefato ter saído do curral da Promo 3. Ainda que um dos tubos tivesse sido instalado de forma equivocada, levemente voltado para a área da Help, isso não explicaria o ocorrido. Qualquer objeto que seja atirado de um ponto a outro percorre obrigatoriamente uma parábola. Conhecidos o ângulo de projeção e o alcance, podemos calcular a trajetória parabólica. Ora, nós tínhamos os dois dados. Ao calcular a trajetória parabólica, verificamos que o artefato, se tivesse saído da área da Promo 3, percorreria entre a subida e a descida uma distância suficiente para acionar o mecanismo de disparo, fazendo com que a explosão não ocorresse próxima ao chão, mas sim a uma altura muito maior do que a observada.

Vale esclarecer que esse tipo de artefato pirotécnico possui duas fases: propulsão e explosão. A explosão é acionada por um mecanismo de retardo. Ao mesmo tempo que é projetado do tubo, o artefato tem seu pavio de explosão acionado. O tempo para que a explosão ocorra é calculado de acordo com o tamanho da ogiva e da altura que se deseja alcançar. Algumas ogivas chegam a 300 metros de altura.

Ainda que fosse um artefato defeituoso, de qualquer modo, teria de percorrer uma parábola antes de explodir. Como a distância entre a última linha de tubos da Promo 3 e o ponto da explosão era grande (mais de 50 metros), o tempo para completar a trajetória parabólica seria suficiente para que o artefato não explodisse no chão e sim na descendente, ainda longe do solo.

Outro fator considerado em nosso estudo foi a direção do vento. O movimento da fumaça, após a explosão, mostrava que o vento soprava da área da Help para a da Promo 3. Esse aspecto tornava ainda mais improvável a tese absurda do ICCE. Para que essa tese fosse procedente, diversos fatores precisariam ter ocorrido: 1) o tubo de lançamento deveria ter sido direcionado para a área ao lado, e não para o mar; 2) a inclinação do tubo teria de ser muito maior, de quase 45 graus, como se o disparo não fosse para cima; 3) tanto o mecanismo de propulsão quanto o de retardo para a explosão deveriam ter falhado; 4) o vento deveria estar soprando na direção contrária à observada na filmagem feita pelo turista.

Todos os indícios apontavam para uma falha num dos fogos da Help. Uma simples falha no mecanismo de retardo poderia provocar o acidente tal como ocorreu. Esse tipo de acidente é comum em fogos de artifício de pequeno porte, como rojões, que, na verdade, funcionam da mesma forma, em duas fases: propulsão e explosão com retardo. Quem já não presenciou ou vivenciou a desagradável experiência de ver um desses rojões de má qualidade explodir logo depois de aceso?

A Promo 3, empresa especializada e com larga experiência nesse tipo de espetáculo, seguia rigidamente as normas de segurança. Utilizava tubos especiais de alta resistência, projetados para resistir até mesmo a uma explosão precoce de um artefato defeituoso dentro do tubo, sem espalhar estilhaços. Todos os tubos eram revestidos nas partes inferior e superior por uma proteção plástica que evita a entrada de umidade. É importante lembrar que no dia do evento choveu torrencialmente na cidade do Rio de Janeiro. É certo que os tubos da Promo 3 encontravam-se protegidos. Quanto aos da área da Help, sabe-se que alguns eram de papelão. A ação da umidade pode ter sido decisiva para o acidente, prejudicando o mecanismo de propulsão ou de retardo.

Nosso estudo foi uma peça importante na defesa da Promo 3, tanto assim que peritos judiciais nomeados concordaram com nossa interpretação dos fatos. Após uma enxurrada de processos, nos quais foi vitoriosa a empresa injustamente acusada em 2001, a Promo 3 voltou a ser a responsável pela queima de fogos do réveillon carioca a partir de 2011.

Não se pode isentar o Estado de responsabilidade nesse episódio. Em nenhuma parte do mundo desenvolvido permite-se que o público fique tão perto do local de lançamento dos fogos. Como costuma acontecer no Brasil, as devidas medidas só são tomadas após uma tragédia. Já no ano seguinte ao incidente, a queima de fogos passou a ser feita em balsas colocadas longe da praia, ao longo da faixa litorânea, sem nenhum risco para a população.

A namorada do rei

O rei Pelé, atleta do século, tão acostumado a balançar as redes, também tem seus momentos embaraçosos. Uma série de encrencas, que vão de direitos sobre o uso de imagem até paternidades não assumidas colocaram o rei do futebol numa rede de complicações legais.

O inferno astral que viveu o rei teve início em novembro de 2001, quando o jornal *Folha de S.Paulo* revelou que a Pelé Sports & Marketing Inc. teria recebido 700 mil dólares na organização de um evento beneficente para o Unicef da Argentina. Segundo a reportagem, o evento não teria sido realizado, mas a empresa de Pelé ficou com todo o dinheiro e o Unicef argentino não levou nada. Outras histórias mal explicadas já tinham surgido no bojo da CPI do futebol na Câmara. Uma delas relacionava-se com a venda de direitos de transmissão de jogos das eliminatórias da Copa do Mundo de 1994. Outra enroscada se deu com o ex-companheiro do inesquecível ataque santista dos anos 1960, o ponta-direita Dorval.

Dorval processava Pelé porque, em 2001, a Coca-Cola utilizou em uma campanha mundial uma foto em que Pelé, Dorval e Coutinho apareciam tomando o refrigerante. A imagem correu o mundo e Dorval se sentiu usado. Teria recebido, de um dos assessores de Pelé, apenas 3 mil reais. O rei recebeu 6 milhões de reais pelo contrato. Dorval processou Pelé e cobrava 600 mil dólares na Justiça.

Com tantos processos, o artilheiro, que precocemente chegou aos mil gols com 29 anos de idade, estava tão desnorteado em 2001 que no GP Brasil de Fórmula 1 demorou 7 segundos e meio para dar a bandeirada para o vencedor, Michael Schumacher, da escuderia Ferrari. O alemão quase teve tempo de dar mais uma volta.

Pelé é também conhecido pelas jogadas "dom-juanísticas" fora de campo. Não faltam ex-namoradas e exames de DNA para averiguar a verdadeira extensão da prole do rei.

Em 2002, fui procurado pela revista *IstoÉ* para analisar uma gravação na qual Pelé conversava com uma de suas ex-namoradas, a paraibana Magna Aparecida Alves, com 24 anos naquela ocasião. O rei do futebol teria conhecido Magna quando ela distribuía panfletos em um semáforo de São Paulo. O romance secreto com "Edson", como sempre o chamava nos telefonemas, durou de janeiro de 1999 a fevereiro de 2002. Desse relacionamento não resultou nenhum filho, mas sim uma disputa judicial em torno de um apartamento no Morumbi, em São Paulo, que, embora estivesse no nome de Magna, estava sendo ocupado por Flávia Kurtiz, de 32 anos, a segunda filha de Pelé fora do casamento, oito anos mais velha que sua namorada "secreta". Magna pleiteava a posse do apartamento.

A conversa na gravação é constrangedora. Pelé diz que a mãe de Magna ameaçou revelar o romance entre os dois no *Programa do Ratinho*, caso a questão não fosse resolvida. Pelé ainda estava casado com a cantora evangélica Assíria, relação que durou catorze anos, chegando ao fim em fevereiro de 2008.

Em 11 de abril de 2002, confirmei para a *IstoÉ* a autenticidade da gravação. Além da pendenga do apartamento, a conversa tinha um trecho um tanto escabroso, no qual Pelé sugeria uma "compensação":

Magna: Edson, você foi o primeiro homem da minha vida e você sabe disso...
Pelé: Bom, mas toda moça tem um primeiro homem na vida... agora, se você fosse uma garotinha de 15 anos, 16 anos, entende? Mas você já era maior...
Magna: ...Quando você estava pedindo pra fazer uma cirurgia pra restituir virgindade... lembra? Desde aquela época a mamãe tem uma má impressão sua... Você tinha dito assim: "Não, Magna, é que eu tenho um amigo"...
Pelé: Mas tenho mesmo um amigo, até hoje eu tenho um amigo em Los Angeles e... e que faz, se você quiser.

O processo se estendeu por muitos anos e realizei outras perícias com gravações apresentadas judicialmente por Magna, até que em 2013 recebi um telefonema no qual ela me agradecia os meus serviços e dizia que finalmente tinha conseguido a posse do apartamento em disputa.

Desde o começo, Magna sempre se mostrou grata pelo fato de encontrar alguém disposto a se colocar em time contrário ao do rei Pelé. Chegou a dizer que outros peritos se recusaram a assumir o trabalho. Eu nunca tive problemas com isso por não misturar as coisas. Faço parte de uma geração que teve o privilégio de assistir ao *dream team* do Santos e ao fulminante ataque composto por Dorval, Mengálvio, Coutinho, Pelé e Pepe. Não sou diferente dos demais brasileiros: Pelé é, e será sempre, meu maior ídolo no futebol. Mas não por isso deixaria de realizar uma perícia que, eventualmente, o desagradasse.

Acho que o próprio rei entendeu isso, pois anos depois me procurou para analisar algumas gravações que envolviam seu filho Edinho. Falamos ao telefone e ele não demonstrou qualquer rancor relacionado com o episódio Magna.

Palavra de piloto: uma carta de Ayrton

No final dos anos 1970, bem antes das facilidades da internet e dos celulares, a comunicação de longa distância dependia quase que exclusivamente de cartas, muitas delas manuscritas. Ao contrário dos dias de hoje, as pessoas ainda escreviam, sobretudo, com um lápis ou uma caneta.

Uma carta manuscrita, datada de 14 de maio de 1979, dirigida a um amigo, Antonio Carlos Cechinatto, em treze páginas de papel sulfite com timbre do Hotel National 1820, Montreux, Suíça, trazia informações extremamente técnicas que pareciam escritas por um engenheiro de escuderia automobilística. Na assinatura, apenas um nome: Ayrton.

Além de descrições técnicas minuciosas sobre o funcionamento de motores, a carta trazia desenhos, como um diagrama explicando a fixação da bomba d'água no mancal do chassi e a forma de turbinar o rendimento do motor com o lixamento do pistão. O autor da carta era preciso nas explicações: "Precisa diminuir bastante o pistão para reduzir o atrito na parte superior traseira, pois sem isso seria fatal uma bela engripada." Em outro trecho, afirmava: "Testamos dois motores refrigerados a água. Eles mostraram-se fantásticos, pois viraram meio segundo mais rápidos que o mesmo modelo com refrigeração a ar. Foram comparados sete motores: dois a água e cinco normais."

Em 2006, a carta manuscrita chegou até a revista *Quatro Rodas*, da Editora Abril. A dúvida era: seria o signatário o jovem Ayrton Senna, então com apenas 19 anos de idade? O requinte técnico das observações seria um tanto inesperado para alguém tão jovem. Senna na época ainda era um ilustre desconhecido tentando a vida na Europa como piloto de kart.

A *Quatro Rodas* estava insegura quanto à autenticidade da carta e nos solicitou um laudo que pudesse confirmar sua autoria. Como padrão de confronto, nos foi entregue outra carta, escrita na mesma época (16 de setembro de 1979, Milão, Itália), enviada por Senna ao seu grande amigo "Tche". Esta era indubitavelmente autêntica.

Nos exames, contemplamos vários aspectos. Não só a caligrafia de Senna, mas também os aspectos estilístico-gramaticais. Um ponto importante nesse tipo de exame é a datação, pois o estilo tem de ser compatível com a época em que o documento foi produzido. Verificamos, por exemplo, que o uso dos assim chamados acentos diferenciais ajustava-se à Nomenclatura Gramatical Brasileira (NGB) em vigor no ano de 1979. Exemplo:

"modêlo" e "sêco". Outras propriedades, de ordem sintática, também foram analisadas, como concordância verbal, uso de sujeito nulo, ausência de artigos etc. Todos os aspectos contemplados não deixavam dúvida quanto ao estilo e datação do documento periciado.

Para além desses aspectos, foi, evidentemente, examinada a autenticidade da escrita. O manuscrito de Senna era um tanto turbulento, havia pouca homogeneidade. Dentro de uma mesma palavra alternava o tempo todo letra cursiva e de forma. A imaturidade gráfica chegava a contrastar com o apuro técnico do conteúdo. Por outro lado, essa inconstância de escrita era por si só um forte marcador de identidade. Não havia dúvida, o material fora mesmo escrito por Ayrton Senna.

Após a garantia de autenticidade, a *Quatro Rodas* publicou a matéria, com destaque, em maio de 2006. O cuidado da revista em autenticar o material é plenamente justificável. Há exemplos históricos de fiascos jornalísticos. Talvez o maior deles seja o caso da revista alemã *Stern* que, em 1983, publicou a bombástica notícia da descoberta dos diários de Adolf Hitler. A repercussão foi enorme. No entanto, o "furo jornalístico" foi desmentido pouco tempo depois quando peritos constataram a fraude.

Juíza Márcia Cunha: idoneidade se prova com perícia

No final de 2004, a juíza Márcia Cunha Silva Araújo de Carvalho assumiu a 2ª Vara Empresarial do Rio de Janeiro. Cerca de dois meses depois, seu marido, Sérgio Antônio de Carvalho, foi procurado por uma pessoa que se dizia representante do banqueiro Daniel Dantas com uma vultosa proposta financeira para que fosse trabalhar junto ao Grupo Opportunity. A proposta foi recusada, uma vez que a juíza constatou a existência de dois processos tramitando na 2ª Vara envolvendo o grupo de Dantas.

Um dos processos era crucial para o Opportunity, que, dependendo da sentença, poderia perder o controle de empresas que integravam um consórcio com um fundo nacional e um fundo estrangeiro. A sentença de Márcia Cunha foi desfavorável a Dantas. Segundo a juíza, o grupo de Dantas a atacou com diversas representações judiciais. A ofensiva mais séria consistiu na apresentação simultânea de quatro laudos periciais concluindo que a sentença emitida não tinha a autoria intelectual de Márcia Cunha, mas sim da banca de advogados oposta ao grupo de Dantas.

Os laudos eram muito frágeis. Um deles era assinado por uma perita grafotécnica, muito boa na análise de assinaturas, mas que não entendia nada das questões linguísticas altamente complexas pertinentes ao exame. Outro laudo, assinado pelo escritor Antônio Olinto, da Academia Brasileira de Letras, já começa sua argumentação com uma citação bíblica equivocada. A famosa frase "No princípio era o verbo..." foi citada por Olinto como sendo o começo do Livro do Apocalipse, quando na verdade é do Evangelho Segundo João. Um erro imperdoável para alguém que se arrisca a elaborar um laudo sobre estilo. Além disso, a mancada é risível para um membro da Academia Brasileira de Letras. Mas, afinal, pensando bem, Antônio Olinto está longe de ser a vergonha da atual ABL.

Fomos procurados pela Associação dos Magistrados do Rio de Janeiro para ajudar a esclarecer os fatos. Grave suspeição pesava sobre uma juíza. A tarefa não parecia fácil. Juntamente com a linguista Helena Britto, aceitei o desafio.

Havia quatro laudos para contestar. Apesar da evidente fragilidade dos exames, o número de laudos a favor de Dantas tenderia, no mínimo, a impressionar o juízo. Mas todos os laudos a favor de

Dantas apresentavam a mesma falha metodológica: trabalharam com um *corpus* muito pequeno, ou seja, confrontaram a sentença questionada com pouco mais de meia dúzia de sentenças anteriores da juíza. O acadêmico Olinto, por exemplo, limitou-se a apenas três sentenças.

Os pequenos *corpora* utilizados viciaram os resultados. Análises de estilo só são totalmente confiáveis a partir de um material extenso, particularmente quando se trata de sentenças judiciais, as quais, em geral, recorrem a uma estrutura rígida, que torna os textos muito parecidos. Ao contrário do texto literário, no qual o estilo pessoal se manifesta de modo muito mais marcado, o discurso jurídico desenvolve-se dentro de um código linguístico próprio. Ninguém confundiria os estilos dos dois ícones do modernismo brasileiro: Oswald e Mário de Andrade. Bastaria ler um único poema de cada para identificar inequivocamente seus autores. O estilo de cada poeta estaria nitidamente contido nas poucas linhas de um poema. Já duas sentenças proferidas por juízes diferentes tendem a ser similares e, eventualmente, pode não ser possível, com base apenas nesse material restrito, identificar a autoria.

Os peritos que elaboraram os quatro laudos não fizeram qualquer esforço para ampliar o material a ser analisado. Restringiram-se a aceitar passivamente o que já tinha sido pré-selecionado pelos advogados do Opportunity. Nada garantia que essa seleção fosse de fato representativa do estilo da juíza Márcia Cunha. E de fato não era.

A literatura especializada afirma que para um *corpus* ser representativo da produção escrita de certo autor deve conter de 50 mil a 100 mil palavras. Fomos um pouco mais longe e analisamos 130 mil palavras extraídas de noventa sentenças e decisões da juíza, já publicadas, com data anterior à sentença questionada.

Diante desse quadro, os resultados apontavam exatamente o oposto do que concluíram os quatro laudos de Dantas. Não havia qualquer contradição estilística entre o material de controle e a sentença questionada. Todos os pontos levantados pelos peritos do Opportunity puderam ser facilmente derrubados.

Alegou-se, por exemplo, que haveria divergência entre a formatação da sentença questionada e os documentos de controle. Mas tal observação só era válida para o diminuto *corpus* analisado. Quando expandimos o universo, foi fácil constatar que havia diferentes modos de formatação, sendo um deles perfeitamente convergente com o empregado na sentença questionada. A variabilidade de formatação em documentos produzidos por juízes está dentro das expectativas. É comum que o juiz trabalhe no fórum, mas também em casa, com outro computador e, eventualmente, com outro modelo de formatação (*template*). Além disso, pode haver a colaboração de assessores que usam seu próprio formato de texto. Assim, não surpreende que sentenças ou decisões de um mesmo juiz possam diferir quanto à forma de apresentação (tipo de letra, entrelinha, uso de negrito, itálico etc.). Com efeito, foi exatamente o que constatamos em nossa análise dos dados.

Outro argumento usado dizia respeito ao tamanho da sentença. Alegaram os peritos que o documento questionado era anomalamente longo, fugindo da extensão habitual das sentenças anteriores da juíza. Ora, segundo esse pressuposto, a juíza Márcia estaria condenada eternamente a não elaborar decisões muito longas até o fim de sua carreira. No caso em questão, considerando a complexidade do assunto e dos inúmeros e intrincados aspectos que o circundavam, estranho seria se a juíza expusesse sua decisão em poucas páginas. Observe-se que, pelo mesmo motivo, eram também extensas as argumentações escritas das partes envolvidas.

Alegou-se também que a decisão judicial questionada continha trechos que reproduziam a argumentação dos advogados oponentes de Daniel Dantas. O fato é que a peça questionada por sua natureza textual deve trazer em uma de suas seções, obrigatoriamente, o relato do julgador quanto à posição das partes em litígio. O que os peritos não viram, ou não quiseram ver, é que o trecho da decisão dedicado ao relatório não reproduzia apenas citações dos advogados dos autores da ação, como também, como esperado, dos advogados do Opportunity. Esse argumento mostrou-se, pois, falacioso.

Um dos laudos contestados demonstrava ignorância quanto à terminologia jurídica. Avaliou-se a frase "a causa está madura para julgamento", presente no *corpus*-padrão, como indesejável exemplo de uso deselegante de linguagem oral em contexto de linguagem escrita formal, inferindo daí uma possível incompatibilidade com a peça questionada. Ora, isso mostra desconhecimento do jargão jurídico. O termo "causa madura", tal como empregado, nada tem de coloquial. Ao contrário, é estritamente técnico e proveniente do conceito *Teoria da Causa Madura*, largamente empregado no Direito em geral. Assim, errou-se mais uma vez quando se pretendeu exemplificar, com base na expressão "causa madura", uma pretensa informalidade nos escritos da juíza Márcia Cunha, em suposto contraste com um maior rigor técnico da peça questionada.

Outra bobagem levantada referia-se à grafia empregada para "Nova Iorque", encontrada na sentença questionada. Alegaram os peritos que a juíza não empregava a forma aportuguesada, mas sim "Nova York". Novamente erraram. Examinando um *corpus* mais amplo encontramos as duas grafias. É fato que a forma "York" era mais frequente, mas o uso da grafia "Iorque" era perfeitamente justificável no documento questionado. Mais que isso, era coerente. Na seção *Das Alegações dos Autores* e, imediatamente em seguida, na seção *Das Alegações dos Réus Presentes*, a grafia empregada é "Nova Iorque". Logo, mesmo que a juíza tivesse por hábito privilegiar a grafia "Nova York", o fato de, por já ter por várias vezes empregado a forma "Nova Iorque", ficaria um tanto esdrúxula a troca repentina de grafia no decorrer da decisão. Mais uma vez, observamos que a juíza, nas seções em que relata as alegações de autores e réus, embora não faça uso explícito de aspas, cita, em alguns trechos, quase literalmente, os argumentos das partes. É perfeitamente aceitável que a juíza tenha optado por evitar o uso repetido de aspas ou verbos *dicendi* para introduzir as vozes das partes, já que os títulos das seções deixam claro que ali se trata de um relatório e não de sua própria posição. A inobservância desses aspectos é que, com certeza, levou os peritos a considerar estranha a grafia "Nova Iorque".

O escritor Antônio Olinto, no seu exame, lista uma sequência de erros que teriam sido verificados em diversos textos da juíza (embora anexe apenas três documentos-padrão ao fim de seu trabalho). Após tal listagem, conclui: "Diante do exposto, causa grande surpresa que nas 38 páginas de sua sentença a juíza não tenha cometido um só deslize linguístico nem tenha deixado passar qualquer incorreção gramatical." Afirma também: "Na decisão de 11 de maio, não se verifica agressão às boas normas gramaticais." E afirma ainda ter feito uma "leitura atenta da 'decisão' de 11 de maio". Com certeza não fez, pois há erros, sim: 1) na decisão questionada; 2) no *corpus*-padrão de autoria da juíza Márcia Cunha utilizado por Olinto; 3) no *corpus*-padrão com o qual trabalhamos; e, finalmente, 4) na redação do parecer do próprio Olinto. Antônio Olinto, ao contrário do que diz, parece não ter lido com atenção nenhum dos textos, nem o que ele próprio escreveu, repleto de erros. Todos os textos aqui elencados apresentavam pequenos erros decorrentes, certamente, de falta de uma revisão mais acurada e não por falta de domínio da língua escrita. Sobre esse aspecto, também não havia qualquer elemento que permitisse excluir a juíza da autoria do documento questionado.

Em resumo, as eventuais similaridades entre a peça questionada e os documentos elaborados pelos advogados dos autores devem-se ao fato de a juíza, em sua decisão, na seção dedicada ao relatório das alegações das partes, ter dado voz aos advogados, em alguns casos, de forma quase literal. Observe-se, entretanto, que o mesmo comportamento ocorre com relação aos advogados dos réus, quando a juíza expõe as alegações destes. Do ponto de vista linguístico, não se observou qualquer influência direta ou indireta do texto dos autores da ação no texto da juíza que pudesse ser interpretada como tendenciosidade. Todos os indicadores qualitativos e quantitativos examinados apontam para a convergência estilística entre a peça questionada e o *corpus*-padrão da doutora Márcia Cunha em todas as dimensões estudadas: estruturação e formatação; características discursivas; aspectos morfossintáticos; escolhas lexicais e domínio da norma culta.

As alegações do Opportunity não tinham fundamento e Dantas pagou por isso. Em dezembro de 2008, o Tribunal de Justiça do Rio de Janeiro condenou o banco a indenizar a juíza Márcia Cunha por danos morais.

O juiz Alessandro Oliveira Felix, da 51ª Vara Cível da capital, proferiu a sentença: "Pelo ineditismo e pela situação insólita, salta aos olhos deste magistrado a forma vil, ardilosa e perseguitiva encetada pela ré [Opportunity] que, insatisfeita com a decisão judicial que lhe era contrária, não se contentou em valer-se dos recursos processuais e administrativos próprios, passando sempre a atacar a demandante com epítetos contumeliosos." E continua: "Não se diga que há pareceres indicando não ser do estilo linguístico da autora a decisão vergastada. Os pareceres aludidos foram contratados pelo banco demandado. Em sentido contrário, há parecer dizendo que a decisão emanava sim da demandante."

Mas essa condenação era café-pequeno para Daniel Dantas. Logo adiante, no âmbito da Operação Satiagraha, comandada pelo obsessivo delegado Protógenes Queiroz, Dantas recorreu ao nosso laboratório por conta de problemas muito maiores. Mas isso é outra história, como veremos no final do próximo capítulo.

Elizeth Cardoso: a "Divina" sem crédito

A cantora Elizeth Cardoso é uma das maiores expressões da Música Popular Brasileira. Não há, no Brasil, alguém com mais de quarenta anos que não a conheça. Seu estilo próprio e timbre de voz inconfundíveis poderiam ser reconhecidos por milhões de fãs, que até hoje a chamam de Elizeth, a "Divina".

Nascida em 1920, no subúrbio do Rio de Janeiro, com 16 anos se apresentou em um programa de rádio ao lado de ícones da música brasileira: Vicente Celestino, Noel Rosa, Araci de Almeida e Moreira da Silva. O sucesso foi imediato. Elizeth permaneceria por décadas como a maior cantora do Brasil. Seu reinado só seria abalado nos anos 1970, com a ascensão de Elis Regina.

Um dos seus maiores sucessos é a canção "Manhã de carnaval", de Luiz Bonfá e Antônio Maria, que integra a trilha do filme *Orfeu do carnaval* (ou *Orfeu negro*), produção ítalo-franco-brasileira dirigida pelo francês Marcel Camus, que ganhou o Oscar de Melhor Filme Estrangeiro em 1960. A canção tornou-se mundialmente conhecida, não apenas alavancada pelo sucesso do filme, mas principalmente pela sua beleza e perfeição artística.

Orfeu do carnaval é uma adaptação da peça teatral *Orfeu da Conceição*, de Vinícius de Moraes. O filme virou cult. O CD com a trilha musical pode ser encontrado ainda hoje em qualquer canto do mundo. Inicialmente lançado pela Epic Records, hoje o disco é vendido com o selo da Virgin Records. A voz de Elizeth aparece não só no disco, mas também no filme, dublando a atriz americana Marpessa Dawn — que faz o papel de Eurídice — quando canta "Manhã de carnaval".

Com certeza, nenhum dos fãs brasileiros hesitaria em afirmar que a faixa "Manhã de carnaval" foi interpretada por Elizeth Cardoso. Porém, durante mais de 50 anos, em nenhuma das gravações da trilha sonora o nome da cantora foi creditado. Na verdade, apenas os nomes dos compositores aparecem na contracapa, e ainda assim com falhas. Como podemos ver na imagem 12 do encarte, o letrista Antônio Maria, parceiro de Bonfá em "Manhã de carnaval", também não tem o nome registrado.

O CD e o DVD do filme vendem muito desde seu lançamento. São milhões de cópias em mais de cinquenta anos. Uma fortuna em direitos autorais, mas Elizeth nunca recebeu um tostão. Ela jamais quis reivindicar judicialmente seus direitos, embora o fato provocasse uma imensa mágoa na cantora, que perdurou até sua morte, em 1990. Não era o dinheiro que estava em jogo, mas o reconhecimento de seu trabalho artístico. "Manhã de carnaval" fez parte do repertório de Elizeth até o fim de sua vida, uma canção obrigatória em todos os seus shows.

Em 2006, o neto de Elizeth, Paulo César Valdez Júnior, nos procurou para tentar resgatar essa dívida moral com sua avó. Evidentemente, sabemos que um processo dessa natureza, se vitorioso, envolverá, em algum momento, o pagamento de uma indenização considerável. Mas antes era preciso provar tecnicamente que aquela voz era mesmo de Elizeth.

A voz da "Divina" é inconfundível, mas como o processo tramitaria em foro internacional, uma vez que a requerida seria a Virgin Records, se fazia obrigatória uma perícia técnica comprovando que a faixa foi gravada por Elizeth e não por outra cantora qualquer.

Para quem, como eu, ouvia Elizeth desde pequeno, a tarefa, embora instigante, apresentava desafios inusitados: comprovar o óbvio. Era preciso demonstrar inequivocamente, com fundamentos técnicos bem claros, quem era a cantora daquela faixa. Felizmente, Elizeth regravou a canção em 1977 no disco *Live in Japan*, permitindo um confronto direto com a gravação questionada.

A existência de uma regravação propiciou uma condição favorável para a análise. Seria muito mais complicado confrontar "Manhã de carnaval" com outra canção executada por Elizeth. Também não adiantaria buscar entrevistas da cantora, pois as posturas vocais de fala e canto são muito diversas. Sobrou a gravação de 1977, e foi com ela que trabalhamos.

A primeira e obrigatória hipótese a ser examinada em casos como esse é se não estamos diante de uma imitação. Não é incomum no meio musical aparecerem pessoas que, com maior ou menor talento, tentam imitar artistas de sucesso. No Brasil, por exemplo, existem imitadores de cantores famosos como Elis Regina e Roberto Carlos, que conseguem se aproximar bastante das vozes-alvo, eventualmente iludindo ouvintes menos atentos. Não é raro que esses imitadores construam uma carreira própria, baseada exclusivamente em seus talentos miméticos.

No caso em questão, não temos notícia de artistas que tenham se dedicado a imitá-la regularmente. Talvez por conta da rara combinação de características vocais que se conjugam na voz de Elizeth. O timbre suave na maior parte do tempo, mas controladamente áspero em algumas terminações, os "r" vibrantes, o vibrato intenso, a tendência a unir certas notas em glissando, as expressivas variações de dinâmica, às vezes dentro de uma mesma nota, a afinação perfeita etc., todos esses aspectos reunidos emprestam à voz-alvo uma tal particularidade que desencoraja potenciais imitadores.

Mas, além das dificuldades em imitar Elizeth, há um aspecto no caso presente que praticamente descarta tal hipótese. O fato é que nas duas gravações comparadas da canção "Manhã de carnaval" — a questionada, de 1959, e a padrão, de 1977 —, há uma série de coincidências, não só quanto a aspectos fonéticos, mas também quanto à própria estrutura da canção. Nas duas gravações, a cantora executa a canção da mesma forma: 1) inicia com uma espécie de vocalise (entoando a canção apenas com a vibração das cordas vocais e os lábios fechados, mas sem produzir fonemas articulados); 2) logo após, a cantora entoa parte da canção com logatomas ("lá-lá-lá" ou "lá-ri-lá"); e 3) só após essa introdução, inicia-se o canto com a letra.

Ora, tal estrutura, tão peculiar, ocorre nas duas gravações, descartando a possibilidade de imitação, visto que o padrão (de 1977) é muito posterior à gravação questionada (de 1959). Seria muito estranho, quase *reductio ad absurdum*, supor que a cantora, no auge de sua carreira, em 1977, estivesse imitando alguém que a teria imitado em 1959.

Mas existem outros fundamentos. Análises acústicas instrumentais realizadas na gravação questionada e no padrão de confronto revelam importantes convergências entre os dois materiais. Apesar da diferença de dezoito anos entre as duas gravações, Elizeth entoa o vocalise inicial exatamente na mesma altura melódica e com o mesmo tipo de vibrato (oscilação em torno da mesma nota). O fato de a introdução da canção nas duas gravações ser executada com uma instrumentação muito leve deixa a voz da cantora predominar, facilitando a análise acústica. Como as gravações no final dos anos 1950 eram monoaurais, ou seja, com um só canal, os exames espectrográficos talvez ficassem prejudicados se a instrumentação fosse completa já durante o vocalise.

Outro aspecto observado no canto de Elizeth é o uso frequente do efeito vocal chamado de glissando, que consiste em passar gradual e suavemente de uma nota para a outra, sem saltos. Mas, certamente, a característica mais marcante do estilo vocal da cantora, quase uma impressão digital, é o uso recorrente do "r" vibrante, gutural. E as análises demonstraram instrumentalmente que esse traço estava presente, de forma consistente, nas duas gravações comparadas.

Em resumo, conseguimos demonstrar tecnicamente a autenticidade da voz de Elizeth Cardoso na gravação de 1959. Algo nada óbvio para um juiz dos Estados Unidos, onde o processo deve se desenrolar. O laudo foi vertido para o inglês por tradutor juramentado e foi aberto um processo pelos herdeiros. Pelo que sei, não há muita chance de vitória, pois um litígio em corte norte-americana custa milhares e milhares de dólares. Muito menos do que a Virgin Records deve em direitos, mas muito mais do que os herdeiros podem arcar.

Além do desafio técnico do trabalho, me senti, pessoalmente, muito gratificado por realizá-lo. A música faz parte da minha formação profissional. Quando jovem, toquei ao violão inúmeras vezes "Manhã de carnaval", uma das canções mais solicitadas nos dois anos que passei na Alemanha sobrevivendo como músico. Com esse laudo paguei meu tributo à Divina.

Rojão sem rumo

Em junho de 2013, o povo foi em massa para as ruas. Num rápido crescendo, o descontentamento que foi deflagrado pelo movimento Passe Livre, cuja única e singela reivindicação questionava o aumento das tarifas dos transportes públicos, tomou corpo e agregou outros descontentes com os governos em geral, tanto os municipais como os estaduais e, principalmente, o federal. O próprio Palácio do Planalto foi tomado de assalto no dia 17 de junho. Já não se sabia mais contra o que se protestava. Todas as classes sociais participaram dessas manifestações. As faixas continham dizeres contra a corrupção, contra a Copa do Mundo, por melhorias nos transportes, na saúde e na educação. A popularidade da presidente Dilma Rousseff despencou.

Logo esses protestos populares foram, oportunamente, invadidos por grupos a quem pouco interessavam os assuntos políticos. O movimento, que teve um início pacífico, logo se tornou palco de depredações, saques e violência generalizada, tanto por parte de agitadores como por parte da repressão policial que, obviamente, se instalou. O medo da violência esfriou as manifestações, tirando a maior parte da classe média das ruas, que só voltaria a protestar após a reeleição de Dilma Rousseff.

Em 2014, ainda havia manifestações esporádicas, pontuais, de grupos mais reduzidos e radicais que no ano anterior. Em 6 de fevereiro, um trágico incidente marcou, indelevelmente, esses eventos e pode ser considerado um divisor de águas: na praça Duque de Caxias, em frente à Central do Brasil, no Rio de Janeiro, um rojão atingiu mortalmente a cabeça do cinegrafista Santiago Andrade, da TV Band, do Grupo Bandeirantes, que cobria o acontecimento. A cena foi filmada por um cinegrafista de uma emissora de televisão russa. Outras imagens, gravadas em celulares, mostravam que o rojão havia sido disparado pelo auxiliar de serviços gerais Caio Silva de Souza. As imagens mostravam também que o artefato lhe fora entregue por um amigo, o tatuador Fábio Raposo. Os jovens tinham 22 anos de idade.

A pressão da mídia foi imensa e não era para menos; afinal, um colega de trabalho, cinegrafista de uma das maiores redes de comunicação do país, fora morto durante o legítimo exercício da sua profissão.

Rapidamente, os jovens foram presos e acusados. Em 17 de fevereiro, a promotora Vera Regina de Almeida apresenta denúncia contra os acusados por crime de homicídio doloso triplamente qualificado, ou seja, praticado por motivo torpe, com impossibilidade de defesa da vítima e com emprego de explosivo.

A mão pesada do Ministério Público incomodou muita gente. Juristas, intelectuais e representantes de organizações governamentais entendiam que a classificação do ato, embora desvairado e irresponsável, não caracterizaria um homicídio doloso, isto é, quando há intenção de matar.

Desde o primeiro momento em que vi o vídeo que registrou a cena, a minha opinião já estava formada. Já havia trabalhado no acidente do réveillon de Copacabana (relatado algumas páginas atrás), quando tive contato estreito com variados tipos de fogos de artifício. Além disso, tenho alguma experiência pessoal pelo fato de todo final de ano montar uma pequena queima de fogos com amigos na noite de 31 de dezembro.

Conheço bem o tipo de artefato que vitimou o cinegrafista Santiago. Trata-se do chamado "rojão de vara", completamente diferente do rojão solto na mão, tão popularmente usado nas comemorações futebolísticas. O rojão de vara é muito mais potente, em termos de propulsão e carga explosiva. Pode ser considerado um busca-pé gigante. A carga de propulsão e explosão é fixada em uma longa haste de madeira que dá estabilidade ao projétil, para que possa subir a grandes alturas e explodir no topo da trajetória. A explosão, em geral, é muito potente, tanto que alguns desses artefatos são chamados de treme-terra.

As imagens gravadas mostravam que o rojão fora colocado no chão por Caio sem a haste de estabilização. Esse aspecto já descaracterizaria a acusação de crime doloso, pois quem conhece o comportamento do artefato sabe que, nessas condições, não há previsibilidade para a trajetória. Se é impossível prever a trajetória, como poderia haver a intenção de matar — e, especialmente, matar uma determinada pessoa?

O famoso advogado carioca Nilo Batista, um dos maiores criminalistas do país, me convidou para participar de um júri simulado que seria realizado na tradicional Faculdade de Direito da Universidade Federal do Rio de Janeiro (UFRJ), em 22 de maio de 2014. Nilo queria que eu fizesse uma perícia estudando o comportamento de rojões semelhantes ao que vitimara o cinegrafista.

Aceitei o encargo e, embora já tivesse uma intuição quanto ao resultado, era necessário, como sempre, demonstrar tecnicamente os fatos. Para tal, conseguimos uma dúzia de rojões exatamente iguais ao do incidente e montei um experimento controlado, em um campo de futebol na zona rural, para evitar um novo acidente. Diversos rojões, sem a haste de estabilização, foram lançados a partir do chão, sobre uma base sólida, e suas trajetórias foram filmadas em câmera lenta. Na imagem 13 do encarte reproduzimos, para exemplificar, imagens de apenas quatro desses rojões usados no experimento.

Ficou claro que não havia qualquer previsibilidade na trajetória dos rojões quando a haste de estabilização era retirada. A imprevisibilidade acontece tanto em relação à direção quanto em relação à distância atingida pelo rojão. A seguir, reproduzimos um esquema que mostra a distância em metros e a direção, a partir do ponto de lançamento, de seis dos rojões lançados no experimento.

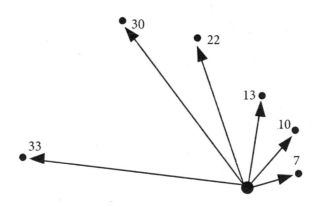

Como podemos ver, a direção variou num leque de 180°, e o alcance, de 7 a 33 metros. Em outras palavras, não é possível determinar qual o comportamento de um rojão sem haste lançado a partir do chão. Esse comportamento é tão aleatório que alguns dos rojões foram para trás, deparando-se com as barreiras de proteção que tínhamos no local, por isso não pude incluí-lo no esquema acima. Vale ressaltar que na apresentação que fiz na UFRJ foi possível mostrar o vídeo em câmara lenta, o que permitiu a visualização detalhada da trajetória de cada rojão. É curioso observar que a direção do movimento de um mesmo rojão pode mudar rapidamente, iniciando-se, por exemplo, para cima e à esquerda, e, em milésimos de segundo, alternar para baixo e à direita. A imprevisibilidade é total.

Além do experimento, fizemos uma análise detalhada das imagens da televisão russa, as únicas que mostravam o artefato desde o momento da ignição, ainda no chão, até a explosão de sua carga. Dois pontos importantes foram revelados. O primeiro é que o rojão, antes de se projetar para cima, muda sensivelmente a sua trajetória, ou seja, ele nunca esteve apontado para o cinegrafista. O segundo ponto é que a morte não se deu pela explosão do artefato, mas sim pelo impacto que provocou um afundamento de crânio da vítima. O rojão explodiu quase dois segundos depois de atingir o cinegrafista e já a uma considerável distância. Essa constatação invalida parte da denúncia original que teve como um dos qualificadores o uso de material "explosivo".

Diante dessas evidências, torna-se insustentável a tese do homicídio doloso. Caio e Fábio, por mais imprudentes que tenham sido, não poderiam ter tido a intenção de matar alguém. Na verdade, eles próprios poderiam ter sido vítimas do artefato. O júri simulado, organizado por dezenove entidades civis, não absolveu os acusados, mas concluiu que o crime teria de ser considerado culposo, quando não há intenção de matar. A passagem de doloso para culposo muda completamente o quadro, pois, mantida a denúncia original, o caso vai a júri popular e as penas, no caso de condenação, podem chegar a trinta anos de reclusão.

Não seria sensato ignorar o contexto político no qual ocorreu o incidente. Uma condenação pesada teria um efeito poderoso no sentido de conter toda e qualquer manifestação popular. Há muitos interesses em jogo, mas não seria justo que os dois jovens apenas irresponsáveis e inconsequentes fossem condenados como assassinos premeditados. No entanto, o júri popular no Brasil, não raramente, é tão imprevisível quanto a trajetória de um rojão sem vara.

Em outubro de 2015, o Ministério Público do Rio pediu a condenação de dezoito ativistas acusados de formação de quadrilha e corrupção de menores em atos de violência durante manifestações ocorridas em 2013. O promotor Paulo Sally, da 27ª Vara Criminal, pediu, por falta de provas, a absolvição dos outros cinco acusados de integrar o grupo. Dentre eles, Fábio Raposo Barbosa e Caio Silva de Souza, que respondem o processo em liberdade.

10

Estamos todos vigiados

Fraude na Funcef

No início de 2001, a *IstoÉ Dinheiro* trouxe ao nosso laboratório três fitas microcassete que, segundo a revista (edição de 5 de abril), seriam "uma aula prática de como se dá a corrupção nos gabinetes de Brasília". Vários executivos da Fundação dos Economiários Federais (Funcef) foram gravados acertando altas comissões para venda de imóveis e para beneficiar empresários em dificuldade.

As gravações foram realizadas pela Kroll, maior empresa de investigação do mundo, a pedido do presidente da Funcef para apurar denúncias na gestão do seu antecessor. A Funcef tinha muito dinheiro, 9 bilhões de reais, ocupando a terceira posição no ranking de fundo de funcionários do país.

Para desmascarar a maracutaia, foi montada uma operação rocambolesca. Em dezembro de 1999, agentes da Kroll se disfarçaram de executivos de um fundo de pensão norte-americano e tiveram vários encontros com o diretor de assuntos internos da Funcef.

Nas conversas gravadas pela Kroll, o diretor combina uma comissão de 2%, que somaria 380 mil reais, para baixar de 21,6 milhões de reais para 19 milhões de reais o preço do Funcef

Center, empreendimento empresarial na Avenida Paulista. Pela mesma taxa (2%), ele também propõe ao agente da Kroll a compra de imóveis da Caixa Econômica Federal, que depois seriam alugados por valores acima do mercado para a própria Caixa.

Atestamos a autenticidade das gravações. A *IstoÉ Dinheiro* reproduziu os diálogos a seguir. Primeiro, as conversas sobre o Funcef Center:

> **Diretor da Funcef:** Eu lhe asseguro que vai passar [a proposta]. Dezenove milhões.
> **Agente da Kroll:** Dezenove, 24% em janeiro [de entrada] corrigido pelo IGP mais?
> **Diretor:** IGPM mais 12% [de juros].
> **Agente:** Certo.
> **Diretor:** Aí eu? Tem uma comissão de corretagem de 2%?
> **Agente:** Boa!
> **Diretor:** Isso? Vamos trabalhar com 2%.
> **Agente:** Tá.
> **Diretor:** Dois por cento nós vamos? Vamos rachar esse.
> **Agente:** Tá. Dois por cento vai dar quanto? Quatro? Não, dois?
> **Diretor:** Trezentos e oitenta mil [reais]? Esse vai estar acertado com eles lá? Taxa de comissão de 2%.
> **Agente:** Certo: E como a gente faz para te dar isso?
> **Diretor:** Depois nós conversamos, ou deposita lá fora.
> **Agente:** Tá todo mundo falando a mesma língua? O que eu posso chegar é 19 [milhões de reais], entende? Se você está me dizendo que consegue esse facilitador para eu brigar por esse meu preço, você fica com esses 2%.

E sobre o superfaturamento de aluguéis:

> **Diretor da Funcef:** Quer comprar uma agência da Caixa?
> **Agente da Kroll:** Agência da Caixa?
> **Diretor:** Adquire um imóvel aí. Eu vou te dar 1.3 [por cento de rentabilidade] nesse aluguel, por um contrato de cinco anos. Te interessa?
> **Agente:** Da Caixa então também tem jeito?
> **Diretor:** 1.2, 1.3 [por cento].
> **Agente:** Você conseguiu para você isso?
> **Diretor:** Consigo o melhor negócio que é esse.
> **Agente:** Contrato fechado, né?
> **Diretor:** Aluguel todo dia trinta? Tem interesse nisso? Em agências de shopping ou outro local?
> **Agente:** Qualquer uma que dê para investir?
> **Diretor:** Você faz a proposta. Você vai ser o corretor e alguém, tua esposa, faz o contrato? Eu quero 2% de corretagem.
> **Agente:** Tá. E a corretagem, eu deixo com você?
> **Diretor:** Isso. Te garante 1.3%, 1.4%.
> **Agente:** Isso para você é mancada, né?
> **Diretor:** Mas eu não estou aparecendo? Eu tô fora, eu não existo.

Uma semana depois de a revista publicar os diálogos, o Ministério Público Federal requisitou à Polícia Federal a abertura de um inquérito para investigar um rombo de 450 milhões de reais que teria sido causado por negócios escusos durante a gestão de José Fernando de Almeida, afastado do cargo por ordem do presidente da Caixa Econômica Federal logo após a Kroll ter realizado as gravações em 1999.

A Kroll já era conhecida por aqui desde a década de 1990, quando atuou na CPI do caso PC Farias (1992), que culminou no impeachment do ex-presidente Fernando Collor de Mello. Mas ficou mais conhecida ainda durante o escândalo da suposta contratação da empresa pela Brasil Telecom e pelo Banco Opportunity, ambos de Daniel Dantas, a fim de obter, ilegalmente, dados secretos sobre a Telecom Itália.

Em 2004, a Operação Chacal da Polícia Federal, que investigava a possível existência de ações de espionagem contra a Telecom Itália, chegou até a Kroll. O escritório da empresa no Brasil sofreu uma diligência de busca e apreensão pela PF, que apreendeu diversos computadores e equipamentos de espionagem. Cinco funcionários da empresa foram presos. A Kroll teria monitorado um encontro entre executivos da citada empresa italiana e do presidente do Banco do Brasil Cássio Casseb. O então todo-poderoso ministro das Comunicações Luiz Gushiken também teria tido e-mails interceptados.

Fui procurado, na época, por um representante da Kroll para que emitisse um laudo sobre os equipamentos de escuta telefônica que foram apreendidos. Eles queriam demonstrar que os equipamentos serviam apenas para contraespionagem, ou seja, para verificar se uma determinada frequência de telefone estava sendo interceptada. O problema é que isso não faz sentido, pois os equipamentos dessa natureza servem para as duas finalidades: tanto para verificar se há algum grampo como também para grampear. Seria o mesmo que dizer que uma arma de fogo só serve para se defender, por isso não aceitei o caso.

Atualmente, a Kroll Associates foi a empresa escolhida pela Câmara dos Deputados para rastrear as contas no exterior que receberam depósitos de dinheiro desviados da Petrobras. Chega a ser irônico: uma empresa investigada pela Polícia Federal dez anos depois é contratada para auxiliar uma CPI que, parece, desse modo, não confiar muito na própria PF.

Tanure e Dantas: conversas inoportunas para Boechat

O empresário baiano Nelson Tanure é conhecido por grandes e enrolados negócios, que se iniciam no governo Fernando Collor e vão desde a produção de turbinas para geração de energia elétrica, passando por estaleiros que lhe deram 80% de toda a capacidade instalada da indústria naval do Brasil, até a compra do tradicional *Jornal do Brasil*.

Em 2001, Tanure estreou em outro negócio, que, segundo se comentava nos meios empresariais, poderia engordar sua conta bancária em até 40 milhões de dólares. Tratava-se de uma negociação para o grupo de telecomunicações canadense TIW, sócio de duas empresas de telefonia celular no Brasil: a Telemig Celular e a Tele Norte Celular, avaliadas em 2 bilhões de dólares. Sua tarefa era desfazer o nó em que a TIW se meteu ao formar uma complicada e nada amigável sociedade com o Banco Opportunity, de Daniel Dantas.

A sociedade foi formada na privatização do Sistema Telebras, em 1998, e tinha como parceiros cinco grandes fundos de pensão. No acordo que Dantas conseguiu produzir, a TIW não tinha poder nenhum.

Já havia três anos que os sócios se digladiavam numa disputa pelo controle das empresas. A novidade, que surgiu em 2001, é uma série de fitas que mostravam a montagem de uma operação para derrubar um adversário nos negócios: o Opportunity, de Daniel Dantas.

A revista *Veja* teve acesso ao material gravado, que apresenta um exemplo de como funcionam os bastidores de grandes negociações. As gravações contêm diálogos de Tanure com o presidente mundial da TIW, o canadense Bruno Ducharme, definindo estratégias de atuação contra o Opportunity.

Foram flagradas conversas do principal assessor de Tanure, Paulo Marinho, ex-marido da atriz Maitê Proença, que até 2000 estava do outro lado, trabalhando para Dantas na aproximação com os canadenses.

As fitas comprometiam também o prestigiado jornalista Ricardo Boechat, na época colunista do jornal *O Globo*. Ele aparece participando de uma articulação para ajudar Tanure. Em um dos diálogos, ocorrido em 15 de abril, Boechat conta a Marinho o que está escrevendo para revelar manobras do Opportunity e que seria publicado no dia seguinte em *O Globo*.

Fica evidente que a direção do jornal não foi informada sobre o grau de ligação do jornalista com Nelson Tanure e sobre o fato de que a reportagem foi minuciosamente discutida com o seu assessor.

Não há nenhuma menção a algum tipo de favorecimento, pagamento ou outras práticas irregulares de compensação para Boechat, interessado apenas no furo jornalístico. Ele e Marinho eram compadres e amigos de longa data. No laudo que fiz a pedido de *Veja*, concluí que a voz analisada pertencia mesmo ao jornalista e a gravação era autêntica. O episódio acabou resultando na saída de Ricardo Boechat do Grupo Globo.

Operação Hurricane: furacão na vida de Carreira Alvim

José Eduardo Carreira Alvim foi mais uma vítima ilustre dos excessos da Grampolândia. Desembargador do Tribunal Regional Federal do Rio de Janeiro (TRF-RJ), foi preso e algemado, na manhã de 13 de abril de 2007, no bojo da Operação Hurricane, centrada na investigação dos bingos ilegais.

As provas contra ele eram duas gravações telefônicas que, somadas, tinham menos de 1m30s de duração, sendo que a única em que sua voz aparece não chega a 20 segundos. Vale observar que o desembargador ficou grampeado por cerca de dois anos.

O resultado da magnífica investigação foram essas minguadas gravações. Em pouco tempo, pode-se dizer muita coisa, mas não era esse o caso.

O problema não era o tempo, mas sim o conteúdo das gravações, que era pífio, não podendo resultar numa prisão. Nesse caso, vemos muito claramente a articulação perversa que, eventualmente, pode ocorrer entre certos setores da Justiça, da polícia e da mídia. Sim, da mídia, porque sem seus holofotes muitas dessas ações seriam natimortas. Mas um dos maiores veículos de comunicação do país, ao divulgar a prisão do desembargador, botou no ar alguns segundos da gravação, acompanhada de uma transcrição fajuta colocando palavras na boca de Carreira Alvim.

Segundo a emissora, o desembargador teria pronunciado "a parte em dinheiro, tá". A frase teria sido dita ao seu genro, Silvério Nery Júnior, referindo-se a uma suposta propina vinculada à emissão de uma liminar favorável aos donos de bingo. A história já não parecia muito verossímil, pois propina é sempre em dinheiro, não precisa nem dizer. A mídia sempre tem uma desculpa na ponta da língua para uma "barriga" jornalística: a culpa é da fonte. E, novamente, como no caso Silas Rondeau, a fonte era a Polícia Federal.

No afã de obter resultados nas operações, a PF frequentemente extrapola. Como nos dois anos de grampo nada havia que pudesse de fato incriminar Carreira Alvim, o jeito foi tentar extrair a fórceps alguma expressão que parecesse comprometedora. Nesse caso, a PF ultrapassou todos os limites, uma vez que não cabe interpretar palavras, mas apenas transcrevê-las literalmente. O problema agrava-se quando uma grande rede de comunicação estampa na tela uma transcrição, mesmo equivocada. A população leiga acha que aquilo é a mais pura expressão da verdade.

Porém a verdade é muito mais complexa e, geralmente, nem passa na TV. Até hoje não sei até que ponto esses terríveis erros são frutos apenas de ingenuidade e incompetência. Que a imprensa, sedenta por notícias, beba de forma um tanto acrítica qualquer coisa que lhe seja oferecida pela fonte, ainda se pode entender. Mas permitir-se interpretações livres demais, apenas para justificar dois anos de grampo, é um absurdo.

Não cabe aqui nos alongarmos sobre o calvário de Carreira Alvim. A exposição pública do desembargador, o tempo que passou preso e todas as injustiças decorrentes estão muito bem contados no seu livro *Operação Hurricane: um juiz no olho do furacão*, publicado em 2011. No livro, o autor, inclusive, reproduz na íntegra o laudo de treze páginas que elaborei a seu pedido.

O nosso trabalho se restringiu à análise das duas gravações. A conversa com Carreira Alvim era a mais polêmica, pois já se tinha afirmado e noticiado amplamente que o desembargador teria dito a frase "a parte em dinheiro". Embora o contexto da gravação, ainda que tal frase tivesse sido dita, não permitisse depreender o real sentido dessas palavras, a questão era mais simples: as palavras "a parte" estavam truncadas e sua interpretação é meramente hipotética. Resumindo, o que se ouvia sem ambiguidade era apenas "em dinheiro". Mas, ressalte-se, sem ser possível associar tal expressão a qualquer ato de corrupção.

Na segunda gravação telefônica, a suposta evidência era ainda mais delirante: uma conversa entre um homem e uma mulher, ouvindo-se ao fundo algumas vozes ao lado do interlocutor masculino. As vozes ao fundo são praticamente ininteligíveis durante a maior parte da gravação. Não se sabe exatamente sobre qual tema as pessoas estavam conversando, ouvem-se apenas fragmentos. Foram pinçados dois fragmentos "um milhão" e "Carreira Alvim", sem que se pudesse, entretanto, formar uma frase ou qualquer significado com tais palavras. Entre os dois fragmentos há um intervalo temporal de mais de quatro segundos, durante o qual não se consegue entender nada, embora as pessoas continuassem conversando. Ou seja, não é possível sequer montar uma frase com esses dois fragmentos. Mas isso não impediu que a gravação fosse usada como um dos fundamentos para a prisão de Carreira Alvim.

É importante notar que a conversa principal — entre o homem e a mulher — não tinha qualquer relevância, tratava-se de um casal conversando futilidades e é no meio dessa conversa que aparecem ao fundo as palavras soltas no ar. A mulher estava mais preocupada em saber que tipo de reunião era aquela.

Mulher: Tem só homem nessa reunião?
Homem: Só homem, não tem mulher nenhuma aqui não.
Voz ao fundo: [trecho ininteligível] ...milhão... [trecho ininteligível]...
Mulher: Que que é?
Voz ao fundo: [trecho ininteligível]
Homem: Não tem mulher nenhuma aqui não.
Voz ao fundo: [trecho ininteligível] ...Carreira Alvim... [trecho ininteligível]...

Duvido que alguém consiga criar algum sentido juntando esses cacos. Mas foram eles que ajudaram a pôr o desembargador na cadeia depois de uma humilhante exposição midiática. O grande perigo de se divulgarem notícias imprecisas ou duvidosas é que a propagação por outros veículos tende a seguir o antigo dito popular "quem conta um conto aumenta um ponto". A frase truncada atribuída a Carreira Alvim começou a ser completada pela imaginação de outros órgãos da imprensa. Ora aparecia como "a minha parte em dinheiro", ora como "a minha parte eu quero em dinheiro".

Uma frase truncada e duas expressões ouvidas de voz não identificada ao fundo foram suficientes para motivar um processo contra um magistrado do alto escalão do Poder Judiciário. Não se trata aqui de determinar responsabilidades e culpabilidades, pois não são tarefas do perito. Mas é tarefa do perito atestar se o que foi dito pode ser inequivocamente decodificado. A interpretação semântica das conversações deve se restringir a um universo no qual as referências sejam claras. A Polícia Federal é useira e vezeira em "decifrar" supostos códigos secretos usados pelos seus alvos. Frequentemente vejo em "transcrições" da PF palavras entre parênteses que, supostamente, dariam o real significado daquilo que foi dito. E, assim, "pacote" vira "dólares", "tênis" vira "arma", e assim por diante. Se tais interpretações estão certas ou erradas, isso não vem ao caso, mas quem deve avaliar não é quem faz a transcrição. Que se deixe à Justiça essa tarefa. Ademais, muitas vezes um pacote é apenas um pacote.

Para piorar as coisas, a gravação com a voz de Carreira Alvim tinha diversas descontinuidades. Enfatizei muito esse aspecto no meu laudo, argumentando que gravações com interrupções não podem ser consideradas autênticas, se não é possível atribuir tais descontinuidades a efeitos meramente locais, ou seja, se não é possível recompor inteiramente o diálogo sem poder assegurar que alguma parte dele não foi extraída ou alterada de posição. Os peritos da PF contra-argumentaram que a gravação continha descontinuidades por ter sido realizada com telefone da operadora Nextel e que tais falhas seriam meramente sistêmicas e comuns nesse tipo de aparelho. Além disso, faziam uma afirmação inaceitável em suas conclusões: "A conversa está íntegra, ou seja, conforme enviada pela operadora Nextel."

Ora, há dois equívocos na argumentação da PF magistralmente comentados pelo "papa" da Fonética Forense mundial, professor Harry Hollien, em seu livro *Acoustics of crime* (aqui, em tradução livre): "Se o perito deve assumir suas responsabilidades seriamente, a gravação deve ser, a princípio, tratada como se tivesse sido modificada, montada ou editada de algum modo. A reputação ou integridade presumida do indivíduo/agência que fez a gravação não deve afetar a meticulosidade dos exames."

O ponto de vista da PF vai frontalmente contra as recomendações do prof. Hollien. Em primeiro lugar, não é razoável atribuir-se autenticidade *a priori* a uma gravação apenas porque ela teria sido assim enviada pela operadora. Se fosse o caso, como sugeri em meu laudo, seria melhor de agora em diante recrutar os próprios engenheiros da Nextel para autenticar futuras gravações questionadas.

Além disso, os peritos da PF contrariam o recomendado pela boa prática pericial. Em vez de partir de uma hipótese inicial que presuma que a gravação pode ter sido montada e encontrar evidências inequívocas de que não o foi, alegou-se que a gravação era autêntica porque era tão ruim quanto as outras da Nextel.

Há, evidentemente, uma gritante falha lógica nesse tipo de abordagem. De acordo com a argumentação dos peritos da Polícia Federal, poderíamos desenvolver a seguinte evolução de pensamento:

(1) As gravações tipo Nextel apresentam problemas sistêmicos.
(2) A gravação questionada é do tipo Nextel.

Logo:

(3) Os problemas observados na gravação questionada são sistêmicos (interrupções).

Ora, temos um pseudossilogismo, pois a conclusão (3) não é inferência necessária das premissas (1) e (2). A falha de raciocínio fica mais clara se trocarmos alguns termos, mantendo, contudo, a estrutura (pseudo)lógica:

(1) As aves geralmente voam.
(2) O pinguim é uma ave.

Logo:

(3) O pinguim voa.

Há outro desenvolvimento, este sim lógico, que levaria a uma conclusão bem diferente:

(1) As gravações Nextel geralmente apresentam descontinuidades sistêmicas.
(2) Tais descontinuidades podem ser reproduzidas em laboratório de modo não detectável na perícia técnica.

Logo:

(3) Não se pode garantir que as descontinuidades não são fruto de manipulação.

Quando enviei quesitos específicos para serem respondidos pelos peritos da PF, um deles foi, resumidamente: "Os peritos garantem que a gravação não foi de algum modo manipulada?" Pedi, obviamente, que para qualquer resposta houvesse fundamentação técnica. Diante dessa sinuca, não restou aos peritos da PF outra alternativa que não reconhecer, o que é meritório, as dificuldades que algumas gravações, como a do caso em tela, podem trazer para os exames de autenticidade. Os peritos responderam o seguinte: "Considerando exclusivamente as características acústicas e não outros aspectos circunstanciais, não é possível garantir que a gravação não tenha sido, de algum modo, alterada."

Em outras palavras, excluindo-se os fatores circunstanciais, não há como, tecnicamente, autenticar gravações com falhas sistêmicas como as que ocorrem com frequência nos aparelhos Nextel. Ressalte-se que em muitos casos, independentemente de haver ou não descontinuidades, não paira dúvida sobre a integridade do diálogo, pois as falhas podem ser de tão curta duração que não impedem a recomposição do que foi dito. Mas não é o caso da gravação de Carreira Alvim. O diálogo ficou irremediavelmente truncado e não é possível reconstituí-lo de maneira inequívoca.

As duas gravações tinham problemas e não poderiam ter sido usadas para incriminar o desembargador. Imagine-se, leitor, na situação de ter o seu nome citado em uma conversa truncada, secundária, de fundo, por alguém que não se sabe quem é e isso servir de "evidência" para mandá-lo para a cadeia. Seria inevitável um forte sentimento de indignação. Mais ainda para um magistrado que conhece muito bem a lei e sabe que ela não existe para alimentar a sanha persecutória que se instalou na Grampolândia.

Carreira Alvim responsabiliza o ministro Cezar Peluso, o ex-procurador-geral Antônio Fernando de Souza e o delegado federal Ézio Vicente da Silva. Quando do lançamento do livro, em entrevista ao site da revista *Veja*, disse: "Esses três foram os personagens principais do meu calvário. Um armou, o outro tutelou e o terceiro encampou [...] Ele [Peluso] não pensou duas vezes antes de mandar me botar atrás das grades."

Em 2008, a farra chegara a tal ponto que a própria Justiça tomou medidas severas para limitar a Grampolândia. O desembargador Luiz Zveiter, corregedor do Tribunal de Justiça do Rio de Janeiro, explicava o novo procedimento ao *Consultor Jurídico* (www.conju.com.br) em 14 de maio: "Antes o juiz poderia autorizar o número do investigado e de outros números não especificados." Ou seja, não havia obrigatoriedade no despacho judicial em especificar cada número a ser interceptado. "Aqueles que ligassem para ele [o investigado] ou para quem ele, eventualmente, ligasse. Cai todo mundo em uma rede de grampos", esclarecia Zveiter.

É importante avaliar a gravidade da situação até 2008. Como fica claro na explicação do desembargador, até essa mudança de regras, o poder de decidir quais números entrariam na "rede de grampos" ficava a critério da polícia, não do juiz.

Colocar demasiado poder nas mãos da polícia, seja ela qual for, nunca foi uma boa ideia. O caso Satiagraha mostrou claramente que os abusos da PF acabaram por esfarelar toda a operação.

Quem assistiu ao filme alemão *A vida dos outros* (Oscar de Melhor Filme Estrangeiro em 2007) deve lembrar que a polícia secreta da Alemanha Oriental, a famigerada Stasi, gravava quem queria, quando queria e como queria. A decisão estava na esfera policial. Cabe lembrar que a Stasi foi gestada dentro de um regime ditatorial. Inadmissível são procedimentos similares em um governo que se diz democrático e popular. Em 2008, o brasileiro imaginava que esse tipo de postura autoritária era coisa do passado. Afinal, a Anistia já completara quase trinta anos.

Navalha cega no pescoço do ministro

O governo Lula vinha enfrentando uma séria crise, iniciada em 2005 com o escândalo do Mensalão. Em junho de 2007, vários ministros já tinham caído, dentre eles os poderosos José Dirceu (Casa Civil) e Antonio Palocci (Fazenda).

As constantes trocas dos ministros e de outros cargos do alto escalão já estavam pegando mal. Tudo que o governo não queria era um novo escândalo. Nesse contexto, surge a Operação Navalha, deflagrada pela Polícia Federal em maio de 2007. O objetivo era investigar irregularidades relacionadas com a contratação de obras públicas do governo federal. A pancada maior veio em cima de Silas Rondeau, ministro de Minas e Energia.

Esse ministério, com o Programa de Aceleração do Crescimento (PAC), tornou-se uma peça de capital importância no governo federal. Na era Lula, mais da metade do investimento total do PAC ia para o setor de energia. Não era pouco dinheiro: algo da ordem de 275 bilhões de reais. Essa dinheirama é fácil de explicar: o Ministério de Minas e Energia tem relação com Petrobras, Eletrobras, Furnas, Eletronorte, Eletrosul, Agência Nacional de Energia Elétrica (Aneel) e Agência Nacional de Petróleo (ANP). O ministério é a menina dos olhos dos grandes partidos. Ali não entra ninguém que não seja muito bem apadrinhado.

Segundo a PF, a empreiteira Gautama, de Zuleido Veras, teria pago 100 mil reais de propina a Silas Rondeau. O dinheiro não teria sido entregue diretamente ao ministro, mas sim ao seu assessor direto, Ivo Almeida Costa. A prova do ato de corrupção foi uma gravação em vídeo nas dependências do ministério, nas quais Fátima Palmeira, diretora financeira da Gautama, aparece com o assessor. De acordo com a PF, Fátima estaria levando 100 mil reais para ele.

O programa *Fantástico*, da TV Globo, em 20 de maio de 2007, veiculou com destaque uma matéria sobre esse episódio mostrando várias cenas do vídeo. A repercussão foi muito grande e, pressionado, dois dias depois, Silas Rondeau entrega uma carta de demissão ao presidente da República. Antes de falar com o ministro, Lula teve o cuidado de se reunir com os padrinhos políticos de Rondeau, José Sarney e Renan Calheiros. A estratégia era minimizar o fato; o governo estava sob fogo cerrado. Mais um ministro caindo por corrupção seria outro golpe muito duro. Sarney contemporizou: "Ele é correto e decente, tem o dever de deixar o presidente Lula em posição confortável."

Para a opinião pública, continuava valendo a força da mídia: se tá na Globo, é verdade. Mas o ministro negava veementemente o recebimento da propina. Se houve corrupção ou não, talvez nunca se saiba. Mas o certo é que aquele vídeo não mostrava nada do que a PF dizia nos relatórios da operação. A navalha estava cega.

Fui procurado para analisar o vídeo, pois Ivo Almeida Costa jurava que não teria recebido dinheiro algum de Fátima Palmeira. A filmagem só poderia mesmo enganar telespectadores que só veem a cena rapidamente e sem equipamento adequado. Além disso, a notícia é narrada de maneira a não deixar dúvidas. Afinal, são informações da respeitada Polícia Federal.

Mas no laboratório a história é outra. Analisando a gravação, alguns pontos ficavam absolutamente claros. A PF dizia que Fátima levava o dinheiro, 100 mil reais, dentro de um envelope pardo. Em nenhum momento aparece qualquer envelope pardo nas mãos de Fátima. Ela entra no elevador com uma bolsa feminina de tamanho médio e uma agenda na mão. Nenhum envelope pardo ou de qualquer outra cor. Se a PF viu algum envelope, alguém por lá tem visão de raios X.

Fátima entra no gabinete do assessor, fica algum tempo e, ao sair, é acompanhada por ele até o elevador para se despedir. Ivo carrega um envelope tamanho ofício. Na matéria do *Fantástico*, a cena é descrita como se dentro do envelope o assessor do ministro estivesse carregando os 100 mil reais. Mas essa história não faz nenhum sentido. Como imaginar que alguém que teria acabado de receber propina no seu próprio gabinete, no qual certamente existe um lugar seguro para guardá-la, resolva passear com o dinheiro em um corredor repleto de câmeras de monitoramento?

Porém, em se tratando de Brasília, tudo é possível. Além disso, é sempre bom lembrar a famosa frase de Albert Einstein: "Só existem duas coisas infinitas: o universo e a estupidez humana." Não se pode presumir que alguém tenha bom senso; é preciso uma perícia técnica.

O exame frame a frame do vídeo mostrou, inequivocamente, que o envelope que Ivo Almeida Costa carregava ao se despedir de Fátima tinha a espessura do próprio envelope, com poucas folhas dentro. Ao andar, o envelope se curvava com o movimento. Era absolutamente impossível que ali coubessem mil notas de 100 reais ou 2 mil notas de 50 reais. Tal quantidade de dinheiro produziria um enorme volume, provavelmente rasgando o envelope, mesmo com cédulas de 100 reais. E, ao contrário do que a PF e a matéria do *Fantástico* afirmavam, o envelope não era pardo, mas sim branco. Branco como a neve.

O laudo repercutiu. A revista *Carta Capital*, de 11 de julho de 2007, trazia na capa um logotipo da Globo e uma chamada jocosa: "Fantástico! Perícia desmente as imagens usadas pela Globo contra Rondeau." Não sejamos ingênuos: a *Carta Capital* estava, na época, comprometida com o governo petista e a Globo sempre foi um dos alvos mais atingidos pela metralhadora giratória de Mino Carta.

As conclusões do laudo eram incontestáveis. A PF não reagiu. E a Globo tinha duas opções: tentar desqualificar o meu laudo (usando seu enorme poder midiático) ou fazer um *mea-culpa*. Optou pela solução mais nobre. Logo após a publicação da *Carta Capital*, fui procurado pela equipe do *Jornal Nacional* para uma matéria esclarecendo todos os detalhes do caso. O apresentador William Bonner reservou um generoso espaço em uma edição de sábado do *JN*, me dando total liberdade para explicar tudo. Por atitudes como essa é que a TV Globo mantém sua credibilidade. Mas é claro que há uma leve pitada de competição. Quem conhece os bastidores do jornalismo da Globo sabe que as equipes do *Fantástico* e do *Jornal Nacional* vivem em disputa interna.

A emissora explicou-se, atribuindo o erro às informações fornecidas pela Polícia Federal. Entramos aí em outra discussão, muito mais ampla. Até que ponto um meio de comunicação de massa pode acatar passivamente informações da Polícia Federal ou de qualquer outro órgão oficial sem medir as consequências e, principalmente, sem verificar com rigor a veracidade do material que veicula? No caso da TV Globo, líder de audiência, a responsabilidade é até maior.

Silas Rondeau não voltou ao ministério. Foi substituído interinamente por Nelson Hubner, que ficou no cargo até janeiro de 2008. Seu sucessor, outro afilhado de Sarney, foi Edison Lobão, atualmente enrolado no escândalo do Petrolão.

Grampo no Supremo

Em agosto de 2007, a revista *Veja* ouviu sete dos onze ministros do Supremo Tribunal Federal e cinco deles admitiam que suas conversas telefônicas podiam estar grampeadas. A suspeita recaía sobre a banda podre da Polícia Federal. Com duzentos anos de vida, a mais alta corte judiciária do país estava vivendo, pela primeira vez durante um regime democrático, sob intensa vigilância, pressionada, posta sob dúvida e sob coerção.

Durante a ditadura de Getúlio Vargas (1937-1945) e a ditadura militar (1964-1985), o STF passou por momentos de desconforto, com admissão e demissão de ministros por critérios pouco técnicos. A matéria de *Veja* lembrava que o Brasil tem um largo histórico de grampos nas altas esferas do poder, chegando a vários presidentes da República — desde o grampo no gabinete presidencial no Palácio do Planalto (de João Figueiredo, em 1983), passando por casas inteiramente monitoradas, como a Casa da Dinda (de Fernando Collor, em 1992), até cantada de presidente para jornalista casada (Itamar Franco, em 1992) ou autorizando o uso do seu nome em leilão das empresas de telecomunicação (Fernando Henrique, em 1998).

A reação dos juízes também é diversa. Vai desde a aposentadoria antecipada de Sepúlveda Pertence, envolvido em mentiras que indicavam que ele receberia 600 mil reais para tomar determinada decisão; passando pelo humor precavido de Marco Aurélio Mello ("Um dia, a minha irmã ligou para falar do espólio de meu pai. Repeti várias vezes que os valores se referiam ao espólio. Era para quem estava ouvindo entender"); até a crítica explícita de Gilmar Mendes: "A Polícia Federal se tornou um braço de coação e tornou-se um poder político que passou a afrontar os outros poderes. [...] Hoje, falo ao telefone sabendo que a conversa é coletiva."

Procurado por *Veja* para opinar sobre o caso, acrescentei que problemas não se esgotavam nas suspeitas de grampo ilegal. Eu já havia periciado casos nos quais gravações feitas legalmente tinham duração inferior à registrada na conta telefônica. Ou a companhia telefônica estava burlando e registrando que o telefonema teve duração maior que o real ou eliminou-se trecho da ligação. Outra situação muito comum é faltarem nos relatórios oficiais gravações que foram efetivamente realizadas. Isso pode implicar uma futura nulidade processual, visto que a defesa tem direito a ter acesso à totalidade do material interceptado.

Infelizmente, a lei brasileira não obriga que se transcreva a íntegra de cada diálogo monitorado. O que se faz, em geral, é um curto resumo, muitas vezes "interpretado". Ou seja, o agente de polícia "traduz" o que o interlocutor estaria querendo dizer, não necessariamente o que ele disse. O fato é que não cabe no ato da transcrição qualquer tipo de especulação semântica, pois assim teríamos uma malfadada mistura dos níveis pericial e investigativo. É o conhecido tripé polícia/Ministério Público/mídia: transcrições imprecisas alimentam o sensacionalismo da mídia e enchem o balão da denúncia, não raramente vazio, do MP. Isso não é regra, mas, eventualmente, pode causar danos gravíssimos, como ocorreu no caso Carreira Alvim.

Na mesma matéria de *Veja*, o ministro Marco Aurélio alertava: "Hoje, pinça-se o que a polícia quer e o que acha que deve ser informado. Os juízes decidem com base em extratos. Isso é muito arriscado." Em um caso, a PF informou o resumo de uma conversa legalmente gravada entre um suposto ministro do STJ e sua amante. Confrontando-se o extrato com a íntegra das gravações, descobriu-se que o motorista do ministro é quem estava falando com a amante.

Operação Satiagraha: um tiro na água

Satyagraha, traduzida do sânscrito, significa "firmeza na verdade". Foi o nome dado a uma megaoperação da Polícia Federal desencadeada em 2004, que resultou na prisão de banqueiros, diretores de banco e investidores em 8 de julho de 2008. Nenhuma outra operação da PF mobilizou tantos delegados e agentes e gastou tanto dinheiro. Só na fase final, foram deslocados trezentos policiais para cumprir 56 mandados de busca e 24 prisões.

O delegado responsável pelo comando da operação era Protógenes Queiroz, cuja obsessão sempre fora prender o empresário Daniel Dantas, do grupo Opportunity. Ele não media esforços para atingir seus objetivos, chegando ao ponto de ter sido acusado de extrapolar os limites legais da ação.

Segundo Leonardo Attuch, jornalista da revista *IstoÉ Dinheiro*, "Em 2008, já na segunda metade do seu mandato, o ex-presidente Lula decidiu colocar em marcha o projeto de criação da 'supertele' nacional. Incumbiu a então ministra Dilma Rousseff de conduzir a tarefa. E o governo deixou claro que Dantas, tido pelo Planalto como personagem hostil ao lulismo, não seria bem-vindo ao projeto. Naquele ano, Dantas contratou o advogado Luiz Eduardo Greenhalgh, do PT, que levou ao governo a informação de que ele não colocaria nenhum óbice à 'supertele'. Apenas venderia sua participação."* Como se vê, tratava-se de uma briga de cachorro grande.

Atirava-se para todo lado. O objetivo era pegar Dantas, não importava como. Para isso, armou-se um esquema: Humberto Braz (ligado a Dantas) e Hugo Chicaroni (professor universitário que saiu do nada) teriam tentado subornar com 1 milhão de reais o delegado da PF Victor Hugo, para aliviar a pressão sobre Daniel Dantas. Chicaroni seria o intermediário dessa transação. O encontro se deu em um restaurante em São Paulo.

No laudo da Polícia Federal, há 302 trechos considerados "ininteligíveis", e inúmeros outros, simplesmente não transcritos, classificados como "amenidades". Somando-se esses trechos, chega-se a 79% da conversa sem transcrição, ou seja, 3 horas e 40 minutos. Alguma coisa parecia estranha, pois uma conversa dessa natureza não poderia ser tão "amena".

Na verdade, os peritos da PF transcreviam apenas o que interessava para a acusação. A transcrição era um amontoado de erros. Trechos perfeitamente claros foram classificados como ininteligíveis; em contrapartida, passagens com conteúdo relevante foram classificadas como "amenidades" e não transcritas. Há incontáveis trocas de interlocutor, ou seja, palavras de uma pessoa na boca de outra. Custa acreditar que esses erros tenham sido inocentes, pois, nessa troca, as frases mais comprometedoras acabavam anotadas como tendo sido ditas por Humberto Braz, o homem de Dantas. A transcrição era tão tresloucada que, em determinado ponto, há falas atribuídas a Humberto Braz 20 minutos

---

* Disponível em: <www.brasil247.com/pt/247/brasil/55043>.

antes de ele ter chegado à reunião. A escuta atenta da conversa permite determinar exatamente o momento em que Braz chega ao restaurante, pois ele se desculpa pelo atraso, dizendo que seu avião ficou algum tempo aguardando autorização de pouso.

Em nosso laudo, apontamos todos esses equívocos e corrigimos diversos trechos da transcrição, atribuindo ao interlocutor correto a fala correta. Não foi um trabalho fácil, pois a gravação foi feita com um celular comum e em um ambiente impróprio, um restaurante com intenso ruído de fundo. É incompreensível como uma operação tão cara e tão longa, mobilizando tantos agentes, possa ter produzido uma prova **tão tosca**. É impossível não pensar que a precariedade técnica da **prova** não esteja a serviço da falta de clareza. Em uma gravação de qualidade, todos os diálogos ficariam absolutamente claros e todos os interlocutores seriam identificados sem ambiguidade. Por que a PF, que tem todas as condições técnicas para realizar boas gravações, consegue resultados tão precários?

O fato é que a transcrição da gravação corrigida, sem as falas equivocadamente atribuídas a Braz, deixava claro que se tratava de um flagrante armado, ou seja, o Opportunity não teria oferecido dinheiro à Polícia Federal, mas sim o contrário. Fora tudo uma armação orquestrada pela PF e intermediada pelo laranja Chicaroni para incriminar o Opportunity por suborno. O Supremo Tribunal Federal, no entanto, percebeu a jogada e considerou o episódio flagrante armado e, portanto, juridicamente nulo, tendo o ministro Eros Grau concedido a Humberto Braz um *habeas corpus* com tal fundamento.

Nesse contexto, a Operação Satiagraha foi um desastre. Cheia de falhas técnicas e ilegalidades. A incompetência de Protógenes acabou sendo positiva para Daniel Dantas. O maior equívoco da operação foi incluir agentes da Agência Brasileira de Inteligência (Abin) na quebra de sigilos telefônicos e rastreamento de e-mails. A Corregedoria da Polícia Federal abriu um inquérito para investigar as irregularidades e, segundo depoimentos, descobriu-se que pelo menos 62 funcionários da Abin, em doze estados diferentes, participaram da Satiagraha. Dantas chegou a ser condenado a dez anos de prisão por corrupção, mas os ministros do STJ consideraram ilegal a participação da Abin, comprometendo de forma insanável a legitimidade das provas produzidas na operação.

De certa forma, o ministro Mussi resumia uma indignação que já, havia tempos, circulava em algumas esferas do Judiciário. O próprio STF já se manifestara contra excessos da Polícia Federal. Embora hoje a situação esteja um pouco diferente, esse período foi marcado pela febre do grampo, insuflada por alguns juízes "justiceiros" de primeira instância e por alguns promotores que iam com muita sede ao pote. Para municiar o Ministério Público, a PF inventou o policial de "bunda quadrada", que, sentado em seu gabinete, pretendia, exclusivamente com base em interceptações telefônicas e de e-mails, investigar e decifrar casos de extrema complexidade política e econômica. O resultado dessa abordagem foi, na enorme maioria das vezes, nulo, visto que o conjunto probatório sempre apresentava falhas técnicas ou jurídicas. A opinião pública não raramente fica indignada com o fracasso das operações da PF e culpa o Judiciário, mas não entende que a pizza começou a assar já durante as investigações. A Operação Satiagraha é um exemplo dessa incompetência.

* * *

Após ser afastado do caso, Protógenes acusou seus superiores de terem boicotado a operação. Foi o início da sua queda. Em 2010, só conseguiu ser eleito deputado federal pelo PCdoB, a reboque da histórica votação de Tiririca. Protógenes não conseguiu o número mínimo de votos, mas a expressiva votação do humorista foi suficiente para arrastar também mais quatro deputados, dentre eles o delegado.

Mas o feitiço acabou se voltando contra o feiticeiro. O delegado grampeador foi grampeado na Operação Monte Carlo, relacionada com a exploração de máquinas caça-níqueis em Goiás, envolvendo o ubíquo bicheiro Carlinhos Cachoeira. Protógenes teve conversas consideradas suspeitas com Idalberto Matias Araújo, o Dadá, que foi araponga na Satiagraha e era estreitamente ligado a Cachoeira. Nas conversas, o ex-delegado teria orientado Dadá sobre como atrapalhar a investigação aberta pela Corregedoria da PF para apurar desvios no comando da Operação. A ligação de Protógenes com Dadá levantou uma forte suspeita contra o delegado, pois como deputado participava ativamente da CPI do Cachoeira.

Em 27 de maio de 2013, o *Jornal da Globo* noticia que o ministro Dias Tóffoli atendeu a um pedido da Procuradoria-Geral da República para apurar se a Operação Satiagraha fora patrocinada por empresários cujo interesse era prejudicar Daniel Dantas, afastando-o da disputa do controle das empresas de telefonia. Além disso, foi solicitada a quebra de sigilo bancário e telefônico de Protógenes, assim como suas declarações de renda. Protógenes foi uma espécie de Robespierre da Grampolândia. O francês que mandou reis para a guilhotina também terminou sem cabeça. O delegado-deputado acabou, ele mesmo, grampeado.

Em resumo, Protógenes foi condenado e em 19 de agosto de 2015 o STF reconheceu o trânsito em julgado da anulação da operação, não cabendo mais nenhum recurso das partes. A Satiagraha estava definitivamente enterrada. O jornal *O Estado de S.Paulo*, em editorial de 6 de setembro de 2015, sintetiza bem o perigo envolvido nesse tipo de megaoperação. Muitas vezes perde-se o controle gerando nulidades jurídicas que podem invalidar todo o imenso esforço da investigação.

No editorial, há uma citação do ministro Jorge Mussi, do STJ, ao dar voto decisivo para a anulação da Satiagraha: "Não é possível que esse arremedo de prova, colhido de forma impalpável, possa levar a uma condenação. Essa volúpia desenfreada pela produção de provas acaba por ferir de morte a Constituição. É preciso que se dê um basta, colocando freios nisso antes que seja tarde. Coitado do país em que seus filhos vierem a ser condenados com provas colhidas na ilegalidade."

A motivação do editorial não era reviver a Satiagraha, mas sim estabelecer um paralelo com os escândalos atuais: "O vexame da produção de provas ao arrepio das leis, que notabilizou a Satiagraha, deve servir de alerta para que não se percam os esforços da Operação Lava-Jato."

Em 13 de outubro de 2015, uma portaria do Ministério da Justiça, publicada no dia seguinte no Diário Oficial da União, exonera Protógenes Pinheiro Queiroz do Quadro de Pessoal do Departamento de Polícia Federal. O ministro José Eduardo Cardozo justifica a demissão: "Infrações disciplinares."

Sarney: no Amapá, nem o voto é secreto

O dedo do velho senador vagava pelo teclado da urna eletrônica em um colégio de Macapá, capital do distante Amapá. A data: 26 de outubro de 2014. A eleição: segundo turno do pleito presidencial, disputadíssimo, entre Dilma Rousseff e Aécio Neves. O senador: uma figura carimbada do cenário político brasileiro, o ex-presidente José Sarney (PMDB-AP). Sim, para os que não se lembram, o maranhense da gema tem domicílio eleitoral no Amapá, mas esse não é o caso.

O senador chegou, como sempre, sorridente e alinhado em um belo jaquetão de tons claros. Sem desrespeitar a liturgia do cargo, estampava no peito dois adesivos, um deles da chapa Dilma-Temer — afinal, o candidato à vice-presidência era do seu partido, sustentáculo do governo petista desde o episódio do Mensalão.

No Amapá, tudo é meio exótico. Para se ter uma ideia, no Estádio Milton Corrêa, conhecido como Estádio Zerão, os times jogam o primeiro tempo em um hemisfério e o segundo em outro, pois a linha do equador coincide com a linha do meio de campo. Também no Amapá o que deve ser público costuma ser secreto. E o que deveria ser secreto pode se tornar público. Esse foi o caso do voto de Sarney no segundo turno das eleições de 2014.

Um cinegrafista do programa Amapá TV acompanhou a entrada do senador na zona eleitoral, o que é normal. O inusitado é que a câmera se posicionou em um ponto do qual era possível filmar o teclado da urna. Muito provavelmente essa não era a intenção do cinegrafista, tanto que a imagem inocentemente foi levada ao ar pela emissora. Três dias depois, em 29 de outubro, o vídeo é divulgado nas redes sociais com grande alarde, pois, aparentemente, José Sarney teria votado em Aécio Neves, não em sua candidata.

Imediatamente após a divulgação dessa suposta traição política, Sarney negou veementemente que votou no 45 em vez de no 13, afirmando, por meio de sua assessoria, que o vídeo era "mais uma farsa", uma "sórdida montagem". A emissora calou-se sobre o episódio e tirou a imagem do ar, evidentemente sob a influência do poderoso senador. Sobrou a fofoca "viralizada" na internet, comprometendo a credibilidade da notícia.

Um dos mais importantes sites de política do país, o *Último Segundo* (do provedor iG), quis dirimir a dúvida e procurou o nosso laboratório. No dia 30, analisamos o vídeo que circulava na rede e no mesmo dia emitimos um laudo atestando que Sarney realmente votara em Aécio Neves e que não havia montagem na gravação. A sequência de frames que mostra o percurso do indicador do senador cravando o 45 pode ser vista na imagem 14 do encarte.

Ampliando-se a imagem da urna, vê-se claramente que Sarney aperta as teclas da linha central do teclado, onde se encontram os números 4 e 5, não sem antes vacilar por alguns segundos sobre a tecla 1. Como Sarney, obviamente, não sabia que estava sendo filmado, tal hesitação reflete uma dúvida real: votar na sua legenda ou votar em benefício do seu grupo no Maranhão? Vale lembrar que, no Maranhão, o governador já eleito no primeiro turno, Flávio Dino (PCdoB), pertence à base aliada do governo federal e concorreu com Lobão Filho, o candidato do PMDB. Ou seja, PT e PMDB não eram aliados no Maranhão e a vitória de Dilma fortaleceria um governador que era feroz adversário político da família Sarney. O experiente senador não dá ponto sem nó. O dedo vacilou, mas a sua mente estava determinada. Para ele, o critério regional, naquele momento, era mais importante do que acordos em nível nacional.

Em novembro de 2014, vários veículos de comunicação divulgaram que, nos bastidores, aliados do senador confirmavam que ele votou mesmo em Aécio. E por dois motivos: a falta de apoio do governo federal ao seu candidato no Maranhão e por gratidão a Tancredo Neves, avô de Aécio. Em 1985, Tancredo foi escolhido, em eleições indiretas, presidente da República, mas faleceu antes da posse. Sarney, vice de Tancredo, tornou-se o primeiro presidente civil após a ditadura militar.

11

Gil Rugai: *in dubio pro reo*?

De perto ele é normal

Noite chuvosa em São Paulo, 28 de março de 2004. Tiros na rua Atibaia, região de alta classe média paulistana. Um casal é brutalmente assassinado: Luiz Carlos Rugai, dono da produtora de vídeo Referência Filmes, e Alessandra Troitino, sua companheira. Onze tiros no total, dois deles precisos: na cabeça. Um vigia de rua, apesar da escuridão e da distância, diz ter reconhecido Gil Rugai, filho da vítima, saindo do local do crime junto com outra pessoa. A imprensa imediatamente compra a história e coloca Gil nas manchetes já como indiscutível culpado. Nove dias depois, ele é preso ao se apresentar à polícia e negar o crime. Após ter passado dois anos e treze dias na cadeia, em 18 de abril de 2006 Gil Rugai obtém *habeas corpus* no STF para aguardar julgamento em liberdade.

Em meados de 2012, a escritora Ilana Casoy convidou-me para integrar a equipe de defesa no caso Gil Rugai. Ilana é uma conhecida pesquisadora de crimes violentos, especialmente praticados por serial killers. Autora de vários livros — entre eles *A prova e a testemunha* (sobre o caso Nardoni), *O quinto mandamento* (sobre o assassinato do casal Richthofen) e *Serial killers: made in Brasil* —, já nos conhecíamos havia alguns anos e trocávamos informações e opiniões sobre questões ligadas à criminologia e à criminalística. Ilana, na verdade, é uma especialista em criminologia, ou seja, o estudo da mente e do comportamento do criminoso. A criminalística, minha área de atuação, concentra-se na prova material e nos aspectos técnico-periciais. Esse intercâmbio de ideias sempre foi muito proveitoso para ambos.

A minha primeira reação foi recusar o convite, pois, como quase todo mundo, sem ter plena consciência, estava influenciado pela mídia. Ilana insistiu e pediu para que eu estudasse os autos. Ela já estava convencida de que não havia provas válidas que incriminassem Gil Rugai. Depois de estudar meticulosamente o caso, concluí que ela estava certa. O processo estava cheio de falhas de toda natureza. Desde a investigação policial, muito malconduzida — para dizer pouco —, até as perícias feitas pelo Instituto de Criminalística de São Paulo.

Resolvi aceitar a tarefa, embora consciente da dificuldade da missão, que seria reverter um quadro de demonização criado pela imprensa durante os nove anos transcorridos desde o crime, em 2004, até o julgamento, em 2013. Juntei-me a Ilana e aos advogados Thiago Anastácio e Marcelo Feller (da Toron, Torihara e Szafir advogados), que já conheciam bem o caso. Ao longo de alguns meses, preparamos a estratégia da defesa, especificamente voltada para o tribunal do júri. Minha tarefa específica era prestar consultoria em questões técnico-periciais antes e durante o julgamento.

A grande dificuldade desse caso é que o embate não seria apenas com a acusação, mas também com a opinião pública. O fato é que os jurados são gente do povo e, tal como eu mesmo, estão impregnados com a imagem de culpado criada e alimentada pela mídia durante anos. Mas ao contrário do que aconteceu comigo e me fez mudar de opinião, os jurados não têm a oportunidade de conhecer o processo detalhadamente e, salvo raras exceções, nem a expertise para entender aspectos muito técnicos.

A composição do corpo de jurados é o que mais preocupava a defesa. Sabíamos que o julgamento levantaria questões complexas de ordem técnica que talvez não fossem compreendidas por pessoas sem o preparo necessário. Mas esse é um fator imponderável. Os sete jurados são sorteados a partir de um grupo de 25 pessoas. Cada parte, acusação e defesa, pode vetar um total de três jurados, mas o veto tem de ser declarado a cada sorteio até que se chegue ao total de sete aprovados por ambas as partes. É uma escolha difícil, pois nunca se sabe se um veto vai garantir um jurado mais capacitado no próximo sorteio, principalmente quando só resta um veto.

Pouco tempo antes do julgamento, a lista com os nomes é apresentada e tanto a acusação como a defesa pesquisam o perfil dessas pessoas: idade, profissão, escolaridade, opiniões de caráter social etc. Hoje em dia, com a internet, essa tarefa ficou bem mais fácil, embora as pessoas mais simples, em geral, não tenham muitas informações disponíveis na rede. A pesquisa prévia do perfil dos jurados é corriqueira e lícita. Além disso, o procedimento tem muito fundamento. Não faria sentido, por exemplo, aceitar na defesa de um réu negro um jurado que já tenha manifestado publicamente opiniões racistas.

Para a defesa, um júri com formação superior seria o ideal. Já a acusação, certamente, torcia para que ocorresse o contrário: quanto menos qualificado o jurado, mais ele entraria no julgamento influenciado pela mídia e menos entenderia os argumentos da defesa, muitos de natureza extremamente técnica. No entanto, o júri popular não deixa de ser um reflexo da sociedade, ou seja, desigual na sua capacidade de apreciação e julgamento dos fatos.

No Brasil, país com a maior parte da sua população com baixa escolaridade, a probabilidade de se compor um júri pouco qualificado é muito grande. Esse aspecto, em casos menos midiáticos, é de menor importância. Mas Gil Rugai, trucidado pela mídia durante nove anos, era um réu que, na cabeça dos jurados, só podia ser culpado. Nesse contexto, um corpo de jurados qualificados pode mudar tudo. Por outro lado, um jurado despreparado tende a chegar ao último dia de julgamento da mesma forma como entrou, ou seja, com uma opinião que não é dele, mas que lhe foi inoculada pela imprensa. Em certa medida, o julgamento já começa como uma loteria. Dependendo da composição do corpo de jurados, o destino do réu pode estar decidido já no sorteio, antes de começar o julgamento.

Particularmente, não concordo com o modo como o júri popular é praticado hoje no Brasil. Entendo que o jurado deve ser escolhido em um conjunto de pessoas com escolaridade superior ou, alternativamente, que seja preparado para essa missão de imensa responsabilidade com informações mínimas sobre princípios básicos do Direito — principalmente quanto ao princípio do *in dubio pro reo*, ou seja, em havendo dúvida, o réu deve ser absolvido. Na verdade, o que tem prevalecido no Brasil é o *in dubio pro societate*, ou seja, na dúvida, se acusa, princípio que, de fato, norteia a promotoria quando da denúncia. Mas isso não pode prevalecer no julgamento, quando a postura obrigatória é o *in dubio pro reo*.

Na Justiça norte-americana, o *in dubio pro reo* é observado com muito rigor. Obrigatoriamente, é preciso unanimidade entre os doze jurados. Após o julgamento, os jurados ficam reunidos em uma sala até que se chegue a um veredicto consensual. Se isso não ocorrer, ou seja, se apenas um dos jurados discordar da opinião dos demais, será convocado novo corpo de jurados e haverá novo julgamento. Na França, o conselho de sentença é composto por três juízes togados e seis jurados populares que, após se retirarem do plenário, deliberam e trocam ideias entre si. São exigidos seis votos para a condenação, mas o jurado pode votar nulo caso não tenha se decidido pela condenação ou absolvição, o que parece razoável. Na Espanha, o júri popular é composto por nove jurados e são necessários sete votos para declarar a responsabilidade penal.

No Brasil é bem diferente. Além do corpo de jurados ser pequeno — apenas sete pessoas —, a comunicação entre os jurados não é permitida nem durante nem depois do julgamento; cada um decide de forma independente, sem conhecer a opinião dos demais jurados. Para alguns pode parecer que esse voto isolado seja mais neutro, na medida em que elimina a potencial influência de outros jurados. Porém essa influência pode ser positiva, já que um jurado mais qualificado eventualmente pode esclarecer para os demais jurados aspectos técnicos, questões jurídicas e até mesmo a consistência da argumentação das partes. Ao contrário da França, no Brasil não há a possibilidade do voto em branco, ou seja, o jurado tem de optar obrigatoriamente entre absolvição ou condenação. O que parece não ser bem entendido pelo jurado brasileiro é que, independentemente das provas apresentadas, se ainda restar alguma dúvida ele deve votar pela absolvição, ou seja, deveria prevalecer o *in dubio pro reo*.

O julgamento de Gil Rugai estendeu-se por cinco longos dias, iniciando-se às 10h e terminando depois das 21h. Os jurados e o juiz são os únicos obrigados a permanecer todo o tempo no tribunal. Se algum jurado precisa ir ao banheiro, a sessão é suspensa por alguns minutos. O nosso modelo de júri popular transforma o jurado em refém do julgamento: ele fica incomunicável, não podendo conversar nem com seus colegas, nem sequer com um funcionário do tribunal; ele é obrigado a dormir em um pequeno quarto, sem janelas, no próprio tribunal, sem televisão, rádio ou telefone. Além disso, sua participação se reduz a ficar sentado durante quase 10 horas por dia atingido por um tsunami de dados expostos em um embate, muitas vezes feroz, entre acusação e defesa. Para quem não conhece os autos, como é o caso dos jurados, essa situação pode levar a um estado de desorientação pelo excesso de informação. Em quem acreditar: na acusação ou na defesa? Ambas vão expor seus argumentos com veemência e convicção.

A mídia, salvo exceções, tem tido uma atitude muito pouco crítica, tendendo a privilegiar as posições da acusação. É fácil entender isso. Os inúmeros programas sensacionalistas que ocupam as tardes das televisões brasileiras só sobrevivem no dia a dia por serem alimentados com informações privilegiadas fornecidas por delegados e promotores. Em casos polêmicos como o de Gil Rugai, embora muitos desses astros do sensacionalismo entendam bem as contradições e erros, existe um certo temor de atacar diretamente suas fontes, pois no dia seguinte pode não haver mais notícia fresca. Além disso, apresentar culpados dá mais Ibope. Em parte, porque a sociedade brasileira, cansada da impunidade, clama por punição, não por justiça. Nesse rolo compressor, embora muita gente acredite no contrário, inocentes estão sendo condenados.

Os pilares da acusação

Os pilares da acusação eram quatro: o motivo, a testemunha, a arma e o pé na porta.

1) O motivo

Desde o começo, ainda na fase do inquérito policial, surgiu a versão de que Gil teria tido uma discussão acalorada com o seu pai, Luiz Carlos Rugai. Ele teria descoberto que o filho desviara 200 mil reais para capitalizar a agência de publicidade que tinha aberto em sociedade com Rudi Otto. Não era segredo que essa pequena empresa existia e Gil não iria concorrer com a já bem estabelecida produtora de vídeo do pai, até porque Gil e Rudi não pretendiam trabalhar com vídeo, mas apenas com mídia impressa.

O fato é que o tal desfalque nunca foi comprovado, nem no inquérito, nem no julgamento. O contador da produtora, Edson Tadeu de Moura, testemunhou garantindo que nunca houve desvio de dinheiro. Chegou a frisar que uma quantia de tal porte não poderia ser desviada sem que ele percebesse, uma vez que a quantia alegada seria mais do que o dobro do faturamento bruto mensal da produtora, cerca de 90 mil reais.

Como quase tudo nesse tortuoso processo, sempre que se derruba uma pretensa prova cria-se uma nova versão adaptada. Sem evidência do tal desfalque, passou-se a afirmar que Gil falsificava a assinatura do pai em cheques da empresa. O contador não negou esse procedimento, enfatizando que em empresas familiares isso é bastante comum. Disse também que havia cheques assinados por Gil que foram empregados para pagar despesas cotidianas da produtora — o pai autorizava o filho a assinar por ele. Tanto que a defesa apresentou um cheque, no valor de 25 mil reais, usado para pagar uma parcela do avião que o pai de Gil havia comprado. O cheque não foi aceito pelo banco por divergência de assinatura, certamente porque foi assinado por Gil. O cheque voltou e recebeu nova assinatura, incontestavelmente de Luiz Carlos, comprovando que ele sabia e aceitava que o filho assinasse por ele.

No fim das contas, o "desfalque" de 200 mil reais nunca foi comprovado e a acusação, para sustentar o motivo da alegada briga entre pai e filho, passou a citar três ou quatro cheques não contabilizados que, somados, não chegavam a 5 mil reais. Motivo pouco convincente para justificar um duplo homicídio tão brutal.

Mas havia a história da briga de Gil com o pai. E de onde saiu essa história? Na fase do inquérito policial, um funcionário da produtora, Agnaldo Souza Silva, uma espécie de braço direito de Luiz Carlos Rugai, foi quem alegou ter presenciado a briga que teria durado cerca de 4 horas, das 19h às 23h, no dia 23 de março, cinco dias antes do crime. Esse testemunho foi derrubado pela defesa, que apresentou a Estação Rádio Base (ERBs — denominação dada em um sistema de telefonia celular para antenas) de localização do celular de Gil Rugai no dia 23. Às 21h, Gil estava no restaurante América, da Avenida Paulista, muito longe da produtora, local da suposta briga. Além da nota fiscal do estabelecimento, várias ligações foram registradas indicando que a captação foi feita por uma antena nessa área.

Havia algo de podre no depoimento de Agnaldo. Por que ele não foi arrolado como testemunha pela acusação? Estranhamente, a acusação deixa de ouvir uma pessoa que se dizia testemunha ocular da suposta briga para chamar o instrutor de voo de Luiz Carlos Rugai, Alberto Bazaia Neto.

Bazaia Neto contava uma história muito estranha. A sua entrada ainda na fase do inquérito policial já era estranha. Segundo o delegado Rodolpho Chiarelli, a palavra "voo" na agenda pessoal da vítima teria apontado uma pista que o levou ao instrutor. Em quase 6 horas de depoimento no júri, em nenhum momento o delegado Chiarelli conseguiu explicar por que Bazaia Neto foi depor no inquérito. Em uma agenda com centenas de nomes, que força mágica teria a palavra "voo" para estabelecer uma potencial conexão de Bazaia Neto com o crime?

Surpreendentemente, seu depoimento se tornou uma peça-chave para incriminar Gil Rugai. A história que contou era inverossímil. Bazaia Neto, na época com cerca de vinte anos, tendo tido com a vítima apenas três ou quatro encontros, e na mera condição de instrutor de voo, afirmou ter ouvido de Luiz

Carlos Rugai um desabafo contundente envolvendo questões muito íntimas. Luiz Carlos teria dito que havia colocado o filho para fora de casa após uma discussão motivada por desvio de dinheiro da empresa e admitiu ter medo de Gil, a quem classificou como perigoso. Bazaia Neto foi tão detalhista que chegou a fixar o dia exato da tal briga: 23 de março, terça-feira. Lembrava-se disso porque a última aula de voo ocorrera exatamente no dia seguinte à suposta discussão, quarta-feira, 24.

Por que cargas d'água um homem maduro e experiente como Luiz Carlos Rugai abriria de tal forma seu coração para um rapazote que mal conhecia? Segundo o próprio delegado Chiarelli, ninguém mais, fora Agnaldo e Bazaia Neto, falou dessa briga de Gil com o pai. Por que amigos mais chegados e familiares não sabiam de nada?

Agnaldo, vale lembrar, testemunha ocular da alegada discussão, nem ao menos foi chamado pela acusação. E é fácil de entender o porquê: em seu depoimento, ele afirma que a briga ocorrera no dia 23, entre 19h e 23h, na produtora. Como já vimos anteriormente, ligações telefônicas captadas pela ERB próxima à Avenida Paulista e o comprovante fiscal do restaurante América provam que o depoimento de Agnaldo era inconsistente. Se fosse chamado para depor no júri, Agnaldo poderia se atrapalhar e prejudicar a acusação.

O jovem instrutor de voo, por outro lado, era a testemunha ideal para o promotor. Qualquer imprecisão ficaria por conta de lapsos de memória, embora Bazaia Neto tenha sido preciso em seu primeiro depoimento ao delegado, afirmando que a suposta discussão teria ocorrido no dia 23 à noite. Bazaia Neto até poderia ter sido ouvido nesse caso, porém por um caminho investigativo inexplicavelmente desprezado pelo delegado Chiarelli.

O instrutor trabalhava no Aeródromo de Itu, do qual seu pai já tinha sido diretor. O aeródromo fora citado na CPI do narcotráfico como porta de entrada de drogas no Brasil. Eu mesmo, em 2008, já havia realizado um laudo a pedido do promotor José Reinaldo Guimarães Carneiro (como vimos no capítulo 2 deste livro), verificando que mais de 200 quilos de cocaína pura teriam sido desviados, segundo o Ministério Público, pelos próprios policiais do Departamento Estadual de Investigações sobre Narcóticos (Denarc), que fizeram a apreensão.

No closet de Luiz Carlos Rugai foram encontrados cerca de 400 gramas de maconha, a maior parte embalada em 25 saquinhos individuais. Também na geladeira havia um pote plástico com maconha. A droga da geladeira, certamente, era para consumo próprio — não era segredo para ninguém que a vítima usava drogas. Mas isso não explica a existência de maconha embalada em 25 saquinhos individuais, algo que aponta, no mínimo, para uma relação estreita com traficantes. A defesa chegou a perguntar ao delegado Chiarelli, durante o julgamento, o que ele faria se encontrasse tal quantidade de droga dentro de um carro, por exemplo. Prontamente ele respondeu que teria de aplicar a lei e autuar o motorista por tráfico de entorpecentes. Assim, tecnicamente, Luiz Carlos teria de ser classificado como traficante. Vivo ou morto.

O patrimônio da vítima não era compatível com o faturamento da produtora, a princípio sua única fonte de renda. Oficialmente, com um movimento mensal bruto de 90 mil reais, Luiz Carlos Rugai, aos 42 anos, tinha uma mansão de quase mil metros quadrados em bairro nobre de São Paulo, barco em Angra dos Reis, avião em Itu, estava comprando uma Mercedes blindada, enfim, bens que valiam mais de 20 milhões de reais.

Não era só a droga encontrada na casa e o patrimônio incompatível. Havia também o Aeródromo de Itu, com seu lamentável histórico e uma estranhíssima coincidência: o pai de Bazaia Neto foi apontado pelas investigações da CPI do narcotráfico como proprietário de um hangar alugado para traficantes pela módica quantia de 200 reais mensais. Ademais, a forma como as vítimas foram executadas — tiros certeiros, com um último na nuca (o chamado "tiro de conferência") — é típica ação de profissionais do submundo do narcotráfico, não de um filho revoltado agindo sob forte emoção.

Por que diante de tantas referências ao narcotráfico o experiente delegado Chiarelli — inúmeras vezes incensado durante o julgamento pelo promotor Roberto Leão Zagallo como o "melhor delegado de São Paulo" — não desenvolveu uma linha investigativa nessa direção? Por que confiou cegamente no frágil depoimento de Bazaia Neto?

O fato é o seguinte: o motivo do crime alegado pela acusação em nenhum momento foi confirmado. O contador negou categoricamente a existência de qualquer desvio de dinheiro que pudesse motivar a briga entre pai e filho. Os testemunhos dessa desavença têm a marca da inconsistência ou da suspeição, como acabamos de mostrar. Esse pilar da acusação — "o motivo" — não se sustenta.

2) A testemunha

A casa dos Rugai, no bairro de Perdizes, tem sua entrada principal pela rua Atibaia e uma entrada secundária na rua Traipu, nos fundos do imóvel. A farta arborização da rua Traipu é um obstáculo à iluminação pública, prejudicando enormemente a visibilidade. À noite, não se distingue nada a mais de 20 metros de distância, especialmente quando chove. Chovia na noite do crime.

O vigia Domingos Ramos de Oliveira Andrade, no entanto, afirmou ter visto Gil Rugai e mais uma segunda pessoa saindo da casa após o crime. Mas não disse isso no seu primeiro depoimento ao delegado. Pelo contrário: afirmou que, de onde estava, não vira nada. Escutou uns estampidos, mas achou que eram fogos de artifício. Esse primeiro depoimento era coerente. A guarita de Domingos ficava a mais de 80 metros do portão da casa. À noite, com chuva, seria mesmo impossível ver alguma coisa.

A guarita de Fabrício Silva dos Santos, outro vigia da rua Traipu, ficava a apenas 36 metros do mesmo portão. Em seu depoimento no inquérito policial, ratificado no julgamento, também afirmou não ter visto ninguém sair da casa por essa rua.

Em outra guarita na rua Atibaia, a poucos metros da entrada principal da casa, ficava um terceiro vigia, Valeriano Rodrigues dos Santos. Convergindo com os depoimentos dos outros vigias, Valeriano, no inquérito, afirmou também não ter visto ninguém entrando ou saindo da casa. No julgamento, não só confirmou sua versão como narrou com detalhes as condições sob as quais seu depoimento foi colhido na delegacia. Disse ter sofrido forte pressão do delegado para que "dissesse a verdade". Porém, como insistia em afirmar que de fato não havia visto nada, em um certo momento chegou a ser coagido. Quando um policial questionou se ele já poderia ser liberado, o delegado teria dito "Não sei se ele vai sair daqui hoje", dando a entender que se Valeriano "não colaborasse" poderia se complicar.

Embora esse tipo de interrogatório seja uma lamentável prática da polícia brasileira, a estratégia pode acabar funcionando com um depoente mais vulnerável a pressões. Em geral, a figura da autoridade policial é vista com certo temor, especialmente por parte de pessoas mais simples, que nem mesmo podem contar com o acompanhamento de um advogado.

Aparentemente, a investigação caíra em um beco sem saída: os três vigias de rua não viram nada. Porém um episódio sinistro muda o rumo das coisas. Dias depois do crime, a guarita de Domingos foi incendiada e algumas pichações ameaçadoras apareceram no muro ao lado. A quem interessava isso se Domingos, assim como os outros vigias, afirmara não ter visto ninguém? Quem se sentiu prejudicado a ponto de intimidar Domingos, cujo primeiro depoimento não incriminara ninguém?

O fato é que o incêndio da guarita teve duas consequências: a primeira é que Domingos se tornou testemunha protegida, isolada de qualquer tipo de influência a não ser a policial. A segunda foi a alteração de seu primeiro depoimento. Domingos, que a princípio não tinha visto nada, voltou a depor afirmando agora que, de dentro de sua guarita, teria visto Gil Rugai e outra pessoa saírem da casa pela rua Traipu. Mais que isso, disse que viu Gil fechando a porta com a chave. Ora, qualquer um que se coloque na guarita onde ficava Domingos pode constatar facilmente que essa história não poderia ser verdadeira. A distância e a iluminação precária, sem falar na chuva que caía, não permitiriam que Domingos identificasse alguém. A defesa demonstrou isso no julgamento, apresentando fotos do local que reproduziam a iluminação real, diferentemente do laudo do Instituto de Criminalística, que incluía uma foto enganosa, superiluminada, pelo fato de ter sido tirada no modo automático da câmera, ou seja, com exposição lenta, algo que o olho humano não é capaz de fazer (ver imagens 15 e 16 do encarte).

Como a segunda versão de Domingos não era verossímil, ele voltou à delegacia uma terceira vez para novo depoimento. Disse então que não tinha visto a cena de dentro da guarita, mas sim de um local mais próximo à casa. Após ouvir os estampidos, saiu da guarita em direção à casa dos Rugai, escondendo-se atrás de uma árvore. Desse ponto teria visto Gil Rugai e outra pessoa deixando o local.

Mais uma versão absurda. Domingos sempre alegou que ao ouvir os estampidos não os identificou imediatamente como disparos de arma de fogo, pensando, na verdade, se tratar de fogos de artifício. Além disso, ainda que ouvisse algo, da distância em que se encontrava não poderia saber de onde provinham os estampidos. Havia pelo menos dez casas entre a guarita e o local do crime. Em seu depoimento no júri, Domingos afirmou que após deixar a guarita ficou cerca de 20 minutos atrás de uma árvore. Tal ação é altamente improvável. Vale lembrar que chovia. Além disso, se Domingos imaginou que os ruídos fossem fogos de artifício, o que justificaria sair da guarita e permanecer tanto tempo na chuva atrás de uma árvore?

Essa terceira versão de Domingos conflita com o que disse o vigia Fabrício. Ao testemunhar no júri, Fabrício afirmou que ao ouvir os disparos saiu de sua guarita e dirigiu-se até a de Domingos, a cerca de 120 metros da sua. Lá o encontrou dentro da guarita e conversaram por alguns minutos. Depois disso, Fabrício voltou para sua guarita, passando novamente diante do portão da casa dos Rugai. Fabrício afirma categoricamente não ter avistado ninguém sair pelo portão, embora sua guarita estivesse bem mais próxima do que a de Domingos.

Havia mais incoerências no depoimento do vigia Domingos. A própria descrição das pessoas que ele diz ter visto é confusa, para dizer pouco. Afirma ter visto Gil e uma segunda pessoa. Questionado sobre esse segundo elemento, Domingos não conseguiu esclarecer aspectos básicos: não sabia se era alto ou baixo, gordo ou magro, branco ou negro, até mesmo se era homem ou mulher! Sequer sabia se era mais alto ou mais baixo do que Gil. Por outro lado, diz ter certeza absoluta de que o outro era Gil Rugai, a ponto de descrever com detalhes sua indumentária: vestia uma capa de chuva caramelo e suspensórios.

Valem aqui algumas observações. Certamente a palavra "caramelo" não pertence ao vocabulário de Domingos, pessoa muito simples, que nunca teria usado esse termo para definir uma cor. O mais provável seria dizer que a capa era marrom ou amarela. Certamente essa expressão "caramelo" foi plantada no seu depoimento, para que se ajustasse perfeitamente à capa que Gil, de fato, possuía. Durante o julgamento, um dos advogados de defesa perguntou a Domingos qual era a cor de uma enorme bolsa caramelo portada por uma mulher na plateia. Domingos emudeceu e não conseguiu dizer nada, nem mesmo se a bolsa era marrom ou amarela.

Quanto aos suspensórios, a descrição é ainda menos crível. Se Gil estava de capa, como Domingos enxergou suspensórios? Durante o julgamento, um dos advogados da defesa, Thiago Anastácio, usando a típica beca dos advogados que em tudo se assemelha a uma capa, perguntou: "Sr. Domingos, estou a cerca de 1 hora e 30 minutos andando na sua frente. Por favor, diga aos jurados se estou ou não usando suspensórios." Domingos, novamente, emudeceu. Ao fim de um longo minuto, finalmente disse que não sabia. O advogado mostrou a todos que estava com suspensórios. Como Domingos viu esse detalhe no dia dos fatos?

O que Domingos parece ter descrito é a capa com a qual Gil Rugai, acompanhando a mãe, Maristela Grego, foi filmado pela TV ao chegar de madrugada na cena do crime. Essa imagem é a que mais circulou na imprensa e, de certa forma, estigmatiza Gil como uma figura soturna, estranha, para usar um termo do próprio promotor Zagallo.

Por que haveria uma segunda pessoa em um crime de motivações tão pessoais? Quem se candidataria a ser cúmplice de um duplo homicídio tão bárbaro?

Resumindo, os testemunhos de Domingos não tinham pé nem cabeça. Sua esposa, em entrevista por telefone ao programa *Fantástico* da TV Globo, desabafou: "O que está valendo é o primeiro depoimento que ele deu. Ele deve ter dado outro depoimento, sendo obrigado a falar o que não deveria falar. Você vai depor um depoimento e o cara fica ameaçando: 'Ah, se você não falar vou lhe prender, se você não falar vou lhe bater.'"

Já para o programa *Cidade Alerta*, da TV Record, ela afirmou: "O que ele disse pra mim foi que não viu. O meu marido, ele é uma pessoa, ele nem sabe falar direito. Ele é meio perturbado. Começa afobar ele, começa falar uma coisa, ele não fala coisa com coisa. Ele nem sabe o que ele falou, nem o que ele não falou. Ele conversa todo atrapalhado."

Essa bombástica declaração da esposa de Domingos já deveria ser suficiente para desqualificar o testemunho do vigia. Na época, a defesa chegou a denunciar fraude processual, mas nada foi feito. Mais uma vez surgiam indícios de coação policial. Os vigias Fabrício e Valeriano têm personalidades fortes. Demonstraram segurança no que diziam e mantiveram seus depoimentos durante todo o processo. O vigia Domingos, por outro lado, mostrou um perfil instável, inseguro, o que pode ter feito dele uma vítima do torniquete policial. Seu depoimento, embora descabido e incoerente, acabou sendo um forte argumento da acusação.

Mais uma peça importante na desqualificação da testemunha Domingos relaciona-se com o incêndio da guarita. Valmir Salaro, experiente repórter policial da TV Globo, em matéria para o *Fantástico*, disse: "A corregedoria abriu uma sindicância para apurar o possível envolvimento de policiais civis no incêndio da cabine. A investigação começou a partir da denúncia de uma testemunha que anotou o prefixo do carro dos policiais. O número é de uma viatura do Departamento de Homicídios, que investiga o assassinato do casal." Uma testemunha ocular teria visto policiais do Departamento de Homicídios e Proteção à Pessoa (DHPP) ateando fogo à guarita. Salaro foi testemunha da defesa e reafirmou no júri que tinha essa informação a partir de duas fontes independentes. O incêndio da guarita só servia para colocar Domingos debaixo das asas da polícia, além de jogar uma suspeição sobre os ombros de Gil.

O segundo pilar da acusação, o testemunho destrambelhado do vigia Domingos, sustentava-se também em um alicerce de areia.

3) *A arma*

Um ano e três meses depois do crime, mais precisamente em 25 de junho de 2005, uma pistola calibre 380 foi encontrada no prédio onde Gil Rugai mantinha na época dos fatos uma sala comercial. A delegada responsável por aquela região, Elisabete Sato, ao receber a arma, teve, segundo declarou em entrevista a uma emissora de TV, uma daquelas "intuições policiais" (alguma coisa meio sobrenatural que só policiais têm e que chamam de "tirocínio"). Ela imediatamente relacionou o fato com o crime, visto que "lembrou-se" que naquele endereço Gil Rugai teve um escritório (embora, num primeiro momento, Sato não estivesse trabalhando diretamente no caso). Feito o exame de balística, comprovou-se que a arma era a mesma usada nos dois homicídios.

Parecia uma prova irrefutável contra Gil. Mas seria mesmo? Havia muita coisa estranha na história da descoberta da arma. De acordo com o primeiro depoimento do zelador, a arma foi encontrada na caixa de esgoto. O advogado de defesa que representava Gil Rugai na época descobriu que a caixa de esgoto teria sido limpa seis meses antes da data em que a arma foi encontrada. Ora — alegava com fundamento o advogado —, se a arma não foi encontrada na limpeza da caixa de esgoto, então ela só poderia ter sido colocada depois disso. Mas Gil Rugai estava preso desde 6 de abril de 2004 e assim permaneceu até 18 de abril de 2006. Gil não poderia ter colocado a arma na caixa de esgoto.

Como é recorrente nesse caso, após as revelações do advogado, os depoimentos começam a mudar para se ajustarem. O zelador foi novamente chamado à delegacia e contou outra história, bastante inverossímil. Disse que não teria sido na caixa de esgoto que a arma fora encontrada, mas sim na caixa de águas pluviais. Mas quem teria feito essa limpeza? Qual a empresa? Segundo o zelador, a limpeza teria sido executada por um "carroceiro" que passava pelo local. Onde estava o recibo ou a nota fiscal do serviço prestado? Segundo o zelador, não havia recibo porque ele havia pago do próprio bolso. Historinha difícil de engolir. Que zelador é esse que toma a iniciativa de realizar um serviço com um estranho que está passando na rua e ainda o paga com dinheiro do próprio bolso? O tal carroceiro, mesmo sabendo que naquele prédio havia um zelador tão generoso, nunca mais apareceu por lá. Não se sabe quem é e nunca foi ouvido pela polícia.

A troca do local onde teria sido encontrada a arma era conveniente. Se tivesse sido mesmo na caixa de esgoto, haveria dois problemas: 1) a caixa de esgoto foi limpa seis meses antes de a arma ter sido apresentada pelo zelador e Gil estava preso nesse período, como já dissemos, e 2) a caixa fica do lado de fora do prédio, ou seja, qualquer um poderia ter jogado a arma ali. Com a nova versão, essas contradições pareciam desaparecer: a caixa de águas pluviais ficava dentro do prédio e não havia registro de que havia sido limpa nos últimos anos. Tudo apontava para Gil.

Mas algumas peças relutavam em se encaixar nesse quebra-cabeça. Não faria sentido o zelador permitir que um estranho entrasse no prédio para limpar a caixa de águas pluviais que ficava no subsolo. A história do carroceiro, embora pouco plausível, ainda seria aceitável na primeira versão do zelador, visto que a caixa de esgoto fica na parte de fora do prédio.

O que faz menos sentido é supor que Gil Rugai, sempre pintado pela acusação como um cara "perigoso", "dissimulado", "engenhoso", cometesse tamanha estupidez jogando a arma do crime dentro do prédio onde tinha seu escritório. E mais: em um lugar onde ele nunca mais conseguiria recuperá-la, mas onde certamente seria encontrada um dia. Tendo o rio Tietê inteiro à sua disposição, ou um bueiro qualquer, uma caçamba de lixo que fosse, enfim, por que manter a prova do crime tão perto de si? Diante dessa indagação, tão óbvia, a autoridade policial alegou que Gil não teria tido tempo para pensar. Mas teve de subir ao escritório, conversar com a faxineira, tomar banho, trocar de roupa, telefonar para uma amiga e sair para jantar em sua companhia. Onde está a pressa?

Mas há um detalhe ainda mais intrigante. A arma foi encontrada dentro de um saco plástico, ou seja, de tal forma que a preservaria para um eventual exame balístico futuro. O ambiente no qual a arma foi jogada é altamente corrosivo; sem a proteção do saco plástico, após alguns meses, ou mesmo semanas, é muito provável que o exame de balística não fosse mais viável. Por que o "inteligente" Gil produziria uma prova contra si mesmo?

O terceiro pilar da acusação, a arma, tem uma origem duvidosa, baseia-se numa história inverossímil e presume uma grande imbecilidade por parte do acusado, sempre apontado pela acusação como uma pessoa muito ardilosa. Este pilar também não fica de pé.

4) A porta e o pé

O quarto e último pilar da acusação seria a única prova material que colocaria Gil Rugai na cena do crime: uma marca de solado de sapato na porta que foi arrombada. Essa porta dava para uma sala de TV onde o pai de Gil teria se escondido, uma hipótese muito discutível para a defesa. Segundo um laudo do Instituto de Criminalística (IC), essa marca seria de um sapato de Gil e a sua localização seria compatível com a altura do réu. Assinavam o laudo, surpreendentemente, cinco peritos do IC, tendo como primeiro perito Adriano Issamu Yonamine. Era muito perito para um laudo tão simples.

O laudo do IC é uma piada. Para começar, a impressão do pé direito na porta foi comparada com o solado do sapato esquerdo de Gil, absurdo que foi classificado pelo perito Yonamine durante o julgamento como "pequeno lapso". Embora não possa ser considerado pequeno, não é nada perto de outros equívocos presentes no laudo.

Os peritos do IC afirmaram que a altura da tal impressão do pé seria compatível com a altura de Gil. Mas onde estava essa marca de pé? Ora, exatamente na altura da fechadura. Qualquer um que algum dia já tentou arrombar uma porta, ou foi treinado para isso, sabe que esse é o ponto onde deve ser aplicada a força para se ter sucesso. É óbvio que o que se rompe não é a porta, mas sim o batente, se este for de madeira, como era o caso. Aplicar o pontapé na altura da fechadura fará com que o trinco pressione o batente, eventualmente quebrando-o. Encontrar, portanto, uma marca de pé na altura da fechadura não significa nada. Está perfeitamente dentro das expectativas, seja lá qual for a altura de quem arrombou a porta. A associação marca do pé/altura do réu feita pelo IC é mais uma bobagem — levada muito a sério, entretanto, pela acusação.

Também não faz sentido ter encontrado apenas UMA marca de solado. Tratava-se de uma porta de madeira maciça e pesada, impossível de ser arrombada apenas com um golpe, ainda mais se considerarmos que o acusado é de porte pequeno, medindo pouco mais de 1,60 m. Deveria haver mais marcas se tivesse sido Gil o arrombador. Além disso, a tal marca seria de um sapato com sola simples de couro liso. Esse tipo de sapato é muito pouco apropriado para arrombar uma porta.

Pesquisamos situações de arrombamento e verificou-se que a porta nunca cede no primeiro golpe, mesmo com pessoas treinadas, mais fortes do que Gil e com calçado apropriado, como coturnos ou botas de solado resistente. O delegado responsável pelo caso, para quem a improbabilidade de o réu ter arrombado a porta deveria ter ficado evidente, estava tão obstinado em incriminá-lo que foi ouvir o professor de jiu-jítsu de Gil Rugai, tentando estabelecer uma absurda relação, como se essa arte marcial habilitasse alguém a sair derrubando portas por aí. Estupidez.

Em primeiro lugar, o jiu-jítsu brasileiro não usa os pés para desferir golpes, é uma luta essencialmente de chão. Sem falar no fato de Gil não ter muita vocação para lutas e, talvez por isso, nunca ter passado da categoria básica. Parece que o delegado estava confundindo jiu-jítsu com caratê, essa sim uma arte marcial que pratica golpes muito violentos com os pés.

Diante da inevitável conclusão de que arrombar uma porta daquelas causaria algum tipo de lesão séria, foi solicitado, quarenta dias depois dos crimes, um exame médico no pé de Gil Rugai. Ele estava preso na época e não se recusou a fazer o exame, embora fosse sua prerrogativa constitucional não produzir prova contra si próprio. Mas Gil, que sempre negou sua participação no crime, não hesitou em atender essa solicitação. O laudo médico-legal foi feito pelo renomado legista Daniel Muñoz, titular da cadeira de Medicina Legal da USP. No exame clínico, Muñoz não verificou nada. Pediu-se uma radiografia, que também não mostrou nada. Gil poderia ter se recusado a fazer qualquer outro exame e a conclusão seria a ausência de qualquer lesão. Mas, com a concordância do acusado, outro exame de ressonância magnética foi realizado e apontou um microedema interno nos ossos cuneiformes.

O laudo do legista Daniel Muñoz relata apenas a existência dessa microlesão. No entanto, de forma desautorizada, os peritos do IC, sem nenhuma especialização médica, associaram essa microlesão ao arrombamento da porta. Muñoz, em seu testemunho no júri, frisa diversas vezes: "Meu laudo não tem porta, meu laudo não tem porta!" Com isso, deixa evidente que a associação lesão/arrombamento era de inteira (ir)responsabilidade do IC. Perguntado pela defesa qual a possível causa de uma lesão dessa natureza, o legista afirmou que poderiam ser várias, mas que nunca a associou a um arrombamento de porta.

O próprio bom senso permitiria supor que uma lesão que deixou vestígios por mais de quarenta dias deve ter sido muito grave no dia em que ocorreu. Mas, como sabemos, na madrugada do crime Gil foi com a mãe até o local dos fatos e aparece andando normalmente em imagens gravadas pela TV. Seu passo era firme e regular, nenhum sinal de contusão no pé.

Outro ponto a se destacar é que a perícia de local não registra marca de pé na porta arrombada. Nenhuma foto destaca isso. Nenhum comentário a respeito. A tal marca de pé só aparece, misteriosamente, quatro dias após a perícia feita no local. É inconcebível que um perito, diante de uma porta que foi arrombada, não procurasse a causa física do arrombamento, visto que poderia ter sido com o pé, o ombro ou com algum objeto pesado. Ressalte-se que a porta era clara, ou seja, qualquer marca estaria evidente. Mas por que o perito de local não viu? Será que essa marca existia mesmo?

A porta foi retirada do local quatro dias depois da primeira perícia e levada sem nenhuma proteção, toscamente amarrada na caçamba de uma pequena picape. Não houve nenhum cuidado, como se deve ter com esse tipo de material, para preservar a integridade da suposta prova, envolvendo-a com plástico bolha, por exemplo. Quem garante que a marca do pé não foi produzida durante o transporte?

Até então, não se falava de sola de sapato nenhuma. Mas, miraculosamente, ao chegar no laboratório do IC, a tal marca salta aos olhos, nítida como um carimbo. Por que o perito de local não viu isso? Diante de tal contradição, a defesa pediu a integralidade das fotografias do local no dia dos fatos, ou seja, não apenas aquelas usadas no laudo. Verificamos que não havia mesmo qualquer imagem de uma sola de sapato na porta. Mas curiosamente existiam fotos de outros detalhes mais sutis que não passaram despercebidos, como uma pequena mancha de sangue na sala de ginástica. O perito de local estava atento. Por que não viu a marca do pé na porta?

O fato é que o IC estava de posse de diversos sapatos do acusado. O perito Yonamine disse no júri que não sabia qual era o sapato que foi comparado com a marca e não há nenhum sapato indicado nas provas anexadas aos autos. Pior que isso: quando solicitamos a porta para a nossa perícia, fomos informados de que ela também não fora anexada aos autos. Ou seja: a porta e o sapato sumiram! O que restou foi o estapafúrdio laudo do IC. Em qualquer país civilizado, o desaparecimento de uma prova material é o suficiente para absolver o réu ou, no mínimo, anular o julgamento. E por uma simples razão: a defesa tem o sacrossanto direito de fazer a contraprova, com seu próprio especialista. Algo que nos foi vetado.

O desaparecimento e o mascaramento de provas não são novidades na investigação de crimes no Brasil. Já vimos, no capítulo 3, que o colchão sobre o qual Paulo César Farias supostamente teria sido assassinado foi queimado, e o piso do quarto, lavado com produto de limpeza.

A defesa tem uma visão diferente do que poderia ter acontecido. Lembremos aqui a versão da polícia: a porta teria sido arrombada porque Luiz Carlos Rugai trancou-se dentro da sala de TV para se esconder de Gil. Após o arrombamento, a vítima teria saído da sala, sendo baleada no cômodo vizinho.

Para a defesa, há vários elementos que não se encaixam nessa versão:

1) Já que o assassino arrombou a porta, por que matou Luiz Carlos no cômodo vizinho em vez de na sala de TV? Não havia sinal de luta nem vestígio de o corpo ter sido arrastado;
2) Dentro da sala de TV, um armário pesado, ocupando quase toda a parede, estava mais de um palmo afastado da parede. Segundo a polícia, a vítima teria tentado se esconder atrás do armário. Essa hipótese é absurda, fruto de um raciocínio infantil. Ninguém se esconde atrás de armários. Ainda que a vítima conseguisse afastar suficientemente o pesado móvel, não se tornaria invisível por causa disso;
3) Nas fotos de local vê-se que existem dois cartuchos ejetados da arma perfeitamente alinhados com a soleira da porta da sala de TV, onde o pai de Gil teria se escondido segundo a hipótese da polícia (vide imagem 17 do encarte). A probabilidade de algo assim acontecer por mero acaso é muito pequena, mas seria perfeitamente razoável se a porta estivesse fechada antes dos tiros. Com a porta já arrombada, os cartuchos, cilíndricos, teriam rolado mais e parado em pontos diferentes, nunca exatamente alinhados na soleira da porta. Luiz Carlos Rugai, ao contrário da tese da polícia, teria sido morto antes de a porta ter sido arrombada.

A combinação da porta fechada antes da morte de Luiz Carlos e o armário afastado da parede indica que o assassino procurava algo, que não foi lá apenas para matar a vítima. Gil Rugai não teria motivos para agir assim. E quem teria?

Vamos juntar alguns pontos dispersos que nunca foram devidamente valorizados pela investigação policial:

1) Uma quantidade substancial de droga foi encontrada no closet da vítima;
2) Os disparos foram executados de forma profissional, inclusive com o "tiro de conferência";

3) O pai do instrutor de voo de Luiz Carlos foi citado na CPI do narcotráfico por ter alugado um hangar para traficantes;
4) Há indícios de que o assassino procurava algo na casa;
5) Foram encontradas marcas de sangue na sala de ginástica e em um banheiro, distantes do local dos crimes;
6) Se havia mesmo uma segunda pessoa, como afirma o vigia Domingos, por que ela não foi alvo de uma investigação mais rigorosa? Esse assassino continua solto por aí? Não poderia ter sido ele quem puxou o gatilho?

O quarto pilar da acusação é tão frágil quanto os demais. Desde um laudo com o pé errado até sapatos e porta desaparecidos. Como aceitar provas que não podem ser verificadas? Mas o Ministério Público, embora seja sua obrigação ser fiscal da lei, não fez esses questionamentos.

A linha do tempo

Além de demonstrar a fragilidade dos pilares da acusação, a defesa tinha um argumento muito sólido a seu favor. Com base em provas incontestáveis, registros de contas telefônicas, elaboramos uma linha do tempo na qual a defesa demonstra que Gil Rugai não poderia estar na cena do crime no momento dos disparos.

A ligação que comunicou o fato à polícia foi realizada por uma vizinha, Gilda Knoplich, às 22h14, informando "ter ouvido disparo de arma de fogo na rua Atibaia n° 383". Às 22h12, Gil fazia uma ligação para sua amiga Eivy do telefone fixo de seu escritório na rua José Maria Lisboa.

Antes disso, às 21h54, o arquiteto David Libeskind, outro vizinho, já havia ligado para o vigia de rua mais próximo de sua casa, Valeriano, perguntando sobre os estampidos. Ligou novamente às 22h13, após ouvir novos disparos.

É comprovado testemunhalmente que Gil, antes de fazer a ligação para a amiga, às 22h12, falou com a faxineira do prédio e subiu para o seu escritório, onde tomou banho. Segundo a versão da polícia, ainda teria se livrado da arma no subsolo, antes de subir os onze andares de elevador até o seu escritório. Ou seja, seria impossível fazer isso tudo em 18 minutos.

Mas a polícia distorceu tudo. Na sua versão, o crime aconteceu por volta das 21h30, o que daria tempo suficiente para Gil fazer a ligação das 22h12 no seu escritório. Ainda que se admitisse que o primeiro telefonema de David Libeskind às 21h54 tivesse sido um pouco atrasado, o que explica o telefonema da outra vizinha, Gilda Knoplich, às 22h14, para o 190? Se os tiros foram disparados às 21h30, por que alguém só chamaria a polícia 44 minutos depois de ouvir os disparos?

Além disso, existe o segundo telefonema do arquiteto para o vigia Valeriano às 22h13. Os dois telefonemas, de David e Gilda, indicam que algo acontecia nesse momento. E só podia ser a segunda sequência de tiros. Gil, 2 minutos antes disso, ligava de seu escritório para marcar um jantar com sua amiga.

Para aceitar a tese da polícia, teríamos de admitir que houve uma demora de mais de 40 minutos entre os tiros e o comunicado à Polícia Militar. Como isso se explica? A polícia alega que, como se trata de pessoas idosas, pode ter havido esse atraso. A acusação chegou a insinuar, maldosamente, que o respeitado arquiteto David Libeskind, projetista do Conjunto Nacional na Avenida Paulista, poderia estar se confundindo por sofrer de mal de Parkinson. Além de eticamente reprovável, tal insinuação mostra total desconhecimento dos sintomas dessa doença, que não afeta o raciocínio nem a noção temporal. Parece que o promotor, sabendo disso ou não, quis confundir os jurados misturando mal de Parkinson com mal de Alzheimer. É bem possível que tenha conseguido, considerando, como já explicamos, o perfil médio do jurado brasileiro.

Resumindo:

21h54m48s: O arquiteto David Libeskind, vizinho de Luiz Carlos Rugai, liga para o vigia Valeriano para perguntar sobre os estampidos que ouvira.
22h12m42s: Gil Rugai liga para sua amiga Eivy do telefone fixo de seu escritório nos Jardins.
22h13m54s: David Libeskind liga novamente para o vigia Valeriano após ouvir nova sequência de tiros.
22h14m00s: Gilda Knoplich, outra vizinha, liga para o 190 relatando ter ouvido disparos de arma de fogo.

A linha do tempo é incontestável. Por que razão, então, Gil foi condenado? Hoje, vendo o julgamento em retrospectiva, penso que não houve tempo suficiente para explicar aos jurados o que acabamos de detalhar neste capítulo. As alegações finais da defesa devem ser feitas em apenas 1 hora e 30 minutos. Se houver réplica por parte da acusação, a defesa tem mais uma hora.

A estratégia da acusação em atacar por várias frentes, mesmo as pouco sustentáveis, é um recurso bastante conhecido. A finalidade é dificultar a defesa, que acaba perdendo precioso tempo desmontando provas e depoimentos incoerentes. Esse desmonte, no entanto, é algo necessário, pois se tudo não for devidamente esclarecido os jurados podem ficar impressionados, especialmente se já houve intenso bombardeio da mídia criando uma imagem negativa do acusado.

A própria estrutura deste capítulo demonstra isso: 80% do texto foram dedicados a comentar os quatro frágeis pilares da acusação. No julgamento, a defesa gastou mais de uma hora do seu tempo na mesma tarefa. Sobrou pouco, cerca de 20 minutos, para explicar a linha do tempo, argumento que tirava Gil da cena do crime. Essa era uma evidência absolutamente nova; até então, não havia sido apresentada durante o julgamento para não ser distorcida pela acusação, nas suas alegações finais.

Trata-se de um jogo complicado. Se houvesse réplica, a defesa teria mais uma hora para explorar os detalhes apresentados na linha do tempo. O promotor Zagallo percebeu que a defesa tinha encontrado um caminho muito bem embasado para a absolvição e, ao contrário de todas expectativas, não pediu réplica. Talvez sua ação mais inteligente durante todo o julgamento. Mais uma hora de discurso da defesa com base na linha do tempo e Gil Rugai seria absolvido.

Embora eu já conhecesse de perto os métodos usados na investigação policial brasileira, o caso Gil Rugai conseguiu me surpreender. Testemunhas coagidas, testemunhas sob suspeição, laudo com pé errado, provas materiais desaparecidas, provas manipuladas, alterações sucessivas de depoimentos, possível envolvimento do DHPP com o incêndio da guarita, óbvias linhas de investigação não exploradas, maculação da imagem do acusado, além de outras irregularidades, fizeram desse caso um exemplo de investigação malconduzida, camuflada pelo mito da "intuição policial" — espécie de "sherlockismo" de segunda categoria —, à qual a autoridade policial recorre sempre que, mesmo sem provas, já tenha decidido sobre a culpabilidade de alguém.

O lamentável, embora risível, laudo pericial do pé na porta me faz lembrar de outros laudos emitidos pela Polícia Científica nos quais a mesma sensação de mal-estar se estabelece ao mergulharmos numa zona de penumbra dentro da qual não se sabe onde termina a imperícia e começa a má-fé. Vale destacar que não se trata de uma generalização. A própria defesa teve entre suas testemunhas o ex-perito do IC Alberi Espíndula, exemplo de profissional sério e competente, com seis livros publicados e nenhuma mancha em sua carreira. Bem diferente do perfil do senhor Yonamine, responsável pelo exótico laudo do pé trocado.

O papel da imprensa no caso Gil Rugai não foi imparcial. Durante nove anos, o acusado teve sua imagem denegrida sistematicamente. Foi pintado, entre outras coisas, como "nazista", "viciado" e "esquisito". Nada disso corresponde à verdade. Os símbolos nazistas encontrados em seu quarto são remanescentes de um trabalho escolar. Um rigoroso exame de DNA de bulbo capilar mostrou que Gil não consumia drogas. Estive pessoalmente com Gil por várias vezes e posso garantir: de perto ele é normal.

Gil entrou e saiu livre do tribunal, uma vez que ainda havia recursos sendo julgados em instância superior. Alguns desses recursos foram negados e Gil foi novamente preso. A defesa continuou recorrendo, destacando possíveis falhas processuais. Uma delas é o fato de uma testemunha-surpresa ter sido ouvida no quarto dia do julgamento. Trata-se de Rudi Otto, o ex-sócio de Gil Rugai, que havia sido dispensado pela defesa. Mas o juiz o chamou com conhecimento exclusivo da acusação, constituindo grave prejuízo ao direito de defesa do réu.

Esse fato deu ensejo a um *habeas corpus* concedido pelo STJ em 1º de setembro de 2015, para que Gil Rugai possa recorrer em liberdade. A defesa continua tentando anular o julgamento em função das diversas irregularidades, incluindo o inusitado sumiço da porta, a única prova material que colocaria Gil na cena do crime.

Sabemos que no júri popular Gil foi condenado por uma votação apertada. Dos sete jurados apenas quatro votaram pela condenação, visto que três deles entenderam que o motivo do crime não teria sido devidamente caracterizado. Esse tipo de situação é um dos problemas da estrutura do júri popular tal como é praticado no Brasil. Em uma votação condenatória 4 × 3, apenas uma pessoa está decidindo. Isso é respeitar o exigido princípio do *in dubio pro reo*?

12

A formação de um perito

Nos onze capítulos anteriores, reuni histórias que passaram por mim. A minha passagem por elas tem pouca ou nenhuma importância, por isso este livro não é uma autobiografia, mas uma narrativa de eventos representativos da minha trajetória profissional. Neste último capítulo, pretendo contar o período da minha formação, o que ocorreu antes dessa vida profissional se instalar. Trata-se de apenas uma trajetória, dentre tantas outras possíveis. Muitas pessoas, especialmente jovens, me perguntam: O que devo fazer para ser um perito? O que devo estudar?

Não sei se existe uma resposta para esta pergunta: o que estudar? Acredito que a atividade regular de perito, a de um perito oficial (ligado a uma instituição) ou independente, exige um conjunto amplo de condições — amplo demais para ser discutido aqui. Mas a principal dessas condições é estar aberto para informações multidisciplinares. É preciso ser um especialista da diversidade, e para isso não há receitas prontas.

Olhando para esse longo caminho, passei por tantas áreas — a Engenharia, a Música, a Linguística, a Criminalística, a Medicina Legal —, e vejo que tudo foi importante, porque tudo foi, em algum momento, transformado em conhecimento.

A música

A minha especialização é em Linguística, na área de Fonética Acústica. Cheguei à fonética pela música, uma antiga paixão. Aos 15 anos resolvi aprender a tocar violão. Tive poucas aulas, mas minha tendência ao autodidatismo levou-me a comprar o método do Paulinho Nogueira e passei a estudar sozinho.

Sempre tive o ouvido muito aguçado. Era míope e não queria usar óculos. Para compensar o que não via, me esforçava para desenvolver a audição. Na escola, sem enxergar as anotações no quadro-negro, tinha de assimilar tudo pelo som, precisava estar atento aos detalhes. Era uma questão de sobrevivência.

Morava no bairro do Flamengo, Rio de Janeiro, no início da década de 1960. Um dia, saindo da escola, conversava com um colega de classe e começamos a descobrir coincidências: tínhamos o mesmo nome, nascemos no mesmo mês de janeiro de 1952, morávamos no mesmo prédio e a mãe dele tinha o nome da minha mãe. Não havia como não nos tornar grandes amigos.

O pai do meu amigo era o Netinho, clarinetista na orquestra da TV Globo e integrante da famosa Bandinha do Altamiro Carrilho, prodigioso flautista. Netinho era um craque. Grande músico. Quando soube que eu dava minhas arranhadas no violão, logo nos estimulou, a mim e ao seu filho, a formar um duo para treinarmos leitura e desenvolvermos a prática musical. Meu xará no saxofone e eu no violão, com as partituras fornecidas por Netinho. Graças a ele tive a oportunidade de conhecer muito cedo Dorival Caymmi, Ary Barroso, Dolores Duran, Tom Jobim...

Mas logo a beatlemania tomou conta dos adolescentes. Uma febre. Outro amigo do mesmo prédio tinha um irmão diplomata que enviava os mais recentes lançamentos de rock dos Estados

Unidos. Ouvimos em primeira mão músicas que não eram muito populares nestas plagas: Frank Zappa and The Mother of Invention, The Kinks, Dave Clark Five e muitos outros.

A eletrônica

Eu e meus amigos montávamos e desmontávamos aparelhos eletrônicos, mesmo sem entender muito a teoria, guiados pela famosa revista *Eletrônica Popular*. Nela havia esquemas para montar rádios, amplificadores e vários outros tipos de aparelhos eletrônicos.

Quase todo o dinheiro que conseguia era usado para comprar válvulas, resistores, capacitores. Eis que encontramos na *Eletrônica Popular* um "Bisbilhofone". O exótico dispositivo prometia ouvir conversas a distância, ou seja, bisbilhotar, como explicitado no nome da engenhoca. A coisa nos fascinou. Poderíamos escutar as conversas dos vizinhos, mais especialmente das garotas. Parecia bom. Seguimos à risca o projeto. O resultado foi uma espécie de canhão, com mais de 1 metro, com dezenas de tubos de alumínio de várias dimensões, dispostos em espiral. Em uma das extremidades, um microfone conectado a um amplificador. Construído o aparelho, que nada mais era do que uma espécie de microfone direcional, a decepção: não conseguimos captar nada de interessante. Só um zumbido ininteligível.

Mas o "Bisbilhofone", mesmo sem ter funcionado, foi importante. O projeto tinha uma certa complexidade e exigia método para sua realização. Erramos — hoje sei disso — apenas no tipo de microfone que adaptamos. Não tínhamos grana para colocar o microfone correto. Foi também importante por ter sido a primeira lição prática de acústica. O princípio do "Bisbilhofone" era colocar em ressonância os vários tubos, cada um privilegiando uma determinada frequência. A ideia do inventor era reconstruir os sons da fala pela recomposição das várias frequências captadas pelos tubos.

Quando lembro dessa história, percebo como as informações que colhemos ao longo da vida, ainda que esparsas e aparentemente sem muita importância, acabam se conectando. Muitos anos mais tarde, já na pós-graduação de Linguística na Unicamp, estava a estudar a ressonância no trato vocal, que nada mais é do que um tubo de forma variável. Os princípios acústicos que explicavam o funcionamento do "Bisbilhofone" construído na adolescência eram, afinal, os mesmos que explicavam a produção da fala humana, tema que me introduziu na perícia. Ademais, creio que a motivação que me levou a construir o tal aparelho na juventude permanece ainda viva.

A imagem

Dentre os vários acasos que acabaram por compor o meu futuro encontra-se certamente o interesse de meu pai pela fotografia. Ele era um fotógrafo amador competente e revelava em casa as próprias fotos tiradas na Rolleiflex 6×6, câmera top de linha na época. O laboratório foi adaptado no banheiro de empregada do apartamento em Santa Teresa, onde morávamos quando nasci.

Meu pai, um aficionado dos *gadgets* tecnológicos, tinha também uma câmera de filmar Single 8 mm. Uma vez por semana, ele alugava filmes na famosa casa de departamentos Mesbla e projetava na parede do prédio. Exibia muitos filmes de Charlie Chaplin e faroestes com Hopalong Cassidy, Tom Mix e outros. Tudo sem áudio, pois o projetor não tinha banda sonora, era só imagem. Mas a molecada vibrava. Pouco tempo depois de Assis Chateaubriand fundar a TV Tupi, no início dos anos 1950, meu pai já tinha arrumado uma televisão GE enorme, de madeira, com uma telinha ridícula.

O fascínio pela tecnologia, mais particularmente pelos equipamentos de som e imagem, não só marcou minha infância e juventude, como permanece até hoje alimentando minha curiosidade científica. Essa herança, que recebi de meu pai, continua despertando meu interesse por novidades tecnológicas e pela constante atualização, que julgo fundamentais para a atividade de um perito profissional.

O engenho

Fui programado para ser engenheiro. Como lidava bem com matemática, esse era o destino traçado pela família. Tive o privilégio de fazer o científico no Colégio Andrews, uma das melhores instituições de ensino do Rio de Janeiro. De orientação norte-americana, laico e liberal, o Andrews me assustou no início. Eu vinha de um colégio mais conservador e de orientação francamente católica, o Juruena, onde cursei o primário e o ginásio. O Andrews era o oposto do Juruena.

Lá podia tudo. Quer assistir à aula? Assista. Quer ficar no pátio jogando vôlei? Fique. Não tinha nem lista de chamada. Mas logo notei que essa liberdade era traiçoeira. As provas eram duríssimas. Quem perdesse uma única aula enfrentaria dificuldades na certa. Reprovações eram comuns, ao contrário dos dias de hoje, dias de excessiva complacência.

Passei no vestibular para Engenharia na Universidade Federal do Rio de Janeiro (UFRJ). Depois de dois anos, aquele negócio começou a me dar nos nervos. O curso me entediava e eu não conseguia me ver, lá no futuro, engenheiro. Na verdade, eu gostava mesmo era de música. E isso ficou na minha cabeça por dois anos. Além da música, eu gostava de me arriscar, e no curso de Engenharia tudo parecia muito certinho, muito predeterminado, muito pontificial. Aquilo não era para mim — ao menos naquela idade.

Tranquei a matrícula na UFRJ e me mudei para São Paulo, depois de uma viagem de férias para a Bahia, onde arrumei uma namorada paulista. Em São Paulo, conheci Voltaire Montoro, namorado da irmã da minha namorada. Era ainda mais jovem que eu, mas tinha um tremendo espírito empreendedor. Em pouco tempo, abrimos uma empresa, uma pequena manufatura de produtos de acrílico, oficialmente uma "indústria". Eu, com 20 anos, achava o máximo ter na minha carteira de trabalho a classificação de "industrial". Sempre que me perguntavam o que eu era, enchia o peito e dizia "industrial!". Parecia melhor do que "estudante".

Acrílico estava na moda, fazia-se de tudo com ele: artigos para escritório, cozinha, decoração, até móveis, como mesas e cadeiras, podiam ser fabricados. Da nossa fabriqueta saíam pranchetas, bandejas, saladeiras, porta-lápis, baldes de gelo. Eu cuidava da produção, e meu sócio, bem mais habilidoso que eu para a administração, cuidava das compras, vendas e de toda a burocracia que até hoje me entedia. Eu desenhava os produtos e engendrava o método para sua fabricação. O processo de fabricação de peças de acrílico no início dos anos 1970 era fundamentalmente artesanal.

A empresa começou a crescer, e tivemos que contratar mais funcionários. Lá estava eu, com 20 e pouquíssimos anos, tendo de gerenciar produção, comandar empregados, controlar estoques e todas essas coisas que uma fábrica, grande ou pequena, exige. Fui aprendendo, como sempre, fazendo.

Tudo ia bem até a crise do petróleo de 1973. Em apenas cinco meses, entre outubro de 1973 e março de 1974, o preço do petróleo aumentou 400%, algo inimaginável até para os instáveis dias de hoje.

O preço da nossa matéria-prima subiu tanto ou mais que o petróleo bruto. Quem não tinha estoque (nosso caso) não conseguia competir. Não tínhamos capital para comprar as caríssimas chapas de acrílico, mas rapidamente nos adaptamos e começamos a trabalhar com retalhos e sucata de acrílico comprada a peso. Com esse material barato, criamos várias peças de bijuteria e similares, como pulseiras, anéis, broches, chaveiros etc. Aprendi muito cedo, e na marra, o que significa "ser criativo" e "agregar valor".

Curiosamente, a opção pela produção de bijuteria se mostrou muito lucrativa e a empresa começou a faturar mais. Inundamos a rua 25 de Março com os badulaques de acrílico, cujo custo de material era quase zero. Tudo parecia correr bem, mas sempre fui inquieto. Já tinha extraído tudo daquela experiência de indústria e comércio, então já uma rotina entediante. E, como sempre, a música não saía da minha cabeça. Vendi minha parte da sociedade e fui embora de São Paulo.

Alemanha

Voltei para o Rio de Janeiro para cursar licenciatura em Música na Federação das Escolas Federais Isoladas do Estado do Rio de Janeiro (Fefierj), que em 1979 virou Unirio. De repente, minha esposa na época ganhou uma bolsa de estudos do Instituto Goethe para uma especialização em Munique. Enfiei na cabeça que iria cursar Música na Alemanha e comecei a estudar alemão. Bem, dominar a lógica da língua é uma coisa, falar a maldita é outra. Chegando na Alemanha, percebi logo a diferença. Não entendia bulhufas do que aqueles bávaros falavam. Não era o alemão certinho dos métodos.

O pior é que fui morar em uma casa de estudantes para latinos, onde se falava mais espanhol do que alemão. Apesar de tudo, fiz um curso e consegui o certificado de proficiência no idioma, pré-requisito para cursar uma graduação na Alemanha. Mas entrar na Musikhochschule, a Escola Superior de Música de Munique, não era moleza. Eu tinha um bom conhecimento de teoria musical, mas as exigências estavam acima da minha capacidade. O exame para entrar na graduação de Música na Alemanha exige uma formação que pouquíssimos já graduados no Brasil possuem.

Meio frustrado, mas sempre um sobrevivente, em pouco tempo fui convidado pelo José Pedro Antunes, um brasileiro que já tocava por aquelas bandas, para fazer uma parceria. Zé Pedro, hoje professor de Literatura Alemã na UNESP-Araraquara, tinha uma voz excelente, mas tocava um violão sofrível. Eu, por outro lado, tinha uma voz curta e de timbre rouco, mas dominava bem o violão, meu primeiro instrumento. Fazíamos uma dupla razoável. Dava para ganhar uma boa grana tocando na noite, especialmente em locais latinos.

Bossa nova temperada com salsa, samba-canção com molho de mambo. Virou mesmo geleia geral quando arrumamos um percussionista haitiano, conhecido pelo apelido de Negrito del Batei. Ele só conhecia um ritmo, meio caribenho, meio vodu. Era uma figura ímpar. Batizamos o grupo com o nome de "Rebambú". Não significava nada, mas soava bem. Com a toada sincrética do "Rebâmbu" (paroxítona, como os alemães pronunciavam) percorremos os locais noturnos de Munique e alguns festivais de World Music pela Europa (Bregenz, Tübingen, dentre outros).

Terminada a bolsa do Goethe, minha companheira deveria, obrigatoriamente, voltar ao Brasil. Eu não tinha esse compromisso, então decidi ficar mais um pouco. Mas uma hora a festa acaba. Mais uns meses de Munique e deu vontade de voltar para o Brasil, mesmo intuindo que as coisas seriam bem diferentes. E foram.

A universidade

Não há como evitar uma crise de abstinência depois de uma longa temporada na Alemanha. No começo, foi aquela ressaca, mas logo me defrontei, e rapidamente me identifiquei, com a incrível metamorfose do caos que só o Brasil consegue produzir.

Estouravam, ao mesmo tempo, As Frenéticas e Sidney Magal. Invenção de Nelson Motta, As Frenéticas eram primeiro lugar nas paradas. Soltaram suas feras, com muita competência, maquiagem pesada e saltos altíssimos. Sidney Magal era outra onda. Fez o brega ser aceitável na alta classe média. Era tão esquisito que chegava a ser chique. A cigana Sandra Rosa Madalena era um hit.

Resolvi estudar música a sério. Ouvi falar de um curso de graduação que seria aberto na Unicamp. O coordenador, José Luiz Paes Nunes, tinha uma proposta diferente dos cursos já existentes. Ele sustentava que o que faltava no Brasil não era músico instrumentista ou maestro, mas o que chamava de "líderes musicais", profissionais que, atuando junto aos meios de produção cultural, tivessem a capacidade de modificar o lamentável panorama musical brasileiro. A ideia era formar produtores e críticos musicais, programadores de rádio, curadores... Em suma, intelectuais da música, gente para pensar a música.

Com isso na cabeça, ele criou um vestibular totalmente diferente. Nada de provas convencionais. As habilidades musicais habitualmente testadas em exames dessa natureza, como proficiência em um determinado instrumento, embora também fossem avaliadas, não seriam prioritárias. Durante uma semana, os candidatos seriam observados em trabalhos em grupo por vários julgadores, que iriam apreciar aspectos como liderança, iniciativa e capacidade de organização.

Entrei na Escola de Música da Unicamp, modalidade Composição e Regência, para um curso longo, de seis anos, tempo integral, e tive a sorte de conviver e ter aulas com os compositores Damiano Cozzella, Raul do Valle e José Antonio Rezende de Almeida Prado. Cada um iluminou um caminho dentro da música para mim.

Raul do Valle, que tinha acabado de chegar de um contato estreito com Pierre Boulez na França, trazia novidades da música de vanguarda europeia. Cozzella, uma figura fantástica, grande arranjador de música coral, já havia participado do movimento concretista e namorado com o tropicalismo. Realista, Cozzella fazia arranjos "possíveis" para a realidade limitada dos corais brasileiros, constituídos, em geral — ao contrário do que acontece no Primeiro Mundo —, por pessoas sem sólida formação musical. Aprendi muito com ele.

Já Almeida Prado era um talento natural, musicalidade pura. Não era propriamente um didata, mas suas aulas aparentemente caóticas eram uma empolgante abertura para o mundo da música. Em vez de se perder no lero-lero acadêmico, lembro-me que a partir de um tema qualquer, e em total improviso, desenvolvia o tema no estilo de vários compositores: à la Mozart, à la Bach, à la Brahms...

Porém talvez a experiência mais marcante no curso de Música tenha sido as aulas com Iulo Brandão. Esteta de primeira, Iulo ensinava com elegância que Música não é um mero conjunto de notas, mas também algo que deve, obrigatoriamente, ser pensado. Um típico filósofo do Esclarecimento (Aufklärung), Iulo nos deliciava com suas longas digressões, nas quais situava cada peça musical dentro de seu contexto histórico específico, deixando claro que a obra de arte está sempre revestida de múltiplas camadas. Qualquer grande intérprete, seja instrumentista ou regente, sabe que, sem incorporar e compreender essa polissemia, o resultado será pífio, mecânico, por mais que se tenha domínio técnico.

Em paralelo com o curso na Unicamp, tive também o imenso privilégio de ter conhecido Hans-Joachim Koellreutter. Alemão, casado com uma judia, exilou-se no Brasil no final dos anos 1930 para escapar do nazismo. Dono de sobrancelhas ameaçadoras, Koellreutter sempre foi ligado à vanguarda. Fazia uma música estranha, experimental, com fortes influências orientais, especialmente da Índia e do Japão, países onde viveu por vários anos. Mas, acima de tudo, era um professor que incentivava a criatividade individual, a descoberta do novo, sempre diferente para cada indivíduo. Nunca esqueci sua máxima preferida: "Não acredite em nada que eu disser, pergunte sempre o porquê." Continua sendo para mim o melhor conselho para um jovem perito.

Muita gente se surpreende ao saber que sou graduado em Música. Aparentemente, imaginam que esse tipo de conhecimento nada tem a ver com a atividade pericial. Eu mesmo já pensei assim. Mas hoje vejo que a familiaridade com a análise dos processos de composição musical (falo da música erudita, em especial) desenvolve um tipo de pensamento que exige a compreensão de estruturas muito complexas. Analisar uma obra de peso, como uma sinfonia de grandes mestres como Mozart ou Beethoven, é, basicamente, descobrir como o compositor, não raramente de forma sutil e codificada, dá unidade à peça, explorando até as últimas consequências um motivo temático. Um dos melhores exemplos, para mim, é o primeiro movimento da Quinta Sinfonia de Beethoven, peça muito conhecida, que já foi até inspiração para anúncio de barbeador — o famigerado "tchan-tchan-tchan-tchan...". Enfim, todo esse Allegro con brio é construído a partir de um motivo de extrema simplicidade, constituído de apenas quatro notas (o tal "tchan-tchan-tchan-tchan..."). A genialidade do compositor está em fazer essa pequena célula se transformar, se metamorfosear, se desenvolver em estruturas e subestruturas, até construir o monumento musical que é o primeiro andamento da Quinta.

Mas o que tudo isso tem a ver com ser perito? Muito. Enganam-se aqueles que imaginam o perito como um profissional exclusivamente "técnico", superespecializado. Isso é uma bobagem. A não ser que estejamos falando de trabalhos meramente laboratoriais, não se pode conceber, nos dias de hoje, um perito que possa exercer de forma adequada sua função sem incorporar conhecimentos de várias áreas. Trata-se de uma atividade essencialmente multidisciplinar. Fazer ou analisar música séria é uma tarefa de alta complexidade. Não por acaso Stravinsky gostava de dizer que Música é 10% inspiração e 90% transpiração. Nesse sentido, penso que o estudo da música me ajudou imensamente.

No curso de Música, tive meu primeiro contato com a Semiótica, disciplina que estuda os sistemas de significação em geral, ou seja, como compreendemos e comunicamos algo. Pode ser dito, de forma mais ampla, que a Semiótica nos auxilia a entender como nossas próprias ideias são construídas. Entender que tudo com o que temos contato no mundo é um signo, que remete a outro signo e assim indefinidamente, teve um efeito poderoso sobre mim. Na época, nem sequer sonhava em trabalhar com perícias, mas, vendo em retrospecto, fica claro que ser perito nada mais é do que interpretar indícios, sinais, signos.

Fascinado com a Semiótica, procurei uma pós-graduação que permitisse aprofundar esse conhecimento, sem desperdiçar minha bagagem multidisciplinar. A opção tornou-se logo clara: a área na qual tudo parecia se conjugar harmonicamente era a Linguística, que pode, muito justamente, ser considerada a mais "exata" das ciências humanas e a mais "humana" das ciências exatas. Fui para o Instituto de Estudos da Linguagem (IEL-Unicamp) e meu mestrado foi defendido na área de Fonética, o ramo da Linguística que mais se aproxima da Física. A Fonética tem como objeto os sons, a matéria-prima da linguagem e, vejam só, também da Música! Estavam ali combinados os conhecimentos de Engenharia e de Música, passando pela Semiótica. Com efeito, minha tese de mestrado — e fui bastante criticado por isso na época — mais se parecia um trabalho de Física ou Matemática. Havia mais números do que palavras, mais estatística do que longas digressões abstratas.

Mas o mestrado não passa de um primeiro teste, servindo mais para que o aluno se ajuste ao modelo acadêmico de produção de conhecimento e aprenda a carpintaria da construção de um trabalho que se possa chamar de "científico".

Ainda no ambiente da Linguística, decidi fazer meu doutorado na área de Fonética Forense. O trabalho, como é habitual na academia, recebeu um nome pomposo: "Identificação de falantes: aspectos teóricos e metodológicos." A opção por um tema já voltado para a prática pericial não foi acidental. Como aluno da pós-graduação, já tinha sido consultado algumas vezes para realizar laudos de identificação de voz. Foi fácil perceber que havia um vazio nessa área, um bom campo de pesquisa, um enorme campo de trabalho. Provas baseadas em gravações de áudio eram frequentemente descartadas no Brasil porque não havia como comprovar cientificamente sua autenticidade. Tanto no mestrado quanto no doutorado tive o privilégio de ter como orientadora a professora Eleonora Albano, cuja postura multidisciplinar e arrojada me incentivava a procurar caminhos, dentro da Linguística, que integrassem todas as variadas informações que compunham o meu repertório.

Um pouco antes da defesa do doutorado, em 1992, caiu nas minhas mãos o caso do ministro da Previdência Social do governo Collor: o "imexível" Antônio Rogério Magri, que foi assunto do primeiro capítulo deste livro. Em poucos meses, fui transferido para o Departamento de Medicina Legal (DML) da Unicamp. A experiência desses anos no DML foi extremamente rica, pois tive a oportunidade de acompanhar e trabalhar em casos das mais variadas especialidades, passando pela análise de gravações de áudio e vídeo, computação gráfica, criminalística, grafotécnica e outras que pudemos mostrar aqui. Continuo ligado à Faculdade de Ciências Médicas da Unicamp, mas há mais de uma década, desde que o DML deixou de existir, tenho desenvolvido meu trabalho em laboratório próprio.

13

No segundo tempo da prorrogação: Lula grampeado

Sinal de chamada telefônica [quatro bipes]:

Voz masculina: Moraes...
Voz feminina: Moraes, boa tarde...
Moraes: Boa tarde...
Voz feminina: ...é Maria Alice... do gabinete da presidenta Dilma, ela quer falar com o presidente Lula.
Moraes: Eu tô levando o telefone pra ele, tá? ... Só um minuto e te passo, tá?
Maria Alice: Tá ok, muito obrigada.
Moraes: Por favor, tá bom, de nada... Só um minuto, Maria Alice.
Maria Alice: Tá ok.
Lula: Alô...
Maria Alice: Só um momento, presidente...

[Onze segundos de música instrumental de espera: "Ah! Se eu pudesse", de Roberto Menescal e Ronaldo Bôscoli.]

Dilma: Alô.
Lula: Alô.
Dilma: Lula, deixa eu te falar uma coisa...
Lula: Fala, querida... Ahn?
Dilma: Seguinte, eu tô mandando o Messias junto com o papel...
Lula: Ahn...
Dilma: ...pra gente ter ele e só usa em caso de necessidade, que é o Termo de Posse.
Lula: Ham, ham...
Dilma: Tá?
Lula: Ah, tá bom, tá bom.
Dilma: Só isso...
Lula: Tá, um beijo.
Dilma: Você espera aí que ele tá indo aí...
Lula: Tá bom, tô aqui, fico aguardando...
Dilma: Tá?
Lula: Tá bom.
Dilma: Tchau.
Lula: Tchau, querida.

[Som de telefone sendo colocado no gancho. Lula fala duas ou três palavras ininteligíveis.]

O diálogo acima, entre a presidente em exercício, Dilma, e o ex-presidente Lula, aconteceu às 13h32 de 16 de março de 2016. O documento ao qual a presidente se refere seria o Termo de Posse de Lula como ministro-chefe da Casa Civil, colocando-o, assim, sob foro privilegiado e fora da alçada do juiz federal Sérgio Moro, temido pelo Planalto pelo rigor de suas decisões no âmbito da Operação Lava-Jato. Recordemos que doze dias antes, em 4 de março, Moro decretara um mandado de condução coercitiva para colher depoimento do ex-presidente, fato que acendeu o alerta vermelho no Planalto. Temia-se que Lula pudesse ser preso a qualquer momento.

Estávamos revisando as últimas provas deste livro quando a gravação veio à tona. Fui procurado por profissionais ligados a interesses do Planalto para analisar o áudio. Alegava-se que havia irregularidades nessa intercepção. Diversos veículos da imprensa nacional e internacional (como a BBC de Londres) me procuraram para esclarecer dúvidas sobre a gravação.

A primeira dúvida dizia respeito ao alvo da interceptação: quem estava de fato grampeado, Lula ou Dilma? O governo insistia em afirmar que o telefone presidencial havia sido grampeado, o que seria ilegal, uma vez que apenas o Supremo Tribunal Federal teria tal prerrogativa. A dúvida surgiu porque a gravação já estava em curso antes mesmo de o telefone chamado ser atendido: logo de início, ouvem-se os bipes de chamada telefônica e alguns sons do gabinete de Dilma. Isto levou alguns advogados empenhados na defesa de Lula a imaginar que o grampo tivesse como alvo a presidência. Mas essa suposição é equivocada e demonstra desconhecimento técnico dos procedimentos de interceptação telefônica.

O fato é que o gatilho que dispara a gravação não é determinado pelo atendimento da chamada por parte do telefone-alvo, ou seja, o telefone grampeado. A gravação começa quando o último número do telefone grampeado é discado. Portanto, não há nenhuma estranheza em terem sido captados sons do ambiente antes de a chamada ser efetivamente completada. Se o telefone da presidência estivesse grampeado, a gravação seria iniciada no momento em que a assessora de Dilma retirasse o fone do gancho, antes mesmo da discagem, e isso não ocorre. Outra prova inequívoca de que o telefone-alvo era aquele usado por Lula se encontra ao final da gravação: após o desligamento do telefone da presidência, ouve-se ainda Lula falando alguma coisa. Embora essas últimas palavras não sejam totalmente inteligíveis, o importante é que a gravação não é interrompida imediatamente quando o telefone da presidência é colocado no gancho, o que obrigatoriamente ocorreria caso este fosse o telefone-alvo. Lula era o grampeado.

A segunda questão que me foi colocada se relacionava com a própria legalidade da gravação. Alegavam os advogados que o juiz Sérgio Moro determinou o fim das escutas dos telefones de Lula antes da ligação de Dilma para o ex-presidente. Moro assinou o despacho às 11h20 e a ligação aconteceu às 13h32. Essa diferença, em um primeiro momento, parecia ser o caminho da salvação para o imbróglio criado pelo desafortunado diálogo entre Dilma e Lula. No entanto, mais uma vez, os aguerridos defensores do Planalto se equivocaram.

Confundiu-se ordem judicial com execução da ordem judicial. É evidente que entre o despacho de um juiz e a efetivação do que é determinado haverá, necessariamente, um intervalo de tempo. No caso específico de interceptações telefônicas, há um trâmite burocrático entre Justiça, Polícia Federal e operadora de telefonia. A interceptação termina quando a operadora é notificada e desliga a conexão com a PF. O próprio procurador-geral da República, Rodrigo Janot, deixou isso claro no dia 18 de março em entrevista para a GloboNews em Paris: "Até a empresa [operadora] ser intimada, a interceptação telefônica tem validade." Confirmava-se o que havíamos declarado à revista *IstoÉ* um dia antes.

Argumentou-se também que, por Dilma ter direito a foro privilegiado, o juiz Moro não poderia ter divulgado a gravação sem antes enviá-la para o STF. Não é esse, entretanto, o procedimento em outros processos. A prerrogativa de foro privilegiado só vale para quem está sendo alvo da escuta e não para o interlocutor que, eventualmente, liga para o telefone grampeado. Um exemplo disso é o caso do então senador Demóstenes Torres (ex-DEM-GO, hoje sem partido), gravado em 2012 na Operação Monte Carlo, conversando com Carlinhos Cachoeira. Embora seus advogados tenham tentado desqualificar essas interceptações porque Demóstenes gozava de foro privilegiado, o recurso foi negado pelo ministro Ricardo Lewandowski com base no fato de as interceptações terem por alvo Cachoeira e outras pessoas não detentoras de prerrogativa de foro.

É oportuno, aliás, lembrar que o então ministro da Justiça José Eduardo Cardozo considerou legais as gravações envolvendo o senador Demóstenes e afirmou que o foro privilegiado não deveria servir para acobertar atos ilícitos. Em 9 de abril de 2012, disse Cardozo em entrevista ao UOL: "Ninguém nunca investigou objetivamente os parlamentares. Estava-se investigando o empresário Carlinhos Cachoeira. Agora, se parlamentares conversam com ele, o problema é outro."* Cardozo, hoje advogado-geral da União, mudou de opinião.

---

* Disponível em: <http://noticias.uol.com.br/politica/ultimas-noticias/2012/04/09/para-ministro-da-justica-escutas-da-pf-no-caso-carlinhos-cachoeira-nao-sao--ilegais.htm>.

Se as gravações Dilma/Lula fossem consideradas ilegais, seria criado um perigoso precedente, abrindo a porta para uma enxurrada de recursos relacionados a outros processos que se basearam no mesmo princípio. Não há excepcionalidade alguma nas gravações com a voz da presidente, pois não era ela quem estava grampeada. Imagine-se que, em operações que envolvem centenas — às **vezes** milhares — de interceptações, o processo tivesse de ser enviado ao STF a cada vez que alguém com foro privilegiado conversasse com o alvo dos grampos. Nenhuma investigação avançaria com esse tipo de entrave.

Na verdade, houve um excesso de zelo por parte do juiz Sérgio Moro. No momento do seu despacho (11h20 de 16 de março), Lula era um cidadão comum, sem direito a foro privilegiado. O que havia eram boatos de que aceitaria o cargo de ministro, o que não obrigaria o juiz a paralisar a interceptação. Lula também não era ministro às 13h32, quando recebeu a ligação de Dilma. O ex-presidente só se tornou ministro na manhã do dia 17 de março, após estranhos acontecimentos, como edição extra do Diário Oficial e Termo de Posse circulante. Pelo que se sabia, a posse só ocorreria na terça-feira seguinte, como, aliás, havia sido divulgado pelo diretório do PT. Sérgio Moro interrompe as interceptações levando em conta apenas a divulgação da possível nomeação de Lula como ministro. Ele poderia ter esperado até a posse efetiva.

É importante situar a conversa entre Lula e Dilma em um contexto mais amplo. Havia um enorme temor de que Lula poderia ser preso a qualquer momento. Outros telefonemas interceptados e já amplamente divulgados pela imprensa deixavam clara a existência de uma articulação no sentido de blindar o ex-presidente.

A partir da delação premiada do senador Delcídio do Amaral (PT-MS), autodenominado "profeta do caos", preso pela Operação Lava-Jato, a ação orquestrada para blindagem de Lula se intensificou. Por isso é importante destacar que a conversa Dilma/Lula não é um fato isolado e sim o ápice das manobras para livrar o ex-presidente da cadeia, incluindo tentativas de influenciar ministros do Supremo Tribunal Federal e dificultar a ação dos procuradores da Operação Lava-Jato.

Já no dia 26 de fevereiro, Roberto Teixeira, advogado e amigo pessoal de Lula, orienta-o a procurar o então ministro da Casa Civil Jaques Wagner, "o baianinho", de modo a interceder junto à ministra Rosa Weber, do STF. Minutos depois, Lula liga para Wagner. No dia seguinte, fala com Paulo Vannuchi, diretor do Instituto Lula, e cita o então subprocurador-geral da República Eugênio Aragão, mais tarde alçado a ministro da Justiça, cobrando dele uma intervenção mais enérgica para inibir a ação do Ministério Público. Nesse mesmo dia, de intensa atividade telefônica, falou ainda com Jaques Wagner, com o deputado Paulo Teixeira (PT-SP), com o presidente do PT, Rui Falcão, e com o senador Lindbergh Farias (PT-RJ), quando, se referindo a Rodrigo Janot, Lula diz: "Terça-feira tem que trucar o Janot e triturar."

Em 4 de março, após ser conduzido coercitivamente para prestar depoimento à PF, Lula conversa com Wagner e pede que este provoque Dilma a interceder junto à ministra Rosa Weber: "Se homem não tem saco, quem sabe uma mulher corajosa possa fazer o que os homens não fizeram." A ministra tinha em mãos um pedido para tirar o processo contra Lula da competência da Lava-Jato.

Às 11 da manhã do dia 7 de março, o assediado é o ministro da Fazenda Nelson Barbosa. Abrindo outra frente, o ex-presidente pressiona Barbosa para monitorar o trabalho dos técnicos da Receita Federal que colaboram com a Lava-Jato: "Você precisa se inteirar do que eles estão fazendo no Instituto [Lula]. Se eles fizessem isso com meia dúzia de grandes empresas, resolvia o problema de arrecadação do Estado."

A conversa que mais evidencia as articulações para blindar Lula aconteceu no dia 10 de março, às 17h34. Ocorreu entre Jaques Wagner e Rui Falcão, mas o celular utilizado era de Lula, o que garante a legalidade da interceptação. Em face do pedido de prisão preventiva por parte do promotor Cássio Conserino (Ministério Público de São Paulo), Falcão demonstra preocupação e pergunta a Wagner sobre a viabilidade de uma nomeação imediata do ex-presidente como ministro. O diálogo escancara a verdadeira motivação. Sequer interessava qual ministério seria destinado a Lula, o importante naquele momento era protegê-lo do Ministério Público paulista e da Lava-Jato. Da Casa Civil ao Ministério da Pesca, qualquer cargo se ajustaria a ele.

A conversa com Dilma sobre o Termo de Posse era apenas a cereja do bolo. Como vimos, diversas outras gravações confirmavam que a colocação de Lula em um Ministério, seja lá qual fosse, serviria para evitar uma iminente prisão e não, como sustentado pela versão oficial, para que o ex-presidente ajudasse Dilma a retomar a governabilidade e a confiança da população. Até porque, de fato, isso significaria o total esvaziamento de poder da presidente.

Em um país onde os fatos políticos se atropelam, novos eventos de grande importância surgem a qualquer momento. O subtítulo deste livro, "De Collor a Dilma", a princípio um mero demarcador cronológico do período em que venho atuando como perito, acaba por revelar algo mais significativo:

a repetição, vinte anos depois, de um novo megaesquema de corrupção culminando em outro processo de impeachment. O povo voltou às ruas, as caras continuam pintadas e ainda não sabemos que país é este.

Índice onomástico

Abramovay, Pedro, 249, 250
Abrão, Sonia, 89
Abreu Filho, Saulo Castro de, 84, 85, 88
ACM (Antonio Carlos Magalhães), 147, 165-175, 211
Adauto, Anderson, 252
Neves, Aécio, 333-335
Aguiar, Francisco, 264, 265
Albano, Eleonora, 19, 379
Albuquerque, Talvane, 159-162
Alencar, Alcides Andrade de, 133, 135, 136
Alencar, Marcello, 157, 187
Alencar, Marco Aurélio, 158
Almeida Castro, Antônio Carlos de (Kakay), 236
Almeida Prado, José A. R. de, 376
Almeida, Araci de, *ver* Araci de Almeida
Almeida, José Fernando de, 311
Almeida, Marquinho, 202
Almeida, Vera Regina de, 303

Álvares, Élcio, 28
Alves, Lindemberg Fernandes, *ver* Lindemberg Fernandes Alves
Alves, Magna Aparecida, 287
Amaral, Delcídio do, 387
Amaral, José, 102, 131
Ananias, Patrus, 205
Anastácio, Thiago, 338, 351
Andrade Neto, Pedro Corrêa de, 217, 218, 223
Andrade, Domingos Ramos de Oliveira, 347-353, 361
Andrade, Goulart de, 112, 113
Andrade, Luis Alberto, 78, 79,
Andrade, Mário de, 292
Andrade, Oswald de, 292
Andrade, Santiago, 302,
André Luiz, 211-214, 216, 217
Antonio Carlos Magalhães, *ver* ACM
Antônio Maria, 297, 298
Antunes, José Pedro, 374

Araci de Almeida, 297
Aragão, Eugênio, 387
Araújo, Idalberto Matias, 332
Arcila, Juan Carlos Parras, 93
Argello, Gim, 201
Arruda, José Roberto, 170, 171, 175, 242-245
Assef, Michel, 215
Attuch, Leonardo, 328
Avelar, Mário Lúcio, 241
Avelino, Pauderney, 143, 186
Ávila, Volnei, 19, 22, 24-27
Azevedo, Marcos Pereira de, 186
Azevedo, Reinaldo, 240

Bach, Johann Sebastian, 376
Badan Palhares, Fortunato, 64, 111, 113, 114, 118, 124, 127, 129, 134
Balcaldi, José, 178
Bandeira, Cláudia Maia, 220
Bandeira, Paulo, 220
Barbalho, Jader, 182-184, 186
Barbosa, Durval, 175, 243-245
Barbosa, Fábio Raposo, 307
Barbosa, Jadielson, 162
Barbosa, Nelson, 387, 388
Barreto, Adriana, 171
Barros, Sebastião do Rego, 218
Barroso, Ary, 368
Batata, José Carlos, 149
Batista, Joesley, 241

Batista, Nilo, 304
Batista, Wesley Mendonça, 242
Bazaia Neto, Alberto, 344-347
Bebezão (Leandro Marques Costa), 36
Beethoven, Ludwig van, 377
Beira-Mar, Fernandinho, 204
Belluzo, Luiz Gonzaga, 269
Belo (cantor), 68-74, 204, 205
Beltrán, Jorge Ustarez, 272
Benayon, David, 182, 183, 185
Benedita da Silva, 207, 208
Bernardes, Amauri do Amaral, 33
Bezerra, Zila, 142, 148
Bicudo, Hélio, 58
Bihl, Jorge Almiro, 241
Blat, José Carlos, 62
Boechat, Ricardo, 313, 314
Bolonhezi, Marcos Roberto, 152, 153
Bonfá, Luiz, 297, 298
Bonner, William, 325
Borba, José, 234
Borges, Cesar, 192
Borges, Regina Peres, 170
Boulez, Pierre, 376
Braga, João Coelho, 186
Brahms, Johannes, 376
Brandão, Iulo, 376
Brasileiro, Horácio, 135
Braun, Angelika, 110

Braz, Humberto, 329, 330
Brígido, Francisco (Chicão Brígido), 142, 148
Brindeiro, Geraldo, 137, 148
Brito, Paulo Henrique, 240
Britto, Helena, 206, 291
Brum, Ary, 157, 158
Brum, Valmir Alves, 31
Bruno (jogador de futebol), 15
Bueno, Cleuber Gilson, 95, 97

Caiado, Ronaldo, 241
Calazans, Alessandro, 211, 214-217
Calheiros Filho, Renan, 150, 151
Calheiros, Renan, *ver* Renan Calheiros
Cameli, Eládio, 141
Cameli, Orleir, 141, 142, 145
Campos, Cidinha, 19, 26
Cantuária, Nilvado, 135
Caprino, Sandro, 153
Caputi, Jefferson, 59, 61
Cardoso, Elizeth, *ver* Elizeth Cardoso
Cardoso, Fernando Henrique, *ver* Fernando Henrique Cardoso
Cardoso, Ítalo, 123
Cardozo, José Eduardo, 235, 236, 333, 385
Carlinhos Cachoeira, 207-212, 214-217, 332, 385

Carneiro, Enéas, 192, 193
Carneiro, José Reinaldo Guimarães, 94, 346
Carreira Alvim, José Eduardo, 314-318, 321, 328
Carrel, Robert Leon, 93, 95, 97
Carrilho, Altamiro, 368
Carta, Mino, 325
Carvalho, Amadeu Moreira Ribeiro de, 221
Carvalho, Arnaldo, 160
Carvalho, Cid Sabóia de, 28
Carvalho, Dixon, 154-156
Carvalho, Edilson Pereira de, 265, 268
Carvalho, Gilberto, 249
Carvalho, Joaquim de, 113, 114
Carvalho, Jonas Lopes de, 186, 187
Carvalho, Márcia Cunha Silva Araújo de, *ver* Márcia Cunha
Carvalho, Noel de, 214-216
Carvalho, Renato, 78
Carvalho, Sérgio Antônio de, 290
Casemiro, Dênis Antônio, 117
Casemiro, Dimas, 117
Casoy, Ilana, 337, 338
Castro, Aluízio de, 157, 158
Castro, Binato de, 188
Cavalcante, Denise, 183
Cavalcanti, Severino, 144, 145, 160-162

Caymmi, Dorival, 368
Cechinatto, Antonio Carlos, 288
Celestino, Vicente, 297
Celso Daniel, 236, 238-240
Cerqueira, Nilton, 46-48
Chapéu de Coro (pistoleiro), 159
Chateaubriand, Assis, 370
Chaves, Ronny Clay, 85
Chiarelli, Rodolpho, 344-347
Chicaroni, Hugo, 329, 330
Chicão (Francisco Vasconcelos), 264, 265
Chut, Marcos, 31, 32
Cinelli, Sebastião Edison, 227
Coelho, Eva do Amaral, 67
Colleoni, Fernando, 99, 100, 104
Collor de Mello, Fernando, 24, 28, 101, 120, 121, 139, 312, 313, 326, 379, 388
Connally, John, 57
Conserino, Cássio, 388
Corrêa, Gamalier, 62
Costa Neto, Valdemar, 234, 251-253
Costa, Índio da, 247
Costa, Ivo Almeida, 323-325
Costa, Leandro Marques, *ver* Bebezão
Costa, Paulo Roberto, 225
Coutinho (jogador de futebol), 286, 288
Covas, Mário, 28, 145

Cozzella, Damiano, 376
Cruz, Vera Carla, 206
Cunha, Ceci, 159, 160
Cunha, João Paulo, 234
Cunha, Luiz Cláudio, 171, 172

Damiani, Vitor, 55
Danelon, Paulo José, 265-267
Daniel, Celso, ver Celso Daniel
Dantas, Cláudia, 131, 133
Dantas, Daniel, 290-294, 296, 297, 312-314, 328-332
Dantas, José Miguel, 133
Deivid (jogador de futebol), 266
Delanoy, Pierre Jacques Hernandes, 93
di Piero, Mônica Costa, 75
Dias, Álvaro, 194
Dias, Antônio Carlos, 59
Dias, Severo de Araújo, 243
Dilma Rousseff, 192, 196, 221, 224, 225, 246, 248-252, 302, 328, 333-335, 381-388
Dinho (Mamonas Assassinas), 256, 258
Diniz, Waldomiro, 150, 207, 208, 214, 217
Diniz, Weiller, 171
Dino, Flávio, 335
Dirceu, José, *ver* José Dirceu
Divino, José, 216, 217

ÍNDICE ONOMÁSTICO

Dorval (jogador de futebol), 286, 288
Dualib, Alberto, 262, 263
Duarte, Carlos Luiz Ferreira, 76
Duarte, Waldemar Linhares, 186
Ducharme, Bruno, 313
Duran, Dolores, 368
Dwyer, Michael, 179, 180

Edinho (filho de Pelé), 288
Edmundo (jogador de futebol), 262
Einstein, Albert, 324
Elis Regina, 297, 299
Elizeth Cardoso, 297-301
Erundina, Luiza, 117
Espada, Kevin Beltrán, 270, 272
Espíndula, Alberi, 364
Estevão, Luiz, 165, 170
Evo Morales, 179, 180, 271
Eymael, José Maria, 234

Falcão, Rui, 387, 388
Farias, Aidano, 203
Farias, Augusto, 101, 131, 132, 136, 137, 159-161
Farias, Cláudio, 100
Farias, Elma, 101, 132
Farias, Lindbergh, 263
Farias, Paulo Cesar, *ver* PC Farias
Farias, Vilma, 221
Felix, Alessandro Oliveira, 296

Feller, Marcelo, 338
Fernandes, Fernando, 276, 277
Fernando Collor de Mello, *ver* Collor de Mello, Fernando
Fernando Henrique Cardoso, 141, 147-149, 161, 174, 223, 236, 327
Ferreira, Valdir, *ver* Vado, 68
Figueiredo, João, 121, 236
Figueiredo, João Baptista, *ver* João Figueiredo
Filho, Lobão, 335
Filippelli, Tadeu, 202
Fofana, Mohamadou Lamine, 275-279
Fonseca, Delson Lyra da, 132
França, Genival Veloso de, 114, 115, 127, 129
Franco, Itamar, ver Itamar Franco
Freire, Guilherme, 187, 188
Frejat, Jofran, 245
frenéticas, As, 375
Frossard, Denise, 213
Frota, Mário, 182-186

Gama, Benito, 146
Gambra, Otávio Lourenço, *ver* Rambo
Ganzerla, Ricardo, 95, 97
Garotinho, Anthony, 186-190, 192, 217

Giachino, Jorge, 177
Gielow, Igor, 111
Gimenes, Daniel, 265, 266
Godói, Oscar Roberto, 262
Gomes, Eustáquio, 19, 23
Gomes, Fernando Trabach, 190, 191
Gomes, Paulo, 29
Gonçalves, Geísa Firmino, 92
Gonzales, Carmen Eva, 180
Granja, André Luiz Maia Tobias, 162
Grau, Eros, 330
Greenhalgh, Luiz Eduardo, 329
Guerra, Sylvio, 72, 73
Gushiken, Luiz, 312
Gusmão, Anita, 135

Hallack, Ricardo, 72, 73
Hardman, Francisco Foot, 134
Havanir Nimtz, 192, 193
Helena, Heloisa, 165, 169, 170, 199
Hitler, Adolf (os diários de), 290
Hollien, Harry, 318, 319
Homem de Carvalho, Agenor, 24
Hubner, Nelson, 326
Hugo, Victor, 329

Itamar Franco, 327
Izar, Ricardo, 235

Janot, Rodrigo, 225, 384, 387
Jefferson, Roberto, 233, 234
Jobim, Nelson, 103
Jobim, Tom, 368
José Dirceu, 208, 210, 211, 234, 236, 322
Josino, Mário, 58, 59, 60, 61
Júnior, José Batista, 241, 242
Júnior, Policarpo, 212
Júnior, Silva, 59
Junqueira, Aristides, 24
Junqueira, Patrícia, 281

Kac, Marcos, 275
Kandir, Antônio, 142
Kennedy, John F., 57
Knoplich, Gilda, 361-363
Koellreutter, Hans-Joachim, 377
Künzel, Hermann, 110, 111
Kurtiz, Flávia, 287

Lacerda, Paulo, 184
Laguardia, Ernesto, 177
Lamoglia, Domingos, 242, 243
Landim, Pinheiro, 204, 205
Laranjeira, Adilson, 231
Laranjeira, Edmir, 29, 31, 33
Leão, Júnior, 159
Leite, Jorge Roberto, 192
Lessa, Antônio Carlos de Azevedo, 135, 136
Lewandowski. Ricardo, 385

ÍNDICE ONOMÁSTICO 397

Liberato, Gugu, 72
Libeskind, David, 361-363
Lima, Alberto Jorge Correia de Barros, 132
Lima, Aristeu Alves de, 18
Lima, Daniel Carvalho de, 222
Lima, Geddel Vieira, 172, 174
Lima, Gilson, 131
Lima, Osmir, 142, 148
Lima, Reinaldo, 133
Lima, Rinaldo, 133
Linardi, Ana Beatriz, 55
Lindemberg Fernandes Alves, 88-92
Linera, Álvaro Garcia, 179
Lins, Álvaro, 72, 73, 75, 76, 83, 281
Lobão, Edison, 326
Luiz Inácio Lula da Silva, *ver* Lula
Luiz, André, *ver* André Luiz
Lula, 196, 210, 218, 223, 224, 233, 246-249, 251, 252, 271, 322, 323, 328, 381-384, 386-388

Mabel, Sandro, 234
Magal, Sidney, 375
Magalhães, Antônio Carlos, *ver* ACM
Magalhães, Luís Eduardo, 143, 146
Magalhães, Mário, 127, 128
Magela, Geraldo, 198, 208

Magri, Antônio Rogério, 13, 17-28
Magyarosi, Árpad, 179, 180
Maia, João, 141-146, 148, 149
Maia, Marcos, 131
Maluf, Paulo Salim, 117, 192, 226-232
Mapelli, Reinaldo, 52, 54, 56
Márcia Cunha, 290-296
Marcolino, Ana Luiza, 128
Marcolino, Suzana, *ver* Suzana Marcolino
Marcos Valério, 235, 253
Maria, Antônio, *ver* Antônio Maria
Marin, José Maria, 279
Marinho, Nivaldo, 183-186
Marinho, Paulo, 313, 314
Marques, Sérgio de Moura Ribeiro, 272
Marques, Silvio, 226, 228
Martins, Jairo, 216
Martins, José Maria, 280
Massini, Nelson, 35
Matheus, Rosinha, *ver* Rosinha Matheus
Matheus, Wladimir, 189
Mayr, Frederico Eduardo, 117
Medeiros, José Wellington, 199, 201-204
Meguerian, Jirair Aram, 206
Meireles, Andrei, 165, 166, 168, 207-210

Mellão, Armando, 229-232
Mello, Marco Aurélio, 327, 328
Mello, Thiago de, 23
Melo, Paulo, 214, 216
Melo, José Edmar Santiago de, *ver* Santiago, Ronivon
Mendes, Amazonino, 141, 142, 143, 145, 146, 183, 186
Mendes, Célia, 146
Mendes, Gilmar, 327
Mendes, Ivens, 261, 262, 263
Mendes, Narciso, 145, 146
Mendes, Pedro Calmon, 203
Mendonça, Failde, 132
Mendonça, Leonardo Dias, 204
Mentor, José, 233-235
Mercier, Otávio, 240
Meres, Jorge, 137
Mesquita, Fernando César, 165
Miranda, Eurico, 263
Molina, Flávio Carvalho, 117, 119
Molina, Gilberto, 119
Monteiro, Francisco, ver Todé
Montoro, Voltaire, 372
Moraes, João Quartin de, 122, 134
Moraes, Luiz Henrique de, 95
Moraes, Vinícius de, 298
Moraes, Welington, 199, 200, 202, 203, 204
Morales, Evo, *ver* Evo Morales
Morato, Antônio Augusto, 236
Moreira da Silva, 297

Moreira, Antônio José, 222, 223
Moro, Sérgio, 383-386
Motta, Nelson, 375
Motta, Sérgio, 143, 145-147
Moura, Edson, 152, 154, 155
Moura, Edson Tadeu de, 343
Moura Júnior, Edson, 153, 154, 155
Mozart, Wolfgang Amadeus, 376, 377
Muñoz, Daniel Romero, 114, 115, 124, 127, 129, 357
Mussi, Jorge, 331, 333

Nagle, Edson, 19
Nardoni (caso), 15, 337
Nascimento, Alfredo, 251, 252
Nascimento, Marco Aurélio Lima do, 64, 67
Nascimento, Rosinery Melo do, 273
Nascimento, Sandro Barbosa do, 92
Negão, Flávio, 30
Negrini, Osvaldo, 96
Nery Júnior, Silvério, 315
Netinho (clarinetista), 368
Neto, Manoel, 244
Neves, Aécio, *ver* Aécio Neves
Neves, Tancredo, 335
Nimtz, Havanir, *ver* Havanir Nimtz

ÍNDICE ONOMÁSTICO

Noblat, Ricardo, 172
Nóbrega, Maurício Silva da, 37, 48
Noel Rosa, 297
Nogueira, Cláudio, 219
Nogueira, Luiz Augusto Horta, 218
Nogueira, Paulinho, 368
Novaes, Luciana Gonçalves, 74-76, 78, 80-83
Novaes, Maurício, *ver* Chapéu de Couro
Nunes, José Luiz Paes, 375
Nunes, Augusto, 223

Obina (jogador de futebol), 16, 268, 269, 270
Odilon, Gerson, 102, 135
Olinto, Antônio, 291, 292, 295
Oliveira Júnior, Dirceu Antônio de, 220-223
Oliveira, Antônio Palácio de, 240
Oliveira, Francisco José de, 117
Oliveira, José Maria Pereira de, 68
Orelha, Sérgio, 240
Orlando, Virginia, 178
Osvaldo Manoel da Silva (Grafite), 49-57, 88, 141
Oswald, Lee Harvey, 57
Otávio, Paulo, 25
Otto, Rudi, 342, 343, 365

Ovalle, José Luis, 177, 178
Oziel Alves Pereira, 64, 68

Pacheco, Laércio, 46, 47
Pacheco, Maria Teresa, 107, 108
Padilha, Eliseu, 148
Padilha, José, 92
Paes de Barros, Antero, 211, 233
Palmeira, Fátima, 323-325
Pantoja, Mário Colares, 63, 64, 68
Pasqual Júnior, Donato, 114, 184
Passarinho, Jarbas, 24
Passos Júnior, Pedro, 197, 198, 199, 200, 201, 202, 203, 204
Passos, Márcio, 199, 203
Passos, Nicholas Soares, 115
Paulo Cesar Farias, *ver* PC Farias
Pavan Júnior, José, 152-156
PC Farias (Paulo Cesar Farias), 16, 28, 99-103, 106-108 110-114, 128-134, 136-140, 240, 311, 359
Pedrosa, Mino, 138, 166, 211
Pelé, 285-288
Pellegrino, Nelson, 171
Peluso, Cezar, 321
Peregrino, Fernando, 190, 191
Pereira, George Augusto, 189
Pereira, Oziel Alves, *ver* Oziel Alves Pereira
Pereira, Silvio, 236
Peres, Flávia, 245
Pertence, Sepúlveda, 137, 197, 327

Pessoa, Ricardo, 224, 225
Petit da Silva, Maria Lucia, 119, 120, 121
Petit, Laura, 119, 120
Petraglia, Mário Celso, 262, 263
Piauhylino, Luiz, 212
Pica-Pau (cinegrafista), 59, 61
Picciani, Jorge, 217
Pimenta, José Eduardo Mesquita, 259-261
Pimentel, Eloá Cristina, 56, 88, 89, 91
Piñero Filho, José Munõz, 31, 35, 36
Pinto, Roger, 271
Pires, Hélio, 149
Pires, Vivien, 281
Pololi, Vanderlei, 267
Printes, Carlos Delmonte, 240
Procópio, Margarida, 24
Pureza, Iran Carlos Maranhão, 159
Pureza, Ítala Neyde Maranhão, 159

Queiroz, Protógenes, 297, 328, 333
Queiroz, Romeu, 234

Rambo (Otávio Lourenço Gambra), 57-63, 68, 141
Ramos, Carlos Augusto, *ver* Carlinhos Cachoeira
Ramos, Lupércio, 142
Ramos, Marco Antônio Martins, 149
Rebelo, Aldo, 234
Recarey, Chico, 282
Rédua, Iran Moraes, 240
Regina, Elis, *ver* Elis Regina
Renan Calheiros, 150, 151, 323
Requião, Roberto, 194-196
Rezende, Iris, 148
Rezende, Marcelo, 59, 262
Risi, Osvaldo, 177
Rocha, Paulo, 234
Rodrigues, Amâncio, 65
Rodrigues, Carlos, 234
Rodrigues, Fernando, 148, 210
Rohr, Jimmy, 177
Rollemberg, Rodrigo, 245
Romero, Luiz, 132
Rondeau, Silas, 315, 323, 325, 326
Roriz, Jaqueline, 244, 245
Roriz, Joaquim, 196-201, 204, 243
Rosa, Noel, ver Noel Rosa
Rosinha Matheus, 74, 187, 189, 208
Rousseff, Dilma, *ver* Dilma Rousseff
Rózsa-Flores, Eduardo, 179, 180
Rugai, Gil, 16, 97, 337-339, 341, 342, 344, 347, 349, 350, 351, 353-355, 357, 360, 361, 363-365
Rugai, Luiz Carlos, 337, 342, 344, 345, 359, 360, 363

ÍNDICE ONOMÁSTICO

Saied Neto, Naief Rollemberg, 104
Salaro, Valmir, 271, 352
Sally, Paulo, 307
Sampaio, Carlos, 57, 58, 60, 61, 244
Sampaio, Leandro, 214
Sampaio, Vanuza, 222
Sanguinetti, George, 102, 103, 132, 135, 161
Sanguinetti, Julio María, 177, 178
Santiago, Ronivon, 141, 143, 144, 145, 149
Santos Neto, Nicolau dos, 165
Santos, Fabrício Silva dos, 348, 350, 352
Santos, José Alexandre dos, 162
Santos, Silvio, 249
Santos, Valeriano Rodrigues dos, 348, 352, 361-363
Sarney, José, 121, 323, 326, 333-335
Sato, Elisabete, 238, 353
Schelb, Guilherme, 166
Seixas, Ivan, 125
Seixas, Joaquim Alencar de, 125
Senna, Ayrton, 289, 290
Serra, José, 88, 229-232, 246-250
Severo, Dionizio, 240, 243
Silva Júnior, Davi Alves da, 251, 252
Silva, Agnaldo Souza, 344, 345
Silva, Ari Natalino da, 217, 218
Silva, Benedita da, *ver* Benedita da Silva
Silva, Edinho, 224, 225
Silva, Ézio Vicente da, 321
Silva, Grenaldo de Jesus da, 117
Silva, Juvenal Cunha da, 159
Silva, Luiz Inácio Lula da, *ver* Lula
Silva, Mário de Jesus Alves da, 93
Silva, Mendonça Medeiros da, 162
Silva, Moreira da, *ver* Moreira da Silva
Silva, Osvaldo Manoel da, *ver* Osvaldo Manoel da Silva (Grafite)
Silva, Roberto Eleutério da, 218
Silva, Sérgio Gomes da, *ver* Sombra
Silveira, Eustáquio, 205, 206, 207
Silveira, Igor, 205
Simão, Fábio, 202
Simão, José, 248
Simas Filho, Mário, 138, 167
Simões, Renato, 58
Simon, Carlos Eugênio, 269, 270
Slhessarenko, Serys, 233
Soares, Luiz Eduardo, 188
Sombra (Sérgio Gomes da Silva), 237-240
Souto, Paulo, 175
Souza, Antônio Fernando de, 321

Souza, Caio Silva de, 303, 307
Souza, Emídio de, 234
Souza, Jorge Evandro Santos de, 36
Souza, Luiz Francisco Fernandes de, 165, 166, 168
Soza Alvarez, Marcelo, 180
Sozza, William, 137
Spielberg, Steven, 194, 196
Stephanes, Reinhold, 25
Stravinsky, Igor, 378
Suassuna, Ney, 170
Suplicy, Eduardo, 28, 170
Suzana Marcolino, 99-115, 127-133, 135-140
Suzuki Jr, Matinas, 259, 261
Szervinski, Salomão, 202

Tanure, Nelson, 313, 314
Tavares, Hermano, 23, 124
Teixeira, Paulo, 387
Teixeira, Ricardo, 263, 264
Teixeira, Roberto, 233, 387
Teixeira, Sirlei Alves, 36
Teixeira, Zaqueu, 69, 73
Teles, Maria Amélia de Almeida, 122
Temer, Michel, 145, 147, 212, 334
Teruel, Délbio, 234
Thomé, Amaro José, 236, 237
Tiririca, 28, 193, 331
Tochetto, Domingos, 114, 136

Todé, 259, 260
Toffoli Júnior, Clélio, 212
Tóffoli, Dias, 332
Torelly, Eliana, 166
Torres, Cícero, 109, 131, 135
Torres, Demóstenes, 385
Tourinho, José Artur, 183
Tourinho, Rodolpho, 175
Tralli, César, 90, 92
Troitino, Alessandra, 337
Tuma Júnior, Romeu, 121, 249
Tuma, Romeu, 17, 26, 121 122, 167, 184
Tuzman, Alvaro, 178

Vado (Valdir Ferreira), 68-71
Valdez Júnior, Paulo César, 298
Valério, Marcos, ver Marcos Valério
Valle, Raul do, 376
Valverde, Eduardo, 233
Vanni, Francisco Romeu, ver Pica-Pau
Vannuchi, Paulo, 387
Varela, Eri, 198, 200, 201, 203, 204
Vargas, Getúlio, 326
Vasco, Alécio César Alves, 162
Vasconcelos, Alexandre Themistocles de, 264, 265
Vasconcelos, Francisco, ver Chicão
Vedovello, Adelsio, 152

Veras, Zuleido, 323
Veronezzi, Marco Antônio, 26
Viana, Eduardo, 264
Vieira, Marcelo Pires, *ver* Belo
Vita, Brasil, 229-232
Vogt, Carlos, 18, 19, 23, 26
Voloch, Marcelo, 96

Wagner, Jaques, 387, 388
Weber, Rosa, 387

Whelan, Raymond, 274-279
Wider Filho, Roberto, 236, 237

Yonamine, Adriano Issamu, 356, 359, 364

Zagallo, Roberto Leão, 347, 351, 364
Zappa, José Eduardo Bueno, 124
Zveiter, Luiz, 321, 322

Este livro foi composto na tipologia
Palatino LT Std em corpo 11/16, e impresso
em papel off-white no Sistema Cameron da
Divisão Gráfica da Distribuidora Record.